汉日对比语言学研究（协作）会 编

汉日语言对比研究论丛

第12辑

浙江工商大学出版社
ZHEJIANG GONGSHANG UNIVERSITY PRESS

·杭州·

图书在版编目(CIP)数据

汉日语言对比研究论丛. 第12辑 / 汉日对比语言学
研究(协作)会编. —杭州:浙江工商大学出版社,
2022.11

ISBN 978-7-5178-5031-1

Ⅰ. ①汉… Ⅱ. ①汉… Ⅲ. ①汉语—对比研究—日语
—文集 Ⅳ. ①H1-53②H36-53

中国版本图书馆 CIP 数据核字(2022)第123554号

汉日语言对比研究论丛(第12辑)
HANRI YUYAN DUIBI YANJIU LUNCONG (DI-12 JI)

汉日对比语言学研究(协作)会 编

责任编辑	鲁燕青
责任校对	董文娟　韩新严
封面设计	朱嘉怡
责任印制	包建辉
出版发行	浙江工商大学出版社
	(杭州市教工路198号　邮政编码310012)
	(E-mail:zjgsupress@163.com)
	(网址:http://www.zjgsupress.com)
	电话:0571-88904980,88831806(传真)
排　　版	杭州朝曦图文设计有限公司
印　　刷	浙江全能工艺美术印刷有限公司
开　　本	787mm×1092mm　1/16
印　　张	18.5
字　　数	340千
版 印 次	2022年11月第1版　2022年11月第1次印刷
书　　号	ISBN 978-7-5178-5031-1
定　　价	74.00元

汉日语言对比研究论丛

2022·第12辑

主　　编：潘　钧

本辑特邀执行主编：聂中华

副 主 编：苏　鹰　徐　莲

本辑审稿专家：

目 录
CONTENTS

特约论文

词汇研究

句式研究

翻译研究

语言学研究

特约论文

非情の受身と間接受身
Inanimate-Subject Passives and Indirect Passives

佐々木勲人

　要　旨：日本語では非情物を主語とし,有情物の動作者を「に」によって表示する非情の受身は不自然になるが,同様の形式の受身文は中国語において問題なく成立する。一方,日本語では目的語を伴うタイプの間接受身文が広く成立するが,中国語では限られた条件のもとでしか成立しない。非情の受身と間接受身の構文的関連を明らかにするとともに,その選択には日中両言語の事態把握の差異が反映されていることを指摘した。

　キーワード：非情の受身；間接受身；事態把握；主体的；客体的

　摘　要：在日语中,主语为非情物,且用「に」表示有情物动作者的非情主语被动句是不自然的,但同样形式的被动句在汉语中可以成立。另外,在日语中,带宾语的间接被动句是成立的,但在汉语中只能在有限的条件下成立。本文揭示了非情主语被动和间接被动之间的语法关联性,并指出这种不同反映了中日两种语言对事态把握的差异。

　关键词：非情主语被动句；间接被动句；事态把握；主观性；客观性

1　はじめに

　受身文には,有情物が主語になるものと,非情物が主語になるものがある。日本語研究の分野では後者を「非情の受身」と呼んでいる。伝統的には,非情の受身は日本語に固有のものではないと考えられてきた。いわゆる「非情の受身非固有説」である①。

---

① 三矢(1908)および山田(1908)を参照されたい。

即ち,被害や迷惑を表現するための形式である日本語の受身文では,精神のない対象である非情物は主語になりにくいのが基本であり,非情の受身は近代以降,西洋語の翻訳などの影響によってもたらされたと考えられてきた。

　被害や迷惑を表すという意味的特徴については,中国語の受身文に対しても繰り返し指摘されている。近年はニュートラルな事態や好ましい事態を表す用法が広がってはいるが,全体としては好ましくない事態に用いられやすい①。例えば,马真(1981)は以下のような対比を示し,好ましくない事態を表さない状況は受身文に適さないと述べている。

　(1)a. 衣服被他撕破了。

　　　b. 饭被我煮糊了。

　　　c. 自行车被小偷偷走了。

　　　d. 麦子被雨淋了。

　(2)a. *衣服被姐姐做好了。

　　　b. *饭被我煮好了。

　　　c. *自行车被我领回来了。

　　　d. *麦子被太阳晒干了。

（马真,1981:120）

　中国語の受身文は,日本語と同様もしくはそれ以上に,被害や迷惑を表すための形式であると言ってよい。にもかかわらず,中国語の受身文において非情物が主語となることはとくに問題とならない。

　(3)a. 杯子被他打破了。

　　　b. ？コップが彼に割られた。

　(4)a. 墨水瓶被弟弟打翻了。

　　　b. ？インク瓶が弟にひっくり返された。

　(5)a. 活儿被他们干完了。

　　　b. ？仕事が彼らにやり終えられた。

　非情物であるモノを受影者として主語の位置に表示し,有情物である人が動作者としていわゆる旧主語の位置に表示されるこれらの文は,中国語の受身文としてはまったく問題ないが,日本語としては「不自然な受身文」になる。ここでいう「不自然な受

———————————————

① 楊凱栄(2018)を参照されたい。

身文」とは,文法的に誤りがあるとまではいえないが,通常は別の言い方が選択され,使用が回避される受身文という意味である。事実,従来の受身文研究ではこうした用例を問題ない表現として扱っているものが少なくない。しかし,好まれる日本語という観点からいえば,これらの受身文は間違いなくその範疇から外れる。一方,中国語にはそのような問題がまったく存在しない。

　日本語の受身文の歴史に関する研究は,非情の受身が実は近代以前にも存在したことを明らかにしている。ただし,それらは結果状態を表すものに限られていたという。[①]韓静妍(2010)によれば,非情の受身が増え始めたのは1900年代からであり,現在のような使用割合を占めるようになったのは1940年代からであるという。そこには状態を表す非情の受身から出来事を表す非情の受身への拡張,抽象名詞を主語とする受身の発達などがあったと指摘している。張莉(2017)は,『現代日本語書き言葉均衡コーパス』(中納言)を用い,「(ら)れる」をキーにランダムに1000例を抽出した結果,受身の用法は821例あり,非情の受身はその内の558例(約68%)を占めたと報告している。

　非情の受身が日本語に固有の表現であるか否かの問題は措くとしても,近代以降その使用頻度が著しく増加したことは間違いない。しかしそれでもなお,上に見たような非情物を受影者として主語の位置に表示し,有情物を動作者として格助詞「に」によって表示する受身文は不自然さを免れない。これに対し,対応する中国語はごく自然な受身文として成立している。非情の受身に対する容認度に,日本語と中国語の間でこのような違いが生じるのはなぜなのか。その理由について考えてみたい。

　なお,中国語の標準語である"普通话"には複数の受身標識が存在する。"被"はおもに書き言葉に用いられ,"叫""让""给"は話し言葉に用いられる。

(6)他｛被/叫/让/给｝警察逮捕了。

　"被"は受身専用であるが,"叫""让""给"は使役標識としても使われる。また,"叫"や"让"はおもに北方方言で使われるが,東南方言では"给"に相当する授与動詞を受身標識として使用する。それぞれの受身標識の文法的特徴と文法化のプロセスについては木村(2000)および呉蘭(2020)を参照されたいが,ここでは受身標識の文体論的な違いや方言差などについては問題としない。

---

① 金水(1991),川村(2012)などを参照されたい。

2　非情の受身

　　常用される中国語の非情の受身文としては，まず以下のような描写文を挙げることができる。

　　(7)树枝被斜阳涂上了一层金色。

　　(8)工人们的脸让钢水照得通红。

　　(9)天安门城楼被朝霞涂上了一层红色。

　　非情物を主語として表示し，旧主語にも非情物を用いている。モノがモノによって影響を受けた状況を表すこれらの文は視覚的な状況描写を表している。金水(1991)のいう日本語の叙景文と共通する。ただし，このタイプの受身文はおもに書き言葉で用いられ，話し言葉で使われることは少ない。

　　モノがモノに影響を受けたことを表すもう一つのタイプは，旧主語が原因を表す以下のような受身文である。

　　(10)窗户让大风吹坏了一扇。

　　(11)手指叫镰刀划破了皮。

　　(12)衣服让树枝挂破了一条口子。

　　ここでの"大风"(大風)，"镰刀"(鎌)，"树枝"(木の枝)は，出来事を引き起こした原因としての非情物である。意思を持った動作者ではないという点では上に見た状況描写文の旧主語と一致しているが，文全体は出来事を表している。

　　これらの文は日本語の非情の受身文に訳しにくい。日本語としては，原因を「で」または「に」によって表示し，自動詞を用いたナル的表現を用いるのが一般的である。

　　(13)a. 窓は大風で扉が一枚壊れてしまった。

　　　　b. 鎌で指を切って皮がむけてしまった。

　　　　c. 木の枝に引っかけて服に穴があいてしまった。

　　非情物が主語となる中国語の受身には，旧主語に"人"を用いる次のような文が多く見られる。これらの文は，形式的にはモノが人から影響を受けたことを表しているが，動作の担い手である"人"に情報的価値は乏しい。不特定の人物の関与があったことを示唆しているに過ぎない。

　　(14)歌本儿被人借走了。

　　(15)那条狗被人狠狠揍了一顿。

（16）地上让人泼了一滩水。

　　これらの文において，話者の関心は動作者にはなく，受影者である主語にあること
は言うまでもない。にもかかわらず，あえて"人"によって不特定の動作者を表示する
のは，当該の出来事が意図を持った有情物によって引き起こされたことを明示するた
めであると考えられる。この点において，上に見た非情物の原因を表示する文とは異
なる。

　　杉村（1992）のいう「難事の克服」を表す状況も，常用される非情の受身の類型として
挙げることができる。実現困難であったことがようやく解決されたという状況を表す
これらの文は，動作の担い手にも関心があるという点で"人"を用いた非情の受身文とは
異なる。これらの文は，いわゆるニヨッテ受身文で日本語に訳されることが多い。

（17）a．敌人的油库被我们炸毁了。

　　　b．敵のオイルタンクは我々によって爆破された。

（18）a．活儿让他们干完了。

　　　b．仕事は彼らによってやり終えられた。

（19）a．窗户被工人们修好了。

　　　b．窓は労働者たちによって修理された。

　　日本語のニヨッテ受身文には翻訳調の硬さがあるが，上の中国語にそのような印象
はとくにないという。実現困難な事柄を克服した動作者を非情の受身の旧主語とし
て表示することは，中国語の表現方法の一つとして確立していると言ってよい。

　　日本語との対照において最も問題となるのが，非情物を主語として表示し，格助詞
「に」によって有情物を動作者として表示する次のような文である。はじめにも述べ
たように，日本語としては不自然な受身文となるが，中国語としては自然な受身文と
して問題なく成立する。

（20）a．钱包被小偷偷去了。

　　　b．？財布が泥棒に盗まれた。

（21）a．杯子被他打破了。

　　　b．？コップが彼に割られた。［例（3）の再掲］

（22）a．墨水瓶叫弟弟打翻了。

　　　b．？インク瓶が弟にひっくり返された。［例（4）の再掲］

　　これらの文は被害や迷惑を表すという点で典型的な中国語の受身文であるが，ここ
での被害や迷惑は主語の非情物が蒙ったのではなく，文中には表れていないその所有

者である話者にもたらされたものであることは重要である。このような状況は,日本語では以下に示すような目的語を伴う間接受身文で表現するのが一般的である①。

(23)a. ［私は］泥棒に財布を盗まれた。

　　b. ［私は］彼にコップを割られた。

　　c. ［私は］弟にインク瓶を倒された。

　被害や迷惑の受け手である話者を主語として表示し,その所有物を目的語として表示するこれらの間接受身文は,被害や迷惑を蒙った状況を表す日本語としてきわめて自然な受身文である。一方,形式的にこれに対応する中国語は不自然な受身文となる。

(24)a. ？我被小偷偷去了钱包。

　　b. *我被他打破了杯子。

　　c. *我叫弟弟打翻了墨水瓶。

　"钱包"(財布)を目的語として表示する文については容認される可能性があるが,好まれる中国語の受身文ではない。"杯子"(グラス)や"墨水瓶"(インク瓶)については容認可能性はほぼないと言ってよい。

　このように,非情の受身に関して厳しい制約がかかる日本語に対し,中国語は比較的容認度が高い。その一方,目的語を伴う間接受身の容認度が高い日本語に対し,中国語には厳しい制約がかかる。非情の受身と間接受身という二つの受身文の形式は,日中両言語において密接な関連があることがわかる。

3　間接受身文

3.1　目的語を伴う間接受身文

　第2節では,中国語において非情の受身が成立しやすい一方で,目的語を伴うタイプの間接受身が成立しがたい状況を見た。非情の受身が成立しにくい日本語では,被害や迷惑を蒙る状況に間接受身が好んで用いられる。本節では,有情の被害者を主語として表示し,非情のモノを目的語として表示する間接受身文が,中国語においてどの程度まで容認されるのか,日本語との対照を通して考えてみたい。

　身体部位を目的語とする間接受身文は,中国語において容認度が高い。身体部位を

---

① 一人称の主語は省略されることが多い。ここでは［　］によって表示する。

主語とする非情の受身と比べてもとくに不自然さはない。

（25）a. 我被猫给抓破了手。

　　　b. 我的手被猫给抓破了。

（26）a. 他被敌人打伤了左脚。

　　　b. 他的左脚被敌人打伤了。

日本語としては，間接受身の方が非情の受身よりも自然である。身体部位を主語とする非情の受身は非文法的とまではいえないが，話者と出来事の関わりを捉えることができない。その意味において不自然な受身文である。

（27）a. ボクはネコに手を引っ掻かれた。

　　　b. ？ボクの手がネコに引っ掻かれた。

（28）a. 彼は敵に左足を負傷させられた。

　　　b. ？彼の左足が敵に負傷させられた。

"面子"や"自由"といった主語の属性も間接受身文の目的語となり得る。

（29）a. 我被他驳了面子。

　　　b. 我的面子被他驳了。

（30）a. 他被法庭剥夺了自由。

　　　b. 他的自由被法庭剥夺了。

これらは主語と分離不可分であるという点で，上に見た身体部位と共通している。中国語としては，非情の受身と間接受身のどちらもが問題なく成立するが，非情の受身の日本語には身体部位の場合と同様の不自然さがある。

（31）a. 私は彼に面子をつぶされた。

　　　b. ？私の面子が彼につぶされた。

（32）a. 彼は裁判所に自由を奪われた。

　　　b. ？彼の自由が裁判所に奪われた。

親族名詞を目的語とする間接受身文は，先行研究によって判断が分かれている。例えば，王亜新（2016）のようにまったく問題ないとする立場がある一方で，陳琦（2018）のように「かなり逸脱した表現である」とする立場がある。容認度に関する先行研究の判断は一致していないが，次の対比を見る限り，間接受身よりも非情の受身の方が適性が高いことは明らかである。

（33）a. *我被他们害死了父亲。

　　　b. 我父亲被他们害死了。

（34）a. *他被人骂了孩子。

　　　b. 他的孩子被人骂了。

　一方,対応する日本語は,どちらの形式も成立可能である。少なくとも上に見た身体部位や属性よりは,有情物である親族名詞の方が受身文の主語となる適性は高い。

（35）a. 私は彼らに父親を殺された。

　　　b. 私の父親が彼らに殺された。

（36）a. 彼は人に子どもを罵られた。

　　　b. 彼の子どもが人に罵られた。

　所有物についてはやや複雑な条件が見られる。次の対比が示すように,中国語の間接受身文が成立するためには,主語と目的語の間に所有関係が成立しているだけでは不十分である。

（37）a. *我被弟弟撕掉了词典。

　　　b. 我的词典被弟弟撕掉了。

（38）a. *他让孩子弄坏了电脑。

　　　b. 他的电脑让孩子弄坏了。

　対応する日本語としては,間接受身の形式は問題ないが,やはり非情の受身は不自然である。少なくとも上に見た親族名詞よりは適性が下がる。

（39）a. 私は弟に辞書を破かれた。

　　　b. ?私の辞書が弟に破かれた。

（40）a. 彼は子どもにコンピューターを壊された。

　　　b. ?彼のコンピューターが子どもに壊された。

　ただし,主語が身につけている所有物の場合は,間接受身の容認度が上がる。

（41）a. 我被他撕掉了衣服。

　　　b. 我的衣服被他撕掉了。

（42）a. 他被孩子摔破了眼镜。

　　　b. 他的眼镜被孩子摔破了。

　間接受身が成立するためには,"衣服"はタンスにしまってある「服」ではなく,主語が身にまとっている服でなければならない。"眼镜"についても主語がかけている「メガネ」という解釈が必要である。これらの所有物は分離不可分な身体部位と同様の性質を備えている。

　日本語の間接受身文に身につけているか否かという制約は見られない。一方,非情

の受身文はやはり不自然であり，間接受身文よりも適性は下がる。

（43）a. 私は彼に服を破かれた。

　　　b. ？私の服が彼に破かれた。

（44）a. 彼は子どもにメガネを壊された。

　　　b. ？彼のメガネが子どもに壊された。

このように，中国語の間接受身文に現われる目的語は，身体部位や属性，身につけている所有物など，目的語に生じた変化が主語に直接的な影響をもたらすものでなければならない。それは単なる被害といった程度のものでは不十分であり，状態変化を想起できるような明示的な影響でなければならない。一方，間接受身を広く容認する日本語では，主語は目的語に生じた変化から文字通り間接的に影響を蒙る存在であればよく，必ずしも状態変化の主体である必要はない①。つまり，目的語を伴う中国語の間接受身文は，実質的には直接受身と何ら変わらないことがわかる。

3.2　自動詞を用いた間接受身文

次に，自動詞を用いた間接受身文についても見ておくことにしたい。日本語とは異なり，中国語では自動詞を用いた間接受身文は成立しないといわれている。

（45）a. あいにく私は雨に降られた。

　　　b. *不凑巧，我被雨下了。

（46）a. 王冕は父親に死なれた。

　　　b. *王冕被父亲死了。

しかし，一部の先行研究では中国語にも自動詞を用いた間接受身文が成立する可能性があると指摘されている。桥本（1987）は「逃げる」という意味の自動詞"跑"を用いた間接受身文を挙げている。

（47）看守被犯人跑了。

（桥本，1987）

この文については，複数のインフォーマントによって不自然と判断された。しかし，楊凱栄（2018）も自動詞"跑"を用いた次の間接受身文が成立すると述べており，成立する可能性がまったくないとはいえないようである。

---

① 熊仁芳（2017）は，目的語を伴うタイプの間接受身文（"保留宾语被动句"）に関し，中国語の主語を"受动者"，日本語の主語を"受影者"と定義しているが，本稿はこの主張に同意する。

（48）不注意让他跑了。

（楊凱栄，2018）

　　これらの文に対する容認度には個人差があることを認めなければならないが，仮に容認されるとしても，一定の条件が必要であることには注意しなければならない。即ち，ここでの主語には，逃がさないよう見張っておく監督者としての役割が読み取れなければならない。そうした関係が読み取れない次のような文は成立しがたい。

　　（49）*小王被小李跑了。

　　同様のことは，自動詞"哭"（泣く）を用いる次の文についてもあてはまる。柴谷他（1990）は，数量成分"一个晚上"（一晚中）を伴うことによって，"哭"を用いた間接受身文が成立すると述べている。

　　（50）我被孩子哭了一个晚上。

（柴谷他，1990）

　　楊凱栄（2018）も状態補語を伴う次のような文は成立可能であると述べている。

　　（51）被孩子哭得一夜没睡着。

（楊凱栄，2018）

　　結果表現が必要な中国語の受身文の成立にとって，数量成分や状態補語の果たす役割が大きいことに異論はないが[①]，ここで重要なことは，旧主語が子どもであり，主語はその保護者であるという点である。即ち，上に見た犯人と看守の関係と同様に，主語には泣かないように面倒を見ておかなければならない監督者としての責任がある。

　　隣の家の子どもの泣き声によって眠りを妨げられ，それによって迷惑を蒙るという状況は十分に考えられるが，そのような状況ではたとえ数量成分を伴ったとしても間接受身文は成立しがたい[②]。

　　（52）*我被邻居的孩子哭了一个晚上，睡不着。

　　大河内（1983）は，次のような囲碁の解説文に自動詞"飞"（飛ぶ）を用いた間接受身文が観察されると述べているが，ここでも白と黒の攻防ということが重要である。白には対戦相手である黒に飛ばれないように守る義務がある。

---

① 受身文の成立に必要とされる結果表現については木村（1992）を参照されたい。
② 王亜新（2016）は中国語において非能格動詞の受身文は日本語より少ないながらもある程度は使用されているとして，"他被邻居的孩子哭了一夜"（彼は隣の子どもに一晚中泣かれた）を適格な文として挙げている。

（53）白八如在九位补,被黑在a位飞,受不了。

（大河内,1983）

　全体的な状況から見れば,中国語において自動詞を用いた間接受身文は原則として成立しないといわなければならない。しかし,ここに見たような例外的な用例がなぜ容認されるのかといった問題を考えることは,中国語の間接受身文の性質を理解する上で重要であると思われる。

　自動詞が表す事態とは,本来それ自身に完結性があり,他者に働きかけるものではない。それを我がごとと捉えて表現するところに日本語の間接受身文の特徴がある。いわゆる「はた迷惑」の受身である。しかし,ここで見た自動詞を用いた中国語の間接受身文では,自動詞が表す事態に主語への働きかけがないとはいえない。看守の目を盗んで犯人が逃げることは,逃がさないように働きかけていた看守への抵抗である。そこには看守から犯人への働きかけに対する反作用としての働きかけがある。子どもが一晩中泣き続けることも,その保護者にとってはただ単にうるさくて眠れないというだけの問題ではない。それは,保護という働きかけに抗う子どもからの働きかけと理解できる。攻防を繰り広げる囲碁の場面で,黒がある位置に飛ぶことに自己完結性があるとはいえないであろう。飛ばれないよう働きかけてきた白に,真っ向から抵抗する黒の働きかけであることは明らかである。即ち,自動詞を用いた中国語の間接受身文には主語の働きかけに対する反作用としての働きかけが見てとれる。こうした文において,自動詞が表す事態は主語に対して直接的な影響をもたらす。つまり,自動詞を用いた中国語の間接受身文は,前節でみた目的語を伴う間接受身文と同様に,実質的には直接受身文に等しい性質を備えている。

4　主体的事態把握と客体的事態把握

　日本語と中国語の受身文は,被害や迷惑を表すという構文的意味を備えていることで一致している。しかし,これまでの観察が示す通り,被害者の言語化には違いがある。

　中国語では非情の受身が容認されやすいのに対し,日本語では有情の動作者を「に」で表示した非情の受身は容認されにくい。日本語においてこの種の非情の受身が容認されにくい理由を受身文に備わる被害の意味から説明することには無理があるといえるであろう。精神を持たない対象が主語に立ちにくいことが非情の受身を阻む

理由であるとするならば,日本語と同等かそれ以上に被害を表す中国語の受身文では,なぜ非情の受身が容認されるのかを説明できない。一方で,日本語は間接受身文によって被害者を主語として表示することを好むが,中国語では間接受身文の成立には制限がかかる。たとえ成立しても,実質的にそれは直接受身と何ら変わらない。

　こうした現象は,出来事に対する日中両言語の捉え方の違いを反映しいると考えられる。日本語では,被害者である話者(もしくは話者が関心を寄せる対象)が主語の位置で言語化され,話者の視点から主体的に事態を描いていく。これに対し,中国語では,話者の身体部位や所有物など非情物を主語として表示し,外界の出来事として客体的に描いていく。日本語では概念化の主体である話者の視点は出来事の中にあり,経験者の視点から体験的に事態を把握しようとするのに対し,中国語では話者の視点は出来事の外にあり,客観的な視点から観察者として事態を把握しようとする。[①]非情の受身と間接受身に対する容認度の違いからは,日中両言語の事態把握の違いを見て取ることができる。

参考文献

吕叔湘,1980. 现代汉语八百词[M]. 北京:商务印书馆.

马真,1981. 简明实用汉语语法[M]. 北京:北京大学出版社.

桥本万太郎,1987. 汉语被动式的历史・区域发展[J]. 中国语文(1):36-49.

于康,2013. 三价动词"保留宾语被动句"中的保留宾语的条件:从汉日对比的视角出发[J]. 日语学习与研究(4):8-13.

熊仁芳,2017. 试析汉日保留宾语被动句的成立条件:兼论与"主题句"的关系[C]//汉日对比语言学研究会. 汉日语言对比研究论丛:第8辑. 上海:华东理工大学出版社:79-91.

池上嘉彦,2011. 日本語と主観性・主体性[M]//澤田治美. ひつじ意味論講座第5卷:主観性と主体性. 東京:ひつじ書房:49-67.

王亜新,2016. 日本語と中国語の受動文に見られる類似点と相違点[J]. 東洋大学人間科学総合研究所紀要(18):41-63.

韓静妍,2010. 近代以降の日本語における非情の受身の発達[J]. 日本語の研究(4):47-61.

木村英樹,1992. BEI受身文の意味と構造[J]. 中国語(6):10-15.

---

① 主体性(主観性)に関する議論は池上(2011),佐々木(2013),宮腰(2020)を参照されたい。

木村英樹,2000. 中国語ヴォイスの構造化とカテゴリ化[J]. 中国語学(247):19-39.

川村大,2012. ラル形述語文の研究[M]. 東京:くろしお出版.

金水敏,1991. 受動文の歴史についての一考察[J]. 国語学(164):1-14.

呉蘭,2020. 中国語受動マーカーの文法化[J]. 中国語学(267):63-82.

大河内康憲,1983. 日・中語の被動表現[J]. 日本語学(4):31-38.

佐々木勲人,2013. ヴォイス構文と主観性:話者の言語化をめぐって[M]//木村英樹教
　　授還暦記念論叢刊行会. 木村英樹教授還暦記念:中国語文法論叢. 東京:白帝社:
　　315-331.

柴谷方良,中川正之,木村英樹,他,1990. 間接受身の意味とその発達[J]. 言語研究
　　(98):144-146.

杉村博文,1992. 遭遇と達成:中国語被動文の感情的色彩[C]//大河内康憲. 日本語と中
　　国語の対照研究論文集:下. 東京:くろしお出版:45-62.

陳琦,2018. 中国語所有受身文の容認度判断に関わる要素[J]. 言語学論叢(オンラ
　　イン版)(11):1-19.

張莉,2017. 非情の受身の状態の意味について[J]. 言語資源活用ワークショップ発表
　　論文集(2):34-39.

三矢重松,1908. 高等日本文法[M]. 東京:明治書院.

宮腰幸一,2020. 日本語受動の類型論[J]. 言語研究(157):113-147.

山田孝雄,1908. 日本文法論[M]. 東京:宝文館.

楊凱栄,2018. 中国語学・日中対照論考[M]. 東京:白帝社.

作者简介

氏名:佐々木勲人

性別:男

所属:筑波大学

学歴:博士

職務:准教授

専門分野:中国語学

住所:日本国茨城県つくば市天王台1-1-1筑波大学人文社会系

郵便番号:305-8571

メールアドレス:sasaki.yoshihito.gm@u.tsukuba.ac.jp

关于以汉日对比研究促进语言类型学发展的若干思考

Some Thoughts on the Promotion of the Development of Linguistic Typology Through Linguistic Comparison Between Chinese and Japanese

张麟声

摘　要: 本文是笔者遵循 Bickel(2007)提出的 21 世纪语言类型学范式,试图通过汉日对比研究促进语言类型学发展的一例尝试性研究的结果报告。世界上的语言可根据是以"完结"对"非完结"的原理,还是以"及物"对"不及物"的原理来生成配对式动词组合的情况,笼统地划分为 2 类。如果与进行体放在一起探讨,那么以"完结"对"非完结"的原理来生成配对式动词组合的语言不产生进行体,而以"及物"对"不及物"的原理来生成配对式动词组合的语言,则从其进行体标记与其语气词汇源头的关系的角度,至少可以观察到 3 个小类。第一类是"同一型语言"(share-language),如英语等名词谓语句的系词,以及所在表达、存在表达的谓语都使用同一个 be 动词,并且进行体结构启用 be 动词。第二类是"单一分裂型语言"(single split-language),如日语等名词谓语句的系词「だ」不等同于所在表达和存在表达的谓语(「いる」),进行体结构启用所在表达=存在表达动词(「いる」)。第三类是"双重分裂型语言"(double split-language),如汉语这种名词谓语句的系词("是")、所在表达动词("在")和存在表达动词("有")均自成一体,进行体结构启用所在表达动词("在")。最后,我们还探讨了一例地理分布与汉语大相径庭的语言,即"双重分裂型语言"西班牙语,讨论了它与同为"双重分裂型语言"的汉语之间的细微差别。

关键词: 完结;非完结;及物;不及物;语言类型学

Abstract: This paper is a report on the results of an attempt to promote the development of linguistic typology through a comparative study of Chinese and Japanese, following the paradigm of linguistic typology in the 21st century proposed by Bickel (2007). Languages in the world can be broadly divided into two groups, depending on whether they form pairs of verbs on the principle of "perfective" versus "imperfective" or on the principle of "transitive" versus "intransitive". If we speak together with the progressive aspect, then a language that produces pairs of verbs on the principle of "perfective" versus "imperfective" does not produce the progressive aspect. From the perspective of the relation between the aspect mark and the source of modal vocabulary, at least three subcategories can be observed in the language that uses the principle of transitive versus intransitive verbs. (a) In share-language like English, locative predicate verb, copula predicate verb, existential predicate verb are the same, it's copula itself. (b) In single split-language like Japanese, locative predicate verb is different from copula predicate verb, but is the same as existential predicate verb. (c) In double split-language like Chinese, locative predicate verb is different from both copula predicate verb and existential predicate verb. The progressive form in all three types of languages derives from locative predicate verb. Finally, we examine the subtle differences between a geographically diverse language, Spanish, a double split-language, and Chinese, a double split-language language.

Keywords: perfective; imperfective; transitive; intransitive; linguistic typology

1 引言

世界著名语言类型学家 Balthasar Bickel 教授于 2007 年在 *Linguistic Typology* 第 11 期上发表的题为《21 世纪类型学的主要进展》①的论文,画龙点睛地勾勒了语言类型学进入 21 世纪之后形成的崭新的研究局面。以下是其开头部分:

In the past century, typology was mostly used as an alternative method of pursuing one of the same goals as generative grammar: to determine the limits of possible human languages and, thereby, to contribute to a universal theory of grammar. The paradigm result was the absolute universal law that would rule out

---

① 《21 世纪类型学的主要进展》是该论文收在戴庆厦、汪峰(2014)里的译名,原名为"Typology in the 21st Century: Major Current Developments"。

as linguistically impossible what would seem logically imaginable, e.g. a language with a gender distinction exclusively in the 1st person singular.

Over the past decade, typology has begun to emancipate itself from this goal and to turn from a method into a full-fledged discipline, with its own research agenda, its own theories, its own problems. What has reached center-stage is a fresh appreciation of linguistic diversity in its own right, and the new goal of typology is the development of theories that explain why linguistic diversity is the way it is—a goal first made explicit by Nichols's (1992) call for a science of population typology, parallel to population biology. Instead of asking "what's possible?", more and more typologists ask "what's where why?". Asking "what's where?" targets universal preferences as much as geographical or genealogical skewings, and results in probabilistic theories stated over properly sampled distributions. Asking "why?" is based on the premises that (a) typological distributions are historically grown and (b) that they are interrelated with other distributions.

(Bickel,2007:239)

　　在过去的一个世纪里,人们大多把(语言)类型学看作是生成语法一种可替代性的研究范式,认为类型学和生成语法追求共同的目标,即确定人类语言机制可以存在的范围,以支撑关于语法的共性理论。被这样认定的(语言)类型学,其结果是着重考虑不包括诸如"一种语言只在第一人称单数上区分性范畴"这种逻辑上可能但不见于语言学层面的现象在内的所谓"普遍性"问题。

　　近十几年来,类型学开始从上述束缚中解脱出来,从一种研究范式成长为一门拥有自身的研究程序、自身的理论、自身的课题的成熟的学问。成熟后的类型学重点关注关于语言多样性的认识和评价,其前所未有的研究目标是发展一种解释语言的多样性之所以如此的理论。这一目标首先由Nichols(1992)提出。Nichols(1992)告诉我们,语言类型学家需要建构一种与群体生物学相平行的群体(语言)类型学,类型学家不应关注"什么语言现象可能"的所谓普遍性,而是要去努力探讨"为什么何处有何种语言现象"的问题。探讨"何处有何种语言现象"旨在厘清共性优先选择和地理或谱系偏差之间的关系,以建立一种可以恰当说明抽样分布的概率论。而对"何处有何种语言现象"的问题进一步问一个"为什么",则以(1)类型分布是历史发展的产物,(2)类型分布和其他分布

之间有着必然联系这2点为前提。[①]

如果允许我们用粗浅的比喻来解析这一振聋发聩的论述,那么在20世纪,作为生成语法可替代研究范式的语言类型学,和生成语法一样,试图解决的是譬如动物的腿的数量可能存在的和不可能存在的"值"。生成语法和语言类型学将分别使用演绎和归纳的方式去确认动物的腿只能是偶数而不能是奇数这一现象。

与此不同,21世纪以后的语言类型学家们建构的与群体生物学相平行的群体(语言)类型学,将不再拘泥于现象的"可能"与否,而是试图准确描写——老鼠存在于五大洲,但世界上野生狮子只有在非洲才能常见到,而野生的老虎现在只剩下生活在我国东北地区和俄罗斯的西伯利亚虎,以及生活在孟加拉国和印度的孟加拉虎——这类客观存在的现实,并且在此基础上进一步回答为什么如此的问题。

在Bickel教授的论述里,"typological distributions"(类型分布)一词所指的"类型"(typology),首先指狮子、老虎和老鼠这种物种层次上的类型。而与目前狮子只有在非洲才能常见到这一现象不同,老虎有西伯利亚虎和孟加拉虎2种,那么这2种老虎就分别是2个下位类型。而老鼠既然五大洲都有分布,那么就一定会有在若干层次上进一步细分而得出来的下位、下下位、下下下位类型。

从动物世界回归到语言学的世界里来看问题,比如从语序角度,我们首先就会得出世界上的语言有SOV、SVO、VSO、VOS、OSV、OVS和"没有显著优势语序的语言"等7种类型的结论。其次又可以进一步细分,如SOV语言可以从其形态特征的角度进一步划分为孤立型SOV语言、黏着型SOV语言和融合型(即原来的"屈折型")SOV语言等下位类型。而同样黏着型SOV语言又可以根据别的因素进一步细分。最后,研究者们需要在语言类型划分的基础上,描写其地理分布,并尽可能地探索其分布的原因。

确认了21世纪语言类型学的性质之后,让我们移步到汉日对比研究和语言类型学的关系上。在汉日对比语言研究界,我们常常可以看到"语言类型学视域下的……"一类行文,而张麟声(2017)无疑是罕见的一次试图从汉日对比研究的角度发展语言类型学的有益尝试。不过,比照上述Bickel教授的论述,我们就不难看出:张麟声(2017)虽然角度可取,但远远没有达到探求"何处有何种语言现象"并说明其原因的高度。为此,本文将在尽量克服张麟声(2017)的弱点的基础上,把从汉日对比研究的角度发展语言类型学的尝试拔高到一个新的层次。

---

① 戴庆厦、汪峰(2014)里虽有中文译文,但笔者认为自译的中文更符合本文表达。

2　关于张麟声(2017)"得失"的讨论

张麟声(2017)的篇名为《关于对比研究学科建设的几点思考——以"也"和"も"为例》。顾名思义,其主要目的在于以"也"和「も」为例,讨论对比学科的建设问题。为此,其关于以汉日对比研究促进语言类型学发展的表述便仅仅体现在以下学科分类的 A-2 部分里。

      A　服务于语言研究的对比研究

        A-1　有助于语言描写性研究的对比研究

        A-2　有助于语言类型特征研究的对比研究

      B　服务于语言教学的对比研究

        B-1　有助于探讨母语迁移的对比研究

        B-2　有助于促进教材建设的对比研究

（张麟声,2017:2）

在 A-2 里,张麟声(2017)首先对以下汉语和日语的例句进行对比分析,揭示了汉语"也"和日语「も」在句法分布上的语序差异。

(1)苹果花儿开了,梨花<u>也</u>开了。

    リンゴの花が咲いた、梨の花<u>も</u>咲いた。

(2)他<u>也</u>画油画,<u>也</u>画水墨画。

    a. 彼は油絵<u>も</u>描き、水墨画<u>も</u>描く。

    b. *彼<u>も</u>油絵を描き、<u>も</u>水墨画を描く。

(3)油画他画,水墨画他<u>也</u>画

    油絵を彼は描くし、水墨画<u>も</u>彼は描く。

(4)他上中学的时候是好学生。上高中的时候<u>也</u>是好学生。

    彼は中学校の時いい生徒だった。高校の時<u>も</u>いい生徒だった。

(5)上中学的时候他是好学生,上高中的时候他<u>也</u>是好学生。

    中学校の時彼はいい生徒だった。高校の時<u>も</u>彼はいい生徒だった。

(6)"你们谁去?"/"我去。"/"我<u>也</u>去。"

    「誰が行く?」/「私。」/「私<u>も</u>。」

（7）谁<u>也</u>不知道。

    a. 谁〈停顿〉<u>也</u>不知道。＊誰〈停顿〉<u>も</u>知らない。

    b. 谁<u>也</u>〈停顿〉不知道。誰<u>も</u>〈停顿〉知らない。

（张麟声,2017:10-11）

然后,张麟声（2017）将此推而广之,提出了下面这样一种假说:

    表类同的句法形式在SVO语言里的句法位置是谓语的前面。不过它并不附着于谓语,而是一个自由语素,是修饰谓语的副词。而表类同的句法形式在SOV语言里的句法位置则是在类同焦点的后面。它附着于类同焦点而存在,是一个非自由语素。

（张麟声,2017:11-12）

并且他进一步指出:

    对于这一假说,我们可以利用《中国少数民族语言简志丛书》里的以下56种语言进行检验。我们已经做过这样的工作,已经确认我们的假说是成功的。

    Ⅰ SOV语言（37）

    A 语系未确定的语言（1）:朝鲜语。

    B 阿尔泰语系通古斯语族语言（4）:鄂温克语、鄂伦春语、锡伯语、赫哲语。

    C 阿尔泰语系蒙古语族语言（6）:保安语、达斡尔语、东部裕固语、东乡语、蒙古语、土族语。

    D 阿尔泰语系突厥语族语言（7）:哈萨克语、柯尔克孜语、撒拉语、塔塔尔语、维吾尔语、乌兹别克语、西部裕固语。

    E 汉藏语系藏缅语族语言（18）:阿昌语、仓洛门巴语、错那门巴语、独龙语、哈尼语、基诺语、景颇语、拉祜语、傈僳语、珞巴族崩尼—博嘎尔语、纳西语、怒苏语、普米语、羌语、土家语、藏语、载瓦语、彝语。

    F 印欧语系印度伊朗语族语言（1）:塔吉克语。

    Ⅱ SVO语言（19）

    G 汉藏语系苗瑶语族语言（4）:布努语、勉语、苗语、畲语。

    H 汉藏语系壮侗语族语言（10）:布依语、傣语、侗语、仡佬语、拉珈语、黎语、毛南语、仫佬语、水语、壮语。

　　Ⅰ　汉藏语系藏缅语族语言(1)：白语。

　　J　南亚语系(4)：布朗语、德昂语、京语、佤语。

(张麟声,2017：12)

　　上述张麟声(2017)的有关表述明显表明其假说已具有充分的说服力,但是野田尚史于2019年出版的著作『日本語と世界の言語のとりたて表現』则让我们清醒地看到了张麟声(2017)在地理分布问题上存在的局限性。

　　如书名所示,『日本語と世界の言語のとりたて表現』是一本关于日语和世界上部分语言"提示表达"(とりたて表現)的研究论集。"提示表达"(とりたて表現)包括表达限定、极端、类同、反限定、反极端、反类同6种语义形式。其中第三种"类同"和张麟声(2017)中的"类同"同指,于是野田(2019)便自然而然地成为验证上述张麟声假说的一个极有价值的文本。

　　野田(2019)里涉及的语言有日语(普通话)、日语(琉球方言)、朝鲜语、汉语、泰语、印尼语、印地语、尼瓦尔语(Newar)、僧伽罗语、土耳其语等10种亚洲语言(包括一种方言),1种叫赫雷罗语(Otjiherero)的非洲语言,以及4种欧洲语言,即英语、德语、法语、捷克语。

　　通过野田(2019)收录的有关这10余种语言(或方言)的论文,逐一确认"类同"表达的语法分布,我们发现上述张麟声(2017)的假说在亚洲10种语言中能够成立[①],但明显不能囊括非洲的赫雷罗语和4种欧洲语言。

　　首先,我们来看赫雷罗语的情况。赫雷罗语是一种SVO语言。按照张麟声(2017)的假说,表"类同"的句法形式在SVO语言里的句法位置是谓语的前面。但赫雷罗语中的表"类同"的句法形式根本不在谓语的前面,反倒是跟张麟声(2017)假说中谈到的SOV语言的情况一样,在"类同"焦点的后面。下面是其有关结论的原文：

　　「類似」のとりたて表現は、とりたてる対象の直後に置くのが基本だが、文頭にある名詞をとりたてる場合にはとりたて表現を文末に置くこともできる。

(野田,2019：252)

---

① 野田(2019)中关于印尼语的一章里没有出现"类同"表达的例子,所以实际上通过野田(2019),我们只检验了9种语言及1种日语方言。

关于4种欧洲语言,由于篇幅关系,以下我们只用我们最熟悉的英语来做例子。野田(2019:259)认为英语里相当于日语「も」的表达不止1种,而是有also、as well、equaly、likewise、similarly、too这6种。不过,在其以下总结当中,只提到了also、too和as well这3种表达,但这3种表达的语法位置跟张麟声(2017)的假说大相径庭。

英語のとりたて表現は、表現ごとに生じる位置が異なり、この点において、基本的にとりたてる対象の後に置かれる日本語のとりたて助詞とは異なる。……also,too,as wellはとりたてる対象の後にのみ置かれる。

（野田,2019:272)

张麟声(2017)的假说在亚洲的语言范围内基本成立,但到了非洲和欧洲不再有说服力的情况其实不是什么大事儿。反之,它正好验证了引言里Bickel(2007)关于"类型分布""地理或谱系偏差"等论述的有效性。张麟声(2017)的问题在于:他把一种区域性的真理误认为是全球性的真理,从而没有从地理分布的角度去把握不同地区的SVO语言和SOV语言之间存在的差异。

此外,张麟声(2017)还有一个行文上的致命的弱点,那就是没有从语言类型学学术背景的角度来阐明他的研究的定位。这一弱点也许是出于张麟声(2017)的主要目的是讨论如何建设对比学科。但不管怎么说,不从学术背景的角度来讨论问题,就很难使读者准确把握该研究的定位,也就不可能对其学术价值做出恰到好处的评价。

而上述2个弱点,我们都试图在本文里予以克服。

3　谈以汉日对比研究促进语言类型学发展的可行性思路

鉴于以上谈及的张麟声(2017)的行文弱点,下面我们将先对语言类型学界关于"体范畴"(aspect)的研究背景做一个介绍。

Comrie教授于1976年出版了具有划时代意义的巨著 *Aspect:Au Introduction to the Study of Verbal Aspect and Related Problems*(以下简称 *Aspect*),在世界语言学界产生了重要影响。由于Comrie教授年轻时主攻俄语,所以其大著 *Aspect* 的主体框架就不可避免地具有了俄语以完结(perfective)和非完结(imperfective)来实现"动词偶数组合"的语言现象浓烈的投影。"动词偶数组合",是指表达某一语义如"读"义动词时,在一些语言的词汇系统里,分别会形成表"读"义和"读完"义的动词各一而配对的现象。这种现象目前主要

存在于印欧语系斯拉夫语族的数十种语言,以及与其地理位置接近的高加索地区的部分语言中。

Comrie教授的研究成果卓著,其是世界语言学协会(the Association for Linguistic Typology)的创会会长,并和Martin Haspelmath、Matthew S. Dryer、David Gil一起主编了 *The World Atlas of Language Structures*。因此,他关于体范畴的学说便自然而然地成为语言类型学界的主流观点。

然而,这种来源于俄语以完结(perfective)和非完结(imperfective)来实现"动词偶数组合"的语言现象的体范畴框架,其实并不适用来对全世界的语言进行分析。如以下引文所示,早在20世纪90年代的日本,*Aspect*的日语版译者山田小枝女士即在译后记里明确地指出了这一点,并在体范畴研究史的大框架里指出了Comrie学说的位置:

ところで、アスペクトをスラブ語だけでなく、あらゆる言語に存在する普遍カテゴリーとすると、アスペクトを完結−非完結(pf-ipf)の対立のみに限る狭いアスペクト論は成立しなくなる……

アスペクトとして取り扱われるものには大別して次の四種があると考える。

①話者の視点にかかわるもの:これは視点あるいは立場アスペクトと呼んでもよいものであり、pf-ipf対立に代表される。事象(場面……situation)の生起時間の長短に関わらず、ある事象の生起全体をその外側に置かれた視点から把握するのが完結相、事象の内部に視点をおいて内側から観察するのが非完結相である。……従来のスラブ語中心のアスペクトの研究はここが主であり、Comrieもpf-ipf対立アスペクトの意味、対立するための条件、その言語表現などについて詳しくのべている。

②事象(場面)の時間的性質そのものにかかわるアスペクト:動詞の語彙的意味として現われるので動詞の分類の形で取り扱われることが多い。Vendlerをはじめとして、例えば、Kenny、Garey、Bull、Verkuyl、Heinamaki、Freed、Dowty、Mourelatos、Gabbay/Moravcsikなどの分類はこの種の分類である。しかし、Vendler、Kennyのあとは、動詞のみがこの性質を表わすのではなく、動詞に固有の意味と文中の他の要素によって表わされると考えるのが一般的傾向となっている。……Comrieはこれをアスペクトとは呼ばず、動詞の固有のアスペクト意味と呼んでいる。

③事象展開の局相を示すアスペクト：Agrellの時代からAktionsartという名称で呼ばれることが多かった。事象を開始、真中、終結のどの時点でとりあげるかを示すアスペクトである。開始時点のまえ、開始時点の後、それぞれの時点を含むか含まないかによってさらに区別される。……Comrieはアスペクトのこの面については特に触れていない。

④事象の複数性にかかわるアスペクト、（あるいは拡大された視野）にかかわるアスペクト：反復や習慣のような事象の複数生起に関するアスペクトである。……Comrieにおける反復、習慣アスペクトがここにはいる。

（バーナード・コムリー，1988：223）

这方面的中国学者里，金立鑫教授的研究最具有代表性。他首先在其2009年的论文里谈及有关问题，接下来又在其大著《语言类型学探索》里明确指出：

> 体在跨语言的研究中，应该指由动词为核心所构成的事件在客观世界中的当时的状态在人的认知图式中的反映。由于不同语言和民族对事件呈现出来的表象的感知角度并不相同，因此，"体"在不同语言中的范畴内涵也并不完全一致。试图用某一语言的概念系统来统辖人类语言普遍意义上的体范畴可能引起系统的混乱。①

（金立鑫，2018：164）

与山田女士不同，金立鑫（2018）不仅指出了Comrie体范畴框架的不足，还提出了把世界上的语言的体范畴分为两大类的设想。他是这样谈问题的：

> 体是由动词为核心所构成的事件进入客观世界之后在人的认知图式中的反映，它是句子平面的概念。完成体系列和完整体系列是两种不同的认知类型。一类倾向于表达事件在时间进程中的状态，而另一类则倾向于表达事件的界限。前者也可以称之为时间进程体，后者也可以称之为事件界限体。前者是基于类似英语这样的语言所抽象出来的 perfect（也可以称之为 completed

---

① 在同一页的注①里，金教授礼貌地指出："Comrie 以及国内不少学者试图将汉语的体纳入完整体和非完整体的系统，结果令相当多的学者感到迷惑。我们也做过类似的尝试，但始终无法形成一个逻辑系统。"（金立鑫，2018：164）

aspect)和 imperfect(也可以称之为 progressive aspect);后者是基于类似于斯拉夫语,典型的如俄语抽象出来的 perfective 和 imperfective。perfect 系列在汉语学者中一般称为"完成体"和"非完成体"(或进行体),perfective 系列一般称为"完整体"和"非完整体"。

(金立鑫,2018:174-175)

不难看出,金立鑫(2018)与上述山田女士谈及的第二种研究路子有着传承关系。这条路子源于英语研究。金立鑫(2018)认为所谓从英语一类语言当中抽象出来的 perfect 和 imperfect 之间的对立实际上就是英语表完成即 perfect 的"have"和表进行即 progressive 的"be+V+ing"之间的对立。

其实在上述山田女士提及的4种研究程式当中,第三种和第四种关注的对象与第一种、第二种不同,属于一种下位层次,因此不妨作为第一种、第二种的附属成分来处理。比如第三种关注"开始""结束",第四种关注"反复""习惯",这些问题在经由奥田靖雄、铃木重幸、工藤真由美等学者的不懈努力而形成的日语「る/た」和「ている/ていた」对立的框架里都可以自然而然地反映出来。例如,例句(8)和例句(9)的 b 完全可以和 a 统一解释。

(8)a. 太郎が食べ(る/た)。　⇔　太郎が食べ(ている/ていた)。

　　b. 太郎が食べは<u>じめ</u>(る/た)。　⇔　太郎が食べは<u>じめ</u>(ている/ていた)。

(9)a. 太郎が酒を飲む。　⇔　太郎が酒を飲んでいた。

　　b. 太郎が<u>よく</u>酒を飲む。　⇔　太郎が<u>よく</u>酒を飲んでいた。

也就是说,研究史上存在的4种关于体范畴的范式当中,实际上只有第一种和第二种是基础性的,并且这2种范式有一个共同点,就是它们都基于动词本身。当然要说区别,那还是有的,即:第一种是建立在俄语等斯拉夫语族语言里以完结(perfective)和非完结(imperfective)来实现"动词偶数组合"的现象上的,属动词的形态类别;而第二种则建立在 Vendler 关于英语的动词可以划分为 accomplishment、activity、achievement、state 四大类的理念上,属语义、功能类别。

既然如此,如果我们要在体范畴的问题上做文章,要去扭转 Comrie 理论独占鳌头的局面,那么应当去找一种在形态上能够跟以完结(perfective)和非完结(imperfective)来实现的"动词偶数组合"媲美的现象来说事。金立鑫(2018)应该说就是奔着这条路子走的。如我们上面提到过的那样,他的完成体系列的对立是"类似英语这样的语言所抽象出来的 perfect(也可以称之为 completed aspect)和 imperfect(也可以称之为 progressive aspect)"的说法,指的就是英语里"have"和"be+V+ing"之间形态上的对立。而关于汉语,金立鑫(2018:169)把"了"和"过"分别称为"近时完成"和"远时完成",认为两者的和相当于英语的"have",并且主张"在"表进行,相当于英语的"be ＋ ... ＋ ing"。而汉语里"他已经<u>在</u>吃饭<u>了</u>"和英语里"He <u>has</u> <u>been</u> eating"的说法的对应也可以成为金立鑫(2018)主张的正确性的例证。这样,汉语和英语就可以完整无缺地被统一纳入金立鑫(2018)的完成体系列里了。

但我们不得不说,金立鑫(2018)的主张仅仅解决了SVO语言内部的一些问题。因为他的一极俄语是SVO语言,另一极汉语和英语也是SVO语言。而我们知道,从语序的角度来看,世界上最多的是SOV语言,所以我们说金立鑫(2018)在一定程度上是成功的,但概括的面不够宽。比如我们熟悉的日语里,就不存在"他已经<u>在</u>吃饭<u>了</u>"＝"He <u>has</u> <u>been</u> eating"一类完成体和进行体在一个句子里"共现"的现象。因此,我们尽管对金立鑫(2018)给予高度评价,但是接下来的工作还得我们去做。

以上是我们要叙述的学术背景。在这种学术背景下,我们付出了近2年的努力,并已经取得了以下形式的研究成果。[①]

首先,世界上的语言可以分为2类:以完结(perfective)和非完结(imperfective)来实现"动词偶数组合"的语言、以及物(transitive)和不及物(intransitive)来实现"动词偶数组合"的语言。俄语等斯拉夫语族语言、高加索语言属于前者,英语、日语、汉语及土耳其语等属于后者。

其次,从进行体的角度审视这2类语言,我们的结论是以完结(perfective)和非完结(imperfective)来实现"动词偶数组合"的语言不具有进行体,而以及物(transitive)和不及物(intransitive)来实现"动词偶数组合"的语言则可以从进行体的语法化源头进一步分为3种下位结构,即"同一型语言"(share-language)、"单重分裂型语言"(single split-language)和"双重分裂型语言"(double split-language)。其中,"同一型语言"(share-language)和"分裂型语言"(split-language)源于Stassen(1997),"同一"和"分裂"分别指语言的系词与所在、存在表达方式相同和相异的情况。

"同一型语言"(share-language)的代表语言是英语。属于这个下位类型的语言,其系词和所在、存在表达方式相同。其进行体由系词加动词的分词形式组构。如:I <u>am</u> studying.

名词谓语句:He <u>is</u> a student.

所在表达谓语句:He <u>is</u> in office.

---

① 我们的观点的轮廓可参见張麟声(2021),论文表述则参见張麟声(2022)。

存在表达谓语句：There <u>is</u> a student in the classroom.

"单重分裂型语言"(single split-language)的代表语言是日语。如下所示，这个下位类型的语言，其系词和所在、存在表达谓语之间为一种分裂(split)状态，即「だ」≠「いる」=「いる」。其进行体由动词活用形加所在、存在表达谓语组构。如：わたしは勉強して<u>いる</u>。

名词谓语句：彼は学生<u>だ</u>。

所在表达谓语句：彼は教室に<u>いる</u>。

存在表达谓语句：教室には男の学生が一人<u>いる</u>。

"双重分裂型语言"(double split-language)的代表语言是汉语。如下所示，这个下位类型的语言，其系词和所在、存在表达谓语呈双重分裂(split)状态，即"是"≠"在"≠"有"。其进行体由动词加所在表达谓语组构。如：我<u>在</u>学习。

名词谓语句：他<u>是</u>学生。

所在表达谓语句：他<u>在</u>教室。

存在表达谓语句：教室里<u>有</u>一个男生。

最后，我们已开始从不同区域分布的角度进行观察并处理问题。亚洲的"双重分裂型语言"(double split-language)，如泰语等也跟汉语一样，进行体均由所在表达谓语加动词组构。但我们注意到在南欧及南美使用广泛的"双重分裂型语言"(double split-language)，如西班牙语，其进行体的组构呈现为Cacoullos(2001)里所报告的那种情况，即大部分和汉语、泰语等一样，由所在表达谓语加动词(分词)组构。但在接受教育时间较短的社会阶层的会话中，我们发现了一种由表"在那里走来走去"义的动词短语加动词分词组构的情况。

对于这种基于地理分布的"变体"我们是这样来处理的：亚洲汉语、泰语等语言里的所在表达谓语动词，如例句(11)和例句(12)所示，既语法化成了介词，又语法化成了进行体的组构成分。

(10)他<u>在</u>那里。(所在表达谓语动词)

(11)他<u>在</u>那里走来走去地背单词。(介词)

(12)他<u>在</u>背单词。(进行体的组成部分)

而西班牙语、葡萄牙语里的所在表达谓语动词"ester"没有语法化成介词，也就是说西班牙语里相当于例句(11)里"<u>在</u>那里走来走去"义的动词短语里并不包含"ester"这一形式，这样就给"<u>在</u>那里走来走去"这一语感轻松活泼，但不包括"ester"的表达留下了独自走进进行体构架的可能性。

目前，我们正在寻找非洲或其他地方描写得比较充分的"双重分裂型语言"(double

split-language），来验证这一假说的可能性。

4 结语

本文是笔者基于 Bickel（2007）提出的 21 世纪语言类型学的研究方法，从汉日对比研究的角度来发展语言类型学的一种尝试。鉴于这一尝试还没有以论文的形式全文发表，故我们的报告省略了过程，而主要着墨描写了研究的结论。不过，由于结论已经比较精细，所以我们觉得仅凭结论部分，也足以说明我们的工作已经明显地超越了以往研究。

我们国家在许多学术领域里都已经有了极具前沿性的研究成果。我们期望通过这篇报告，能够影响一些正在借助语言类型学已成形的规则来说明手头语言事实的同行在一定程度上改变研究方法，在我们自己的土地上，做出一些令西方有代表性的语言类型学家们能够刮目相看的成绩来。

参考文献

戴庆厦，汪峰，2014. 语言类型学的基本方法和理论框架［M］. 北京：商务印书馆.

金立鑫，2009.“时”“体”范畴的本质特征及其蕴含共性［M］//程工，刘丹青. 汉语的形式与功能研究. 北京：商务印书馆：322-345.

金立鑫，2018. 语言类型学探索［M］. 北京：商务印书馆.

张麟声，2017. 关于对比研究学科建设的几点思考：以“也”和“も”为例［C］//汉日对比语言学研究会. 汉日语言对比研究论丛：第 8 辑. 上海：华东理工大学出版社：1-15.

奥田靖雄，1977. アスペクトの研究をめぐって：金田一的段階［J］. 宮城教育大学国語国文（8）：51-63.

亀井孝，河野六郎，千野栄一，1995. 言語学大辞典：第 6 巻 術語編［M］. 東京：三省堂.

工藤真由美，1995. アスペクト・テンス体系とテクスト：現代日本語の時間の表現［M］. 東京：ひつじ書房.

鈴木重幸，1979. 現代日本語の動詞のテンス：終止的な述語につかわれた完成相の叙述法断定のばあい［M］//言語学研究会. 言語の研究. 東京：むぎ書房.

須田義治，2010. 現代日本語のアスペクト論［M］. 東京：ひつじ書房.

張麟声，2021. 進行表現の文法化のソースに関する類型的特徴研究について［Z］. 2021年言語の類型的特徴研究会第 16 研究会口頭発表.

張麟声，2022. 進行相の語彙的ソースの諸類型及び日本語タイプ［J］. 言語文化学研究

（17）:29-44.

野田尚史,2019. 日本語と世界の言語のとりたて表現[M]. 東京:くろしお出版.

バーナード・コムリー,1988. アスペクト[M]. 山田小枝,訳. 東京:むぎ書房.

BICKEL B, 2007. Typology in the 21st century: major current developments[J]. Linguistic typology,11:239-251.

CACOULLOS R T, 2001. From lexical to grammatical to social meaning[J]. Language in society, 30(3): 443-478.

COMRIE B, 1976. Aspect: an introduction to the study of verbal aspect and related problems[M]. Cambridge: Cambridge University Press.

DRYER M, GIL D, COMRIE B, et al., 2005. The world atlas of language structures[M]. Oxford: Oxford University Press.

NICHOLS J, 1992. Language diversity in space and time [M]. Chicago: University of Chicago Press.

STASSEN L, 1997. Intransitive predication[M]. Oxford: Clarendon Press.

VENDLER Z, 1957. Verbs and times[J]. The philosophical review, 66: 143-160.

VENDLER Z, 1967. Verbs and times[M]//VENDLER Z. Linguistics in philosophy. Ithaca: Cornell University Press: 97-121.

作者简介

姓名:张麟声

性别:男

单位:厦门大学嘉庚学院

学历:博士研究生

职称:教授

研究方向:语言类型学、二语习得研究等

通信地址:福建省漳州招商局经济技术开发区厦门大学漳州校区日本语言文化学院

邮政编码:363105

电子邮箱:chizhang@xujc.com

语言与性别研究概述

An Overview of Language and Gender Studies

徐微洁

摘　要："语言与性别研究"诞生于20世纪70年代,其目的是探究语言与性别的关系。本文概览语言与性别研究的历史、日本语言与性别研究的历史与现状,并展望语言与性别研究的新动向。通过梳理,我们发现日本的语言与性别研究具有与女权主义的关联性薄弱、受到英语研究的极大影响、与日本语学相分离的特点;20世纪70年代至20世纪末的语言与性别研究反映了社会建构主义、多样的性别身份、语言形式的含义、意识形态的重要性等特点;进入21世纪之后,语言与性别研究延续了上述特点并呈现出以下5个新动向:从"语言形式与身份"到"语体与人物角色",作为表演的语言使用,从"措辞的性别差异"到"偏见、规范、评价的性别差异",基于"语言意识形态"的语言文体的历史研究,基于"语言意识形态"的媒体语言研究。

关键词:语言与性别;语言意识形态;性别意识形态;性别身份;建构主义

Abstract: Starting in the 1970s, "Language and Gender Studies" focuses on the relationship between language and gender. This paper summarizes the history of Language and Gender Studies, its history and current development in Japan and its future orientation. The findings indicate that the studies on language and gender in Japan are weakly related to feminism, greatly influenced by English studies and isolated from Japanese linguistics. Studies on this issue from the 1970s to the end of the 20th century are characterized by social constructivism, diverse gender identities, the meaning of language forms and the importance of ideology. The 21st century continues with these features while presents the following 5 new trends: from "the language form and identity" to "style and character", as the performance of language use, from "gender differences in language" to "bias, standard, evaluation of the gender differences", "language ideology" based historical research over language style, and "language ideology" based research on media language.

Keywords: language and gender; language ideology; gender ideology; gender identity; constructivism

1 引言

性别(gender)原为法语、德语等语言中区别阳性名词和阴性名词的语法用语。但是，随着女权主义的兴起，性别这一词语不再是简单的语法用语，开始被用于表达"被社会性、文化性、历史性建构的性别"之意。此前，人们一般认为"性"是由生物学因素决定的。但是，"性"拥有社会建构、社会学习的侧面。为了区分生物学性别(sex)，明确"性"具有社会侧面，女权主义者提出了"性别"这一概念，他们指出性别不仅包含生物学层面的意思，还包含社会层面的意思。性别这个概念容易让我们把从生物学方面看待的"性"放在社会中探究它的历史形成。就这一点而言，它是一个划时代的概念(中村，2001:ii)。

在性别这个概念出现之前，语言与性别的关系并未被提及和重视。以"语言与性别的关系"为主要研究问题的系列研究曾被称作"语言的性别差异研究""性别歧视与语言研究""女权主义语言学"等，但近年来"语言与性别研究"(Language and Gender Studies)这个名称固定了下来。可以说，这是吸纳了建构主义理论的缘故。建构主义是一种认知论和方法论，它作为本质主义①的反命题而诞生，并在近年的社会科学、人文科学等领域引领潮流。建构主义认为，"语言"并非抽象的"结构"，而是创造社会的"行为"。建构主义的出现，使"语言"与"性别"以一种全新的方式联系在一起。之前的研究，让男女两性与语言使用直接连接在一起，并将研究"男女两性如何使用不同的措辞表达"视作研究课题。但是，"使用语言的行为"不仅可以建构彼此的身份，还可以建构社会意识形态。因此，建构主义认为，我们有必要将性别视作通过"使用语言的行为"建构的身份，同时将其视作意识形态加以理解和把握。

所谓语言与性别研究，就是关于通过"使用语言的行为"把我们自身塑造成怎样的女

---

① 所谓"本质主义"，是指将性别、人种、阶层、年龄等影响人的要素视作人的内在特质之一(属性)的想法。本质主义的性别观有以下3个特点:性别是二元对立的;性别是属性;性别先于语言而存在。在本质主义的研究中，分析"女人/男人"这个属性对语言表达的影响，以及"女人和男人使用何种不同的语言表达"(被称作"语言的性别差异")成为主要研究内容。与此相对，建构主义的性别观则有以下4个特点:性别是多样的;性别是变化的;性别并非主体内在的本质，而是主体的行为;语言行为与性别的关系是相反的。

性或怎样的男性的研究。此时,社会中有关性别的意识形态如何作为资源被使用,或者因为这些性别意识形态我们会受到何种制约? 我们"使用语言的行为"如何被性别的权力关系所左右,或者如何变革权力关系? 有关性别的形象、规范、范畴,是如何通过"使用语言的行为"来建构、正当化,进而被普及的? 这些过程与社会结构有何关系? 语言与性别所探究的就是上述令人兴味盎然的问题(中村,2017a:3)。

本文将概览语言与性别研究的历史、日本语言与性别研究的历史与现状,同时展望语言与性别研究的新动向。

2　语言与性别研究的历史

"语言与性别"的问题在社会学、人类学、精神分析、符号学、语言学等各种领域被提及。语言与性别研究诞生于 20 世纪 70 年代,其目的是探究语言与性别的关系。当时女权主义①是一种思想,而今开始影响自然科学、社会科学和人文科学。女权主义暴露了旧有学问体系的男性支配现象,显示了建立新型范例的必要性,同时基于女权主义重新探究语言研究的意图产生了语言与性别研究。迄今为止的语言与性别研究可以分为两大潮流。

第一大潮流聚焦于描述女性和男性的词语方面。主要研究的是:指代女性的词语有哪些,它们与指代男性的词语有何不同,这些词语如何描述女性,如何系统看待它们之间的差异,为何会使用不同的词语来表述女性和男性,等等。这个研究领域的特点是,它与女权主义的语言改革运动紧密结合,"可以被称为语言的女权主义运动"(阿部,2005:20)。在英语圈,语言与性别研究萌芽于 Jespersen(1922),于 20 世纪 60 年代正式拉开序幕,到了 20 世纪 70 年代研究开始活跃,最终成为旨在提高女性社会地位、废除歧视用语的社会制度改革。主要研究有 Jespersen(1922)、Lakoff(1973,1975)、Thorne & Henley(1975)、Spender(1980)、Cameron(1985,1990)等。

第二大潮流是关于措辞表达方面的性别差异研究。迄今为止,在社会语言学、语用

---

① 女权主义(feminism),亦称"女性主义",源于西方社会的妇女运动,是主张妇女在政治、经济、文化和社会等方面享有与男子平等权利的社会学理论。女权主义不仅关注女性地位的提升,谋求女性在政治上获得与男性对等的权利,而且提倡语言改革,要求改革性别歧视表达,使用非歧视性表达。女权主义理论(feminist theory)是女权主义在理论和哲学范畴的延伸,旨在理解性别不平等的本质。它在多个学术领域观察女性的社会角色、经验、利益和政治参与,例如人类学、社会学、传播学、精神分析学、经济学、文学、教育学和哲学。女权主义运动与之前的女性解放运动的不同之处在于:女性解放运动旨在提高女性的参政权和继承权等法律地位,而女权主义运动则以女性(和男性)的意识改革为中心。

学、会话分析等领域均开展了围绕语言使用的性别差异研究。早期的研究主要是在男性与女性的语言使用有何差异这一问题意识下对"语言的性别差异"进行验证,但随着研究的推进,研究者们发现语言的性别差异并非可以普适化、固定化。换言之,语言使用者与生俱来的生物学性别与"年龄、人种、职业、社会地位、居住地区"等各种社会因素相结合,共同影响其语言使用,语言使用方式无法单纯依据使用者的性别来一分为二。在英语圈,研究者们试图从各种角度来探究语言与性别的关联,以及男女两性的语言差异,例如音韵(Labov,1972a,1972b;Trudgill,1972)、表达(Edelsky,1977)、发话行为(Hymes,1972;Kuhn,1982;Tannen,1990)、交际(Blakar & Pedersen,1980)等。

对于上述有关语言与性别研究的两大潮流,中村(1995)将前者命名为"性别表达研究",将后者命名为"语言使用与性别研究",并将前者再细分为2种,即"描述女性的语言"的研究和"描述男性的语言"的研究。

本文沿用中村(1995)的用语。此外,如前所述,语言使用的方式无法单纯地用性别来一分为二,但为了与"性别表达研究"相对照,笔者将"语言使用与性别研究"细分成"女性使用的语言"与"男性使用的语言"2种(见图1)。

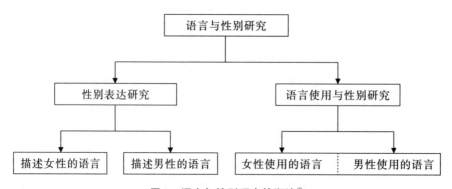

图1　语言与性别研究的潮流①

本节我们仅回顾了英语的研究史,这是因为迄今为止的语言与性别研究是以英语为主发展起来的。下一节我们将概述与英语研究几乎同期的日语研究的历史与现状。

3　日本语言与性别研究的历史与现状

日本的语言与性别研究特征可归结为3点:与女权主义的关联性薄弱;受到英语研究

---

① 引自徐微洁(2018:8)。女性使用的语言与男性使用的语言无法截然分开,也没有清晰的界线,因此此处没有用2个文本框来显示,分界线也用了虚线而没用实线。

的极大影响；与日本语学相分离（中村，2001：8）。

　　与欧美相同，在女权主义之前，日本极少将女性的语言行为作为研究对象。即便偶尔被提及，也被视作附属于男性的语言行为，或不分析数据就将身边的逸闻趣事断定为所有女性的语言行为，倾向于提出使用规范，对女性的语言行为进行否定性评价。虽然日本语学中有以女房词、花街柳巷语为研究对象的历时研究（杉本，1985；堀井，1990，1992），但其中多是以分类、分析这些表达为目的的研究，并未将语言与社会的性别歧视相结合。可以说，即便是现在，依据身边的事例便轻率地断定女性的均质语言行为，并参照相关语言使用规范进行批判的现象，以及生物学性决定的二元对立式性别观①仍根深蒂固。

　　虽然日本的女权主义者极少将语言的重要性作为中心课题，但相关研究仍在继续。提及日语与性别的关系，值得大书特书的研究有寿岳（1979）。寿岳章子在日本国语学的潮流和当时的社会语言学框架下，思考社会与语言的关系。她认为社会方式会反映在语言上，语言影响人们的生活方式。她明确否定二元对立式"语言与性别差异"，认为对立地描述男女两性的说话方式、书写方式是不可能的，她指出了语言规范和语言实践的多样关系。寿岳"早在1979年就指出了有关语言与性别的卓见，而欧美的研究晚了足足20年才达到相同水平"（中村，2001：10），可以说她的著作是"最早将日语中女性的用语与女性的生活方式相结合写就的书"（遠藤，2005：18）。Yukawa & Saito（2004）在论文的开篇评价寿岳（1979）道，"在《日语与女性》中，寿岳章子以一己之力为语言与性别研究提供了一个综合性理论框架"②（Yukawa & Saito，2004：26），并将其视作日语与性别研究的嚆矢。即便是今天，寿岳（1979）也有许多值得我们学习的地方。

　　寿岳（1979）之后，基于女权主义视角的性别差异研究开始普及，研究者们开始关注词典、媒体的用语和表达（遠藤，1981，1982，1987，1992，1997b，1998，2001；ことばと女を考える会，1985；メディアの中の性差別を考える会，1991a；上野、メディアの中の性差別を考える会，1996；等等）。

　　遠藤（1981）批判性地认为国语词典本身的结构就非常具有歧视性。例如，评价妻子的词语有「悪妻」和「良妻」等，但没有相应的「悪夫」和「良夫」等词语。远藤织枝随后对日

---

① 所谓"二元对立式性别观"，是指性别只有"女性"与"男性"两种，并且两种性别在所有方面都处于对立的想法（中村，2002：25）。在二元对立式性别观下，男女之间说话方式的差异远大于女性之间的差异和男性之间的差异。因此，之前的研究都是关注"女性与男性如何使用不同的措辞"。详见中村（2002）。

② 原文为英语"In Nihongo to onna 'The Japanese Language and women', Jugaku single-handedly provided a comprehensive theoretical framework for the study of language and gender."，中文为笔者试译。

语的歧视表达进行了综合研究。ことばと女を考える会(1985)指出了词典的释义与例子中的性别歧视。メディアの中の性差別を考える会(1991a)分析了报纸报道中的男性与女性的问题点,推动了研究的进一步发展。上野、メディアの中の性差別を考える会(1996)对日本的报纸报道提出了性别公正报道的五大原则:(1)不问性别信息(gender-free)。在「男＝基準,女＝例外、下位、特殊」这种社会规范渗透的现状下,只要没有必要就不要包含性别信息。特别是职业名称,使用与男性相同的职业分类就已足够。(2)性别公正(gender-fair)。在性别信息不可或缺的场合,表达方法、标记顺序、次数等采取公平公正的处理方式,如不用「合計○名(内女性○名)」,而用「女男(男女)合わせて○名」,尽可能使用对称表达。(3)(两性的)对称对待(parallel-treatment)。对于两性的职业名称、头衔、敬称等要避免不对称(歧视),对男女使用相同敬称,不区分男性用「氏」、女性用「女史」「さん」。(4)综合性表达(inclusiveness)。不使用排除特定团体或性别的语言或形式,而使用包含多样团体的语言或形式。不使用「サラリーマン」「青少年」「父兄」等排除某个团体(女性)的表达。(5)去固定概念(bias-free)。性别角色分工观念、「男らしさ」「女らしさ」等传统价值观认为某些特征是性别固有之物,这容易导致歧视。希望大家能理解撤销女性歧视条约的宗旨,创设丰富多样的表达。

有关日语表达措辞方面的性别差异研究始于20世纪前半叶,不问文化意识形态与其权力作用的"女性语研究"曾长期占据主流地位。最早关注女性语的是日本国语学者菊泽季生。菊沢(1929)未考察时代背景和女性的社会地位,他将"女房词"与"普遍的女性用语"相关联,认为其既高贵且优美。此外,菊沢(1933)将物理学的位相(phase)[①]概念引进日语的研究,并开拓了位相论,他提倡从社会属性差异和问题差异方面来综合考察日语中的变异现象。位相论以语言因人而异、因状况不同而不同的现象为出发点,试图在这些语言的差异中寻找与某些原因相结合的倾向性。这与现在社会语言学的方法论相通。位相论这个概念"打开了日语性别差异研究的开端,同时在确立之后的日语女性语研究领域方面发挥了重要作用"(阿部,2005:32)。其后,礼貌的敬语被视为"女性语"的特征,与这一意识形态相结合,取得了众多研究成果(井出,1979,1993,1997;遠藤,1997a;中村,2001,2007a,2007b;现代日本語研究会,1997,2002,2011)。

井出(1979)提及了英语和日语,详细介绍了美国的语言与性别差异研究,并尝试分析了现实中女性的说话方式。井出祥子将女性的口语、女性的书面语、描述女性的词语

---

① 菊沢(1933)将说话人的性别、年龄、职业等属性,以及因场合不同而词语有异的现象均当作位相(phase),并将说话者使用的词语称作位相语(group language)。位相语也被称为集团语,它包括女房词、游里语等女性使用的位相语,也包括武士用语、工匠用语等男性使用的位相语。

都归为"女性的语言",认为在女性的说话方式和书写方式中体现出来的特征"反映了日本女性的现实状况"(井出,1979:64)。井出(1997)认为女性语研究应该在考虑各自社会文化中的男女地位、作用有何不同的基础上,观察、记录、描述男性与女性使用何种不同的语言表达,并指出女性语有以下特点:语言表达委婉,回避草率的表达、低级的表达及超脱规范、不礼貌的表达等。

远藤(1997a)分析了截至20世纪末有关女性措辞表达方面的研究,探讨了女性与语言的关系。她指出女性用语经历了潜在期(古代)、显在期(镰仓室町时代)、制约的强化期(江户时代)、消解期(昭和时代)等阶段,现在(20世纪末至今)是女性创造语言的时代。

近年,语言与性别研究的关注点转向人们通过语言的相互行为建构何种"性别身份"(gender identity)①,以及在特定的历史、政治状况下"性别意识形态"(gender ideology)②如何被建构的问题。中村(2001)介绍了英语圈的此类研究。与以往的研究不同,中村(2007a)将"女性用语"视作意识形态(语言的性别意识形态),用建构主义的方法论探讨了"女性用语"的历史性形成过程。佐竹久仁子评价此书时认为:"虽然资料的处理方式有欠慎重之处,但此书在思考语言与性别、语言与支配等问题方面有着可供借鉴的真知灼见。"(佐竹,2009:85)此外,中村(2007b)从"语言资源"③这一崭新的视角和性取向的视角切入来研究语言与身份的关系,试图描绘出自由且丰富的日语之姿。

现代日语研究会于1997年出版了《女性的语言——职场篇》,于2002年出版了《男性的语言——职场篇》,又于2011年出版了2本书的合集,这3本书都获得了东京女性财团的资助。这3本书都阐明了一点:以前国语学者主张的观点——女性多使用敬语,未必适用于现代职场,女性和男性几乎都不使用被视作女性专用语、男性专用语的语言表达。此外,现代日语研究会将通过调查和研究获得的会话资料作为语言语料库加以整理、公开,可以说这一点也意义重大。

---

① "建构主义"的性别观认为,人类通过使用语言,在相互交往中能动地建构性别身份。基于这种性别观,可以说性别是与人种、年龄、职业、经济阶层等共同建构身份的必要因素。中村(2001)将其命名为性别身份,用"女性性、男性性"来替换「女らしさ、男らしさ」这种二元对立式名称。

② "性别意识形态"也被称作"性别规范",是"根据性别方面的话语分析的积累,在特定的社会中历史性建构的各种女性性、男性性、两性性(性别身份)被体系化的意识形态"(中村,2001:115)。"性别意识形态"这一概念将有关性别的定见从生物学性别差异中分离出来,使通过话语分析,历史性地阐明性别成为可能(中村,2001:115)。

③ 我们在进行交际时,特定的措辞与特定集团的身份联结在一起。我们在塑造各种人物时,要将这种联结视作"语言"的知识、材料和资源(中村,2007b:14-15)。

4　语言与性别研究的新动向

20世纪70年代至20世纪末的语言与性别研究反映了社会建构主义、多样的性别身份、语言形式的含义、意识形态的重要性等观点。社会认同的知识和各种身份并非事先存在的,而是历史性、社会性建构的,在这个过程中语言发挥着重要作用。我们通过使用语言,建构我们的多样身份。性别不仅因时代、社会、文化不同而各不相同,而且即便是同一时代的相同地区,也会因人种、年龄、职业、性取向等因素的影响而表现出多样的性别身份。我们在思考语言与性别的问题时,不能二元对立式地考虑语言的性别差异,而应该考虑各种因素对性别身份的影响。特定语言形式的作用并非事先决定的,而是根据使用情况的不同而彼此存在差异。在日常生活中,人们会因为建构某种身份或达成某种目的而使用异性性别表达,如女性使用被视为男性句末词的「ぞ」「ぜ」和被视为男性人称代词的「ぼく」「おれ」等。因此,我们需要分析某种语言形式的具体使用情况来确定其含义。在语言与性别研究中,性别意识形态和语言意识形态是2个重要的概念,无论是哪种意识形态,都在话语中被正当化,同时依据话语发生相应的变化。

2000年之后的语言与性别研究不仅反映了上述4个观点,还表现出以下5个特点:(1)从"语言形式与身份"到"语体与人物角色";(2)作为表演的语言使用;(3)从"措辞的性别差异"到"偏见、规范、评价的性别差异";(4)基于"语言意识形态"的语言文体的历史研究;(5)基于"语言意识形态"的媒体语言研究(中村,2017a:2-4)。

人称代词和句末助词等语言形式自古以来被认为与身份直接相关,但随着研究的深入,人们发现语言使用者通过组合几种语言形式或利用语言之外的要素也能表达不同的身份。例如,Eckert(2000)的研究表明,特定的措辞表达和服装与同一所高中不同的团体相关联。诸如此类,包含语言和其他非语言形式的集合与某个团体内特定的身份相结合时,这个集合被称作"语体"(style)(Coupland,2007)。使用特定语体来表达的身份有时被称作"人物角色"(persona)(Eckert,2012)。语言使用者通过不同程度地利用语体和人物角色的结合,来调整彼此的关系。

无论男女,人们都不同程度地在各种场合表演着身份。表演的语言使用最极端的表现是说话者故意使用所属团体之外的说话方式,即"语言越境"(crossing)的情况(Rampton,1995)。例如:希望他人觉得自己"有女人味",而故意使用「おこしやす」「おやかまっさん」「あかんえ」等京都方言;希望他人觉得自己是"有意思的人"而使用「おはようござんす」「ごきげんさん」「ちゃうちゃう」等大阪方言。这些都是通过语言表演身份

的例子。

性别是各种身份的一个侧面,性别差异的问题在于"男女的说话方式是这样的"这种偏见,"男女必须使用这种说话方式"这种规范,以及"这种说话方式好/不好"这种对说话方式的评价。Holmes(2014)对职场管理层的措辞表达进行了研究。研究表明男女都会根据不同的场合灵活使用所谓的"女性式"说话方式和"男性式"说话方式。但是,采用"女性式"说话方式的女性管理者容易被认为"缺乏领导力",采用"男性式"说话方式的女性管理者容易被批判为"不像个女人"(Ladegaard,2011;Su & Walker,2004)。这说明,我们应该将偏见、规范和评价也视作语言与性别研究的对象,把对说话方式的偏见、规范和评价也作为语言意识形态来研究。

语言意识形态,是指"让认识的语言结构合理化、正当化的语言使用者表达出来的信念集合"(Silverstein,1979:193),是系统探讨成为语言使用的生产、解释资源的使用者价值观的概念。语言意识形态不是抽象的价值观,而是与社会关系相互建构,以语言结构和使用为媒介,给予话语实践,甚至语言的结构变化具体影响之物(中村,2001:202)。我们可以将特定团体的说话方式(方言或语体)视为一种"语言意识形态",并探究其成立历史。「〇〇弁」「女ことば」等说话方式形成的背后潜藏着将该团体区别于其他团体的经济、政治因素。此外,接受这些经济、政治要求建构特定语体的是有识之士或媒体。例如,日语「女ことば」的背后,就蕴含着在明治时代之后,即在近代国家的形成过程中,区分作为国民的女性和男性的必要性,以及昭和时代战争期间将强制部分东亚人民使用日语的行为正当化的目的(中村,2007a:4)。

以往的社会语言学认为,对于语言研究而言,面对面进行的"自然的"会话是最贴切的数据。但是,其实不管什么语言行为,都会不同程度地存在表演的一面,因而若将媒体的语言作为社会语言学的数据也是贴切的。多数媒体的社会语言学研究旨在分析语言意识形态,特别是标准语/非标准语的非对称价值是如何通过出场人物反复区分使用标准/非标准的语音、词汇、风格来区分团体,并给予出场人物特定的属性的。

就如同在英美文学作品和影视作品中,缺乏教养的乡下人等的语言表达,在美国会用南部方言来表示,而翻译成日语时则成了日本东北方言。例如,电影《乱世佳人》翻译到日本时,影片中的白人女主角斯嘉丽的语言被翻译成日语的"女性用语",而黑人女佣梅蜜的语言表达则被翻译成日本东北方言或日本东北地区使用的方言,如「しらけてしまうだ」。再如,以摩登时尚的美国主妇为主人公的 *I love Lucy*(《我爱露西》,1951—1957年制作,1957年起在日本播放)、*Bewitched*(《我的太太是魔女》,1964—1972年制作,1966年起在日本播放)等美剧被引进日本后,剧中的白人主妇往往使用"女性用语",但蜗居在

贫民窟的女主角和粗俗太太的语言表达则都被翻译成"东北方言"或仿东北腔。

5　结语

本文简要回顾了语言与性别研究的历史、日本语言与性别研究的历史与现状,以及进入21世纪后语言与性别研究呈现出来的新动向。通过分析,我们明晰了以下结果。

第一,迄今为止的语言与性别研究可以分为两大潮流:"性别表达研究"和"语言使用与性别研究"。

第二,日本语言与性别研究的特征可归结为3个:与女权主义的关联性薄弱、受到英语研究的极大影响、与日本语学相分离。

第三,20世纪70年代至20世纪末的语言与性别研究反映了社会建构主义、多样的性别身份、语言形式的含义、意识形态的重要性等特点。进入21世纪之后,语言与性别研究延续了以上特点并表现出以下5个动向:从"语言形式与身份"到"语体与人物角色",作为表演的语言使用,从"措辞的性别差异"到"偏见、规范、评价的性别差异",基于"语言意识形态"的语言文体的历史研究,基于"语言意识形态"的媒体语言研究。

限于篇幅,本文无法通过实例深入探讨日本的语言与性别研究,亦无法与中国的语言与性别研究进行比较,这些将留作下次课题。

参考文献

徐微洁,2018. 现代日语性别表达研究:以女性标记词为中心[M]. 杭州:浙江大学出版社.

中村桃子,2017a. 语言与性别[M]. 徐微洁,译. 杭州:浙江工商大学出版社.

中村桃子,2017b. 语言与女权主义[M]. 徐微洁,译. 杭州:浙江工商大学出版社.

中村桃子,2021. 性别语言学[M]. 徐微洁,译. 杭州:浙江工商大学出版社.

阿部圭子,2005. 言語におけるジェンダー・イデオロギー[M]//片桐恭弘. 講座社会言語学5. 東京:ひつじ書房:18-38.

井出祥子,1979. 女のことば男のことば[M]. 東京:日本経済通信社.

井出祥子,1993. 世界の女性語・日本の女性語[J]. 日本語学(5):4-12.

井出祥子,1997. 女性語の世界[M]. 東京:明治書院.

上野千鶴子,メディアの中の性差別を考える会,1996. きっと変えられる性差別語:私たちのガイドライン[M]. 東京:三省堂.

遠藤織枝,1981. 国語辞書にみる女性差別[M]. 東京:三一書房.

遠藤織枝,1982. 辞書と新聞にみる男性と女性[J]. ことば(3):1-20.

遠藤織枝,1987. 気になる言葉:日本語再検討[M]. 東京:南雲堂.

遠藤織枝,1992. 女性の呼び方大研究:ギャルからオバサンまで[M]. 東京:三省堂.

遠藤織枝,1997a. 女のことばの文化史[M]. 東京:学陽書房.

遠藤織枝,1997b. 女性を表す語句と表現:新聞の人物紹介と雑誌広告の欄から[M]//井
　　出祥子. 女性語の世界. 東京:明治書院:94-113.

遠藤織枝,1998. 気になります、この「ことば」[M]. 東京:小学館.

遠藤織枝,2001. 女とことば:女は変わったか、日本語は変わったか[M]. 東京:明石書店.

遠藤織枝,2005. 志を貫いた、寿岳さん:研究と実践を見事に一致させながら[J]. こと
　　ば(26):1-33.

菊沢季生,1929. 婦人の言葉の特徴に就いて[J]. 国語教育(14):66-75.

菊沢季生,1933. 国語位相論[M]. 東京:明治書院.

現代日本語研究会,1997. 女性のことば:職場編[M]. 東京:ひつじ書房.

現代日本語研究会,2002. 男性のことば:職場編[M]. 東京:ひつじ書房.

現代日本語研究会,2011. 合本　女性のことば・男性のことば:職場編[M]. 東京:ひつ
　　じ書房.

ことばと女を考える会,1985. 国語辞書に見る女性差別[M]. 東京:三一書房.

佐竹久仁子,2009. 書評中村桃子著『「女ことば」はつくられる』[J]. 日本語の研究(5):
　　80-85.

寿岳章子,1979. 日本語と女[M]. 東京:岩波書店.

杉本つとむ,1985. 江戸の女ことば:あそばせとアリンス[M]. 東京:創拓社.

中村桃子,1995. ことばとフェミニズム[M]. 東京:勁草書房.

中村桃子,2001. ことばとジェンダー[M]. 東京:勁草書房.

中村桃子,2002.「言語とジェンダー研究」の理論[J]. 月刊言語(31):24-31.

中村桃子,2007a.「女ことば」はつくられる[M]. 東京:ひつじ書房.

中村桃子,2007b.〈性〉と日本語:ことばがつくる女と男[M]. 東京:日本放送出版協会.

堀井令以知,1990. 女の言葉[M]. 東京:明治書院.

堀井令以知,1992. はたらく女性の言葉[M]. 東京:明治書院.

メディアの中の性差別を考える会,1991a. メディアに描かれる女性像:新聞をめぐっ
　　て[M]. 東京:桂書房.

メディアの中の性差別を考える会,1991b. メディアに描かれる女性像：新聞をめぐっ て　増補・反響編付[M]. 東京：桂書房.

BLAKAR R M, Pedersen T B, 1980. Sex-bound patterns of control in verbal communication [J]. Bellagio: the Conference Language and Power: 19-80.

BODINE A, 1975. Androcentrism in prescriptive grammar: singular "they", sex-indefinite "he", and "he or she"[J]. Language in society(4): 129-146.

CAMERON D, 1985. Feminism and linguistic theory[M]. London: Macmillan.

CAMERON D, 1990. The feminist critique of language[M]. London: Routledge.

COUPLAND N, 2007. Style: language variation and identity[M]. Cambridge: Cambridge University Press.

ECKERT P, 2000. Linguistic variation as social practice: the linguistic construction of identity in Belten High[M]. Massachusets and Oxford: Blackwell.

ECKERT P, 2012. Three waves of variation study: the emergence of meaning in the study of sociolinguistic variation[J]. Annual review of anthropology(41): 87-100.

EDELSKY C, 1977. Acquisition of an aspect of communicative competence: learning what it means to talk like a lady [M]//ERVIN-TRIPP S, MITCHELL-KERNAN C. Child discourse. New York: Academic Press.

HOLMES J, 2014. Language and gender in the workplace[M]. Oxford: Wiley-Blackwell.

HYMES D, 1972. On communicative competence[M]//PRIDE J B, HOLME J. Sociolinguistics. Harmondsworth: Penguin: 269-293.

JESPERSEN O, 1922. Language: its nature, development and origin[M]. London: George Allen and Unwin.

KUHN E, 1982. Sex-related differences in the use of speech acts [Z]. the section of Language and Sexes in Sociolinguistics Program of the 10th World Congress of Sociology at Mexico City: 23-28.

LABOV W, 1972a. Language in the inner city [M]. Philadelphia: University of Pennsylvania Press.

LABOV W, 1972b. Sociolinguistic patterns[M]. Philadelphia: University of Pennsylvania Press.

LADEGAARD H J, 2011. "Doing power" at work: responding to male and female management styles in a global business corporation[J]. Journal of pragmatics(43): 4-19.

LAKOFF R, 1973. Language and woman's place[J]. Language in society(2): 45-79.

LAKOFF R, 1975. Language and woman's place[M]. New York: Harper & Row.

RAMPTON B, 1995. Crossing: language and ethnicity among adolescents[M]. London & New York: Longman.

SILVERSTEIN M, 1979. Language structure and linguistic ideology[M]//CLYNE P R, HANKS W F, HOFBAUER C L. The elements Chicago linguistic society. Boulder, CO: Westview Press: 284-306.

SPENDER D, 1980. Man made language[M]. 2nd ed. London: Routledge & Kegan Paul.

SU O, WALKER R, 2004. The women and the boys: patterns of identification and differentiation in senior women executives' representations of career identity[J]. Women in management review(19): 244-251.

TANNEN D, 1990. You just don't understand: women and men in conversation[M]. New York: Morrow.

THORNE B, HENLEY N, 1975. Language and sex: difference and dominance[M]. New York: Newbury House Publishers.

TRUDGILl P, 1972. Sex, covert prestige, and linguistic change in the Urban British English of Norwich[J]. Language in society(1): 179-195.

YUKAWA S, SAITO M, 2004. Cultural ideologies in Japanese language and gender studies[M]//OKAMOTO S, SHIBAMOTO SMITH J S. Japanese language, gender, and ideology cultural models and real people. New York: Oxford University Press: 23-37.

作者简介

姓名:徐微洁

性别:女

单位:浙江师范大学

学历:博士研究生

职称:教授

研究方向:语言与性别、日语语言学、汉日语言文化对比

通信地址:浙江省金华市婺城区迎宾大道688号

邮政编码:321004

电子邮箱:xwj26@zjnu.cn

词汇研究

基于语料库的汉日指示词型话语标记对比研究*

A Comparative Study of Chinese and Japanese Demonstrative Discourse Markers Based on Corpus

陈　曦　牛迎春

摘　要：本文基于汉日语料库数据，对汉日指示词型话语标记在词汇和句子构式层面，以及其功能用法进行对比考察，旨在探究汉日指示词构式的异同，并借此透视汉日语言的本质性差异。研究发现，不同形式的汉日指示词型话语标记均存在话语组织功能、人际互动功能和元话语功能，但是不同功能下，话语标记词的话语分布存在差异。研究结果表明，影响指示词型话语标记功能的主要有话语位置、指示词的认知互动性等因素。

关键词：指示词；话语标记；汉日对比；语料库；认知互动性

Abstract: Based on the data from the Chinese and Japanese corpus, this paper conducts a comparative study of Chinese and Japanese demonstrative discourse markers at the vocabulary and sentence construction level and their functional usage. The aim is to explore the similarities and differences between Chinese and Japanese demonstrative constructions, and to see the essential differences between Chinese and Japanese languages. This paper found that different forms of Chinese and Japanese demonstrative discourse markers all have discourse organization function, interpersonal interaction function and metadiscourse function, but the discourse distribution of discourse markers under different functions is different. This paper believes that the main factors affecting the function of demonstrative discourse markers are the position of discourse and the cognitive interaction

---

* 本文系陕西省教育厅重点基地项目"基于作文语料库的中国日语学习者产出性词汇发展研究"（项目编号：20JZ080）的阶段性研究成果。

of demonstratives.

Keywords: demonstratives; discourse markers; Chinese-Japanese comparison; corpus; cognitive interactivity

1　引言

指示词型话语标记(Demonstrative Discourse Markers,DDM)是指含指示词形式的话语标记。由指示词作为话语标记的构成成分是人类语言的共性表现,也是语言交际中一种重要的语言表达形式,对参与交际进程的说话人和听话人双方理解话语内容起到引导和调控的作用。目前,话语标记已成为语言研究热点之一,总体研究在深度和广度上不断延展。汉日语言系统内部对DDM的描写相对更成熟,如中岛(2011),赵刚、贾琦(2013),曹秀玲(2016),张黎(2017),等等。但从跨语言层面探究汉日语言中DDM的类属划分、具体功能特征差异的研究仍不多见,目前仅见陈海涛(2016)和葛欣燕、松村(2017),并且这些研究均为话语标记"あのー/那个"的单一研究对象对比研究,因而语言对比角度存在较大研究空间。①

汉语和日语中的DDM无论是在组成成分还是在内部结构关系上都复杂多样,语用功能个体差异也相对较大,个案研究固然可以解决部分问题,但因考察对象和视野限制而难以全面而系统地解释。我们发现,与话语标记「あの(ー)」相对应的DDM,除"那个"外,还有"那什么"。同时,汉语中存在大量"这样"相关的话语标记,如"这样子,这样吧,这样一来"等,这些在已有的汉日指示词型对比研究中尚未被提及。例如:

(1)a. "那什么,先生,"高妈在书房外面叫,"祥子来了!"

(老舍《骆驼祥子》)②

b. 「あの、旦那さま」高嬢は書斎の前でさけんだ。「祥子がまいりました。」

(2)a. "秀兰,这样,打垮了日本帝国主义者,咱们离胜利就更近了!"大姐笑着,两只手分开,同时用力拉住江华和道静的手。

(杨沫《青春之歌》)

---

① 靳园元(2020)基于历史语言学角度考察了话语标记「そういえば」,并与"话说"进行了分析,认为在网络语言语境中,两个词在语义完全虚化后存在对应关系。由于篇幅限制,本文仅限于考察汉语和日语中均含指示词的话语标记词。对于如靳园元(2020)探讨的语言中不含指示词的话语标记词及相关汉日对应关系将另撰文讨论。

② 本文例句如无特殊标记均出自北京日本学研究中心研制的《中日对译语料库》(2002年版,2003年版)。

b.「秀蘭、そうだよ、日本帝国主義をうち倒したら、わたしらの勝利は、ますます近づいてくるんだよ」あねさんはそういうと、両手をさしのべて、力まかせに江華と道静の手をひっぱった。

例句(1)中的"那什么/あの"作为话语转换标记,用于开启一个新的话题,强调或突出说话者接下来要说的话,引起听话者的注意。例句(2)中的"这样/そうだよ"起承上启下、连贯语篇的作用,作为前后有关联性的内容之间的话语标记。

鉴于此,本文拟在前人研究的基础上,使用北京语言大学研制的《现代汉语大规模BCC语料库》(以下简称"BCC")、日本国立国语研究所研制的《现代日语书面语均衡语料库》(以下简称"BCCWJ")和北京日本学研究中心研制的《中日对译语料库》(以下简称"对译库")①,探讨含"这样"DDM的特征,分析汉日DDM的共性和差异。

2 DDM的定义和分类

2.1 DDM的定义

由于话语标记语形式较为固定,用法相对单一,基于语料库的数据抽取及分析已成为语料库语用学中最为经典的议题。在以往研究中,关于如何筛选语料,学者往往存在不同的标准,进而研究结果也不尽相同,这样不但会影响话语标记词语的位置分布分析,还会影响其语用功能及影响因素的分析。本文认为,导致这一问题产生的根本正是话语标记该如何界定。关于话语标记的定义与界定,历来都是研究者最为关注且争议较多的一个基本问题。

由于研究目的、研究视角、研究方法和手段等的不同,学界对话语标记的定义、界定等均存在不同的观点,至今还没有一个公认的比较统一的清晰的定论。比如:Schiffrin(1987)从话语连贯视角出发,认为话语标记是存在于自然口语中的成分,是具有一定的音韵特征且能够对话语单位起切分作用的句首顺序性依附成分;Blakemore(2002)基于关

① 语料来源明细如下:

语料库	总字数	时间跨度	语言	领域跨度
BCC	150亿	1945—2015年	汉语	报刊、文学、微博、科技、综合和古汉语等
BCCWJ	1亿	1976—2005年	日语	书籍、杂志、报刊、政府白皮书、微博、教科书等
对译库	2000万	1943—2003年	汉语、日语	汉语和日语的文学作品、剧本、散文、政论文等

联理论认为,话语标记是不含概念意义但能通过自身程序意义对话语语境进行限制,影响话语概念表征运作的词语。本文立足于汉日语言对比视角,认为指示词型话语标记是"与'这、那/コ・ソ・ア'高频共现的话语标记成分,它传递的不是命题意义,而是程序义。它不仅存在于口语中,也存在于书面语中。它是独立于所在上下文句法结构之外的只具有话语交际功能的成分"。

本文基于刘丽艳(2005),并综合以往研究,从语义、语体、语用、句法、语音等5个层面,将如例句(1)和例句(2)的DDM的判断标准确定为:

①语义层面:不具有真值义,具有意义的程序性。

②语体层面:偏向于口语,但是也有书面语。

③语用层面:对言语交际进行调节和监控,不能单独构成一个话轮。

④句法层面:具有可分离性和非强制性,主要出现在句首。

⑤语音层面:形成独立的语调单位,与其他语言单位之间可以有语音停顿。

2.2　DDM的功能

陈海涛(2016)认为DDM"あのー/那个"存在功能特征异同,表现为:①两者都具备语言检索、组织话语和发起话题的功能;②「あのー」具备打招呼的功能,"那个"没有;③"那个"具备语阻功能,「あのー」没有。他认为汉日DDM特征异同的根源是"あのー/那个"在一定程度上保持了指示词用法本身的特点。我们认为DDM的汉日语言异同表现除了与指示词用法本身有一定关系外,与话语标记的功能用法关系相对更大,比如话语标记的位置分布,但是关于这一点陈海涛(2016)并未明确指出。

葛欣燕、松村(2017)将"あのー/那个"的功能细分为信息处理功能(「情報処理能力表出機能」)、话语调整功能(「発話内容調整機能」)、人际调整功能(「対人関係調整機能」),并基于汉日访谈类语料数据的考察,认为在表达信息处理功能和话语调整功能时,汉日语言的使用频次特征相似,而表达人际调整功能时使用频次相差悬殊,「あの(ー)」的使用频次是"那个"的2倍,但是他们并未明确指出异同的深层理据。

话语表达过程中的每个话语标记都各自承载特定的功能,话语标记是一个功能集合,受语言经济原则的制约,话语标记和它所发挥的具体功能之间并不是一一对应的关系,话语标记与各具体功能之间的关系是相互交叉的(刘丽艳,2005)。由于研究视角的差异,现有的话语标记功能分类林林总总,迄今尚未形成广为接受的分类。基于第2.1节的判断标准,参照张黎(2017)对DDM各个功能的分类和定义,我们将汉日语言中不同的DDM整理如表1所示。

表1　DDM的功能定义

功能	定义	DDM
话语组织功能	说话人为了顺利地、连贯地进行言语交际而使用的一些引导和连接语句的成分	这个、你这个、**这样**、**就这样**、**这样子**、**是这样**；那、那什么、那个、那么
		この(一)、こ(一)、こうして(こうしよう)、このように；それでは、そして、そこで、それと、それも、それから、それで、だからそれはね、それでは、その結果、そうすると、そのうえ、それより、それにしても、それはそうと、そうじゃなくて、それが、**そんな**；あの(一)、あれ
元话语功能	在语言生成过程中,说话人对自己的语言表达内容进行反馈、解释、评价和修正而输出的语言成分	这不、这就是说、这说真的、这话该怎么说呢、这么说、这么说吧、这么说来、照你这么说、话是这么说、这么看来、**这样看**、**是这样**、**这样说来**、**这样一来**、**这样的话**；那不、那就是说、那么看来、那么说来、那样说来、那么说、那样
		こう言って、そういうわけで、それだけです、**こんな話をして**、**こんなことを聞いて**、それはさておき
人际互动功能	在交际过程中,说话人为了建立和维持交际行为、获取认同和支持、调整彼此关系和态度等,而在表达中插入的不具有现实概念意义的语言成分	**这样**、**这样吧**、这倒是、这倒也是、那是、那什么、那可不、那倒是、那倒也是
		この(一)、こ(一)、こうね、その(一)、そ(一)、そう(だ・です)ね(一)、あの(一)

注:笔者基于张黎(2017)整理而成。

由表1可看出,含"这样"的DDM在话语组织功能、元话语功能、人际互动功能上都有分布,只不过具体组配形式有所不同。

2.3　DDM的组配形式

为了方便语料的关键词精准定位,我们从结构形式角度将话语标记分为单词和短语2种形式,其中单词为单纯指示词形式,短语为指示词与名词、动词等成分的组合共现形式。基于已有研究案例,我们梳理了汉日语言中的DDM形式,具体如表2所示。

表2　DDM的组合形式

结构形式	例示
单一指示词	这、那、这个、那个、这么、那么、**这样**
	この（う）、その（う）、あの（う）、こ（う）、そ（う）、そんな、あれ
指示词+名词	**这样的话**、那样的话、你这个、那什么、这话该怎么说呢
	その結果、そのうえ、こんな話をして、こんなことを聞いて
指示词+动词	这么说、那么说、**这样看**、那样看、**这样说来**、那样说来、这么说来、那么说来、这么看来、那么看来、这么说吧、**这样说吧**、这说真的、这就是说、那就是说
	こう言って、そういえば、こうしよう、それにしても、そうすると、それはさておき
指示词+否定表达	这不、那不、那可不
	そうじゃなくて
指示词+副词表达	**就这样**
	それだけ、それこそ
指示词+语气词	**这样吧**
	そうね、こうね、だからそれはね
指示词+判断成分	那是、是这、**是这样**、这倒也是、那倒也是
	それが、それも、それはそうと
指示词+其他	**这样一来**
	それで、そこで、それと、それから、それより、それでも、それでは、このように

　　如表2所示，我们梳理的汉日指示词型话语标记形式共计72个，其中汉语38个，占比约53%，日语34个，占比约47%，两种语言的指示词型话语标记形式的数量基本持平，说明组配上不同语言系统处于相对平衡的状态。在具体组配方式方面，相同的是：①汉日语言的指示词型话语标记都存在单一指示词作为话语标记使用的情况，并且均可以与名词、动词、否定词、助词组配使用；②汉日语言在单一指示词形式、指示词+名词形式组配上数量都相对接近。不同的是：①汉语的指示词型话语标记结构形式相对丰富，指示词与言说类动词组配形式最显著；②日语指示词型话语标记多与助词进行组配，并且形式多种多样。此次，在38个汉语指示词型话语标记中，"那-"系话语标记共15个，"这-"系话语标记共23个，近指的话语标记组配形式的数量相对更多。与此相对，在34个日语指

示词型话语标记中,「コ」系话语标记共8个,「ソ」系话语标记共24个,「ア」系话语标记仅有2个,中指的话语标记组配形式在数量上占优。

我们发现含"这样"的DDM几乎分布于所有汉语DDM结构形式中。为相对全面考察DDM的特征异同,我们选取"这样"作为典型的话语标记语,并以其为关键词,在汉日对译语料库中进行关键词检索,比照汉语语料库BCC和日语语料库BCCWJ中相关关键词的特征,对符合第2.1节所述判断标准的语料部分进行统计分析。

3　含"这样"的DDM考察

3.1　含"这样"的DDM的汉日对应

"这样"类汉语DDM对应的日语指示词形式丰富多样,在两个语言系统的DDM对应上反而存在相对均衡的状态,除个别DDM为单一语言系统所独有的之外,基本都可以进行对应,并且经常出现一对多的情况。例如:

(3)a. "老赵,这样吧,我到刘秀英家里去。她家住在王村,父亲是木匠,通过她还可以和学校联系……"

（杨沫《青春之歌》）

b. 「趙さん、こうしましょう、わたしは劉秀英の家にいくわ、あの娘の家は王村だし、父親は大工よ、あのこをとおして、学校とのつながりがつけられるから……」

如例句(3)所示,一般话语标记"这样吧"基本与「こうしましょう(こうしよう)」相对应。说话者通过说出"这样吧"来明示他在向听话人提出建议,"这样吧"后面的相关话语就是建议的内容,而其前面的话语成分则是提出这一建议的背景或语境(卢英顺,2012)。

(4)a. 周忠像逗小孩似的说:"可有意思了。我留神过,是这样。"他又比画着:"那条早就安下心要吃鸡蛋的长虫,你看不见它的影子,听不到它的动静……"

（浩然《金光大道》）

b. 周忠は子どもでもからかうように、「面白いぞ。わしは見ていたが、こんなふうにやるんじゃー。」周忠はまたも身振り手振りで、「卵を食ってやろうと狙ってる蛇は、姿を見せず、物音一つたてず……」

(5)a. "咱们研究的时候,可是清清楚楚:因为他们都在气头子上,暂时两下吃,等高大泉回来再从长计较……""是这样的。"

（浩然《金光大道》）

  b.「検討した時にははっきりしてたはずだ。むこうもいまは頭がカッカッして
    てるから、しばらく別所帯ということにして、高大泉が戻って来たらゆっく
    りと……」「<u>そういうこった</u>。」

(6)a. "<u>是这样,是这样</u>……""是这样,你又怎么办呢?你就干等着买票看戏了?要
   知道,果真到了那一天,你倒在高大泉的脚下,高粱糠的饼子,可不是好吞的呀!"

(浩然《金光大道》)

  b.「<u>その通り、その通り</u>……」「その通りならどうしますね?キップ買って芝居
    の幕開きでも待つ気?そんなことになったら、あんたは高大泉の前にはい
    つくばって、それこそ目をあてられたもんじゃないぜ!」

  在例句(4)—(6)中,"是这样"话语标记可以结束话轮,表示对某个话题或子话题陈述、解释或评价的结束,也可以作为转入新的话题或子话题,说话者用"是这样"标示其应邀所做的评价行为已经结束,提示听话者可以接过话轮,或者开启新话题。

3.2 含"这样"的 DDM 的话语分布

  话语标记是人类语言特有的,它使言谈自然并合乎语境,是语言主观性和交互主观性的具体表现形式,对语篇衔接也具有重要作用(曹秀玲、辛慧,2012)。汉日语言中DDM的形式异同与其承载的功能特征关系密切。无论是指示词还是话语标记,它作为特殊语用功能承载项,单纯探讨数量是远远不够的,需要更关注实际语用时的功能特征。

  "这样"类话语标记一般位于话轮开始时,形式主要是"这样""就这样""这样一来""这样看来""这样说来"等,可以是协商标记,也可以是表态标记、解释标记、总结或推测标记等。例如:

(7)a. <u>就这样</u>,他一张一张地把票退出去。每次,退完了,在人们的包围中,都板起面
   孔说:"没了没了。"心里呢,却享受着一种不可言状的快乐。嘿,简直有一种腾
   云驾雾之感。

(陈建功《辘轳把胡同9号》)

  b. <u>そんなわけで</u>、二人の間を隔てていた障子紙は、喬婆さまによって破られた
   のである。辛母さんは、はじめから喬婆さまが何を言っているのか耳になど
   入っていなかった。ただ眼の前にいる娘を上から下までしげしげと眺める
   だけであったが、うれしさに口もとはゆるみっぱなしであった。

(8)a. <u>这样一来</u>,张金发准不服气,不安好心的人又得瞎鼓捣,结果是好人占不着什

么便宜,白跟着瞎折腾,坏人可就要浑水摸鱼了。

(浩然《金光大道》)

  b. <u>そうなれば</u>、張金発も引っ込んではいられないだろうし、腹に一物ある連中も騒ぎをおっ始めるだろう。終わってみたら、案外、悪いもんがどさくさにまぎれて甘い汁を吸い、良いもんは無駄骨折るだけのことになりはしないか。

(9)a. "<u>是这样</u>,<u>是这样</u>……""<u>是这样</u>,你又怎么办呢?"

(浩然《金光大道》)

  b.「<u>その通り</u>、<u>その通り</u>……」「<u>その通り</u>ならどうしますね?」

例句(7)的"就这样/そんなわけで"位于话轮开始的时候,前接语篇多标示说话人行为的原因或者契机,而话语标记用于承接前文话语的结果,并进一步表明说话人对结果的评价。例句(8)的"这样一来/そうなれば"与例句(7)的DDM相似,同样用于标示前后文因果关系,但是不同的是例句(8)的DDM包含说话人对事件的逻辑推理义,隐含维持或确立话语的功能。与例句(7)和例句(8)表因果关系不同,例句(9)"是这样/その通り"位于话轮开始的时候主要用于表达说话人对其他事物的评价和态度,一般标示说话人对言谈内容的同意应答,说话人与听话人都在重复DDM凸显了其确认加强功能。

"这样"类话语标记位于话轮的内部时,可作为解释标记,针对听话人所提问题或前面话语的陈述、观点、建议等做出解释或进行评价,其后接续叙述事实,表示观点功能;或者表示话题的承上启下,其后接续说话人的观点。

(10)a. "咱们研究的时候,可是清清楚楚:因为他们都在气头子上,暂时两下吃,等高大泉回来再从长计较……""<u>是这样的。</u>""小组长们的心气都是设法往一块儿捏。"

(浩然《金光大道》)

  b.「検討した時にははっきりしてたはずだ。むこうもいまは頭がカッカッしてるから、しばらく別所帯ということにして、高大泉が戻って来たらゆっくりと……」「<u>そういうこった。</u>」「小組長たちの気持としては、なんとかいっしょにやっていってもらいてえつうのが……」

(11)a. "算了,不说了。和你这种无趣的人说话相当无聊。也浪费时间和精力。就当我今天闲得蛋疼好了。""没有达到你的目的,<u>就这样吧。</u>""对你已经毫无目的可言。我说的话你也别太当真,因为我也不知道自己的哪句话是真的。<u>就</u>

这样吧<u></u>。""看透你,实在很容易。"

(BCC^①)

b.「それを忘れて、言わないでください。あなたのような退屈な人と話すことは非常に退屈です。それはまた時間とエネルギーを浪費します。」「あなたはあなたの目的を達成しなかったので、<u>それでいい</u>。」「あなたにはそんな目的がありません。私の言葉のどれが正しいかわからないので、私の言葉をあまり真剣に受け止めないでください。<u>それだけです</u>。」「あなたを通して見るのは本当に簡単です。」

例句(10)"是这样的/そういうこった"位于话轮之中的时候表示同意应答、确认允诺等话语功能,同时也隐含说话人一定程度的消极应对感情语义。例句(11)"就这样吧/それでいい、それだけです"中言谈双方同时使用了"就这样吧",但是语义和语感存在差异。其中,"就这样吧/それでいい"体现了顺应激活功能,承接言谈者对言谈内容并顺应其一般发展的结果,同时激活自己的负面评价义——建议终止行为。与此相对,"就这样吧/それだけです"体现了解释说明功能,针对言谈者的评价提出自己的想法,解释事态发展的初衷。

当位于话轮的末尾时,"这样"类话语标记的形式为"是这样(的)",一般是交际转换标记,如例句(12)的"是这样/そのとおりだわ"标示话轮结束,例句(13)的"是这样/それはそうですが"则是对言谈者疑问的应声回执,表达自己的观点。

(12)a. "对,<u>是这样</u>!"崔秀玉看看许宁轻声说。

(杨沫《青春之歌》)

b.「そうだわ、<u>そのとおりだわ</u>」崔秀玉が許寧を見て、ささやいた。

(13)a. "年底呵呵这个春节去西藏呵呵去不去啊。""目前你自己去?""<u>是这样</u>。"

(BCC)

b.「今年の終わりに、この春節でチベットに行きましょうか?」「今行くのはあなたしかいないんですか?」「<u>それはそうですが</u>。」

不同话语分布位置的话语标记影响话语标记的功能特征趋势。"这样"类话语标记的话语分布非常灵活,并且同一话语标记处于不同分布位置,往往表达不同的功能。我们以话轮为单位标记,将含"这样"的DDM的不同组合形式下不同功能分布情况,总结出话语标记的话语分布有以下几种情况,具体如表3所示。

---

① BCC对应的日文、BCCWJ对应的汉语均为笔者自译。

表3 "这样"类DDM的功能分布及对应示例

DDM	功能	话语分布	示例
这样	话语组织功能:交际转换标记	话轮结束	例句(2)
	人际互动功能:协商标记	话轮开始、话轮中间	
这样吧	人际互动功能:协商标记	话轮开始、话轮中间	例句(3)、例句(11)
是这样	话语组织功能:交际转换标记	话轮结束	例句(4)—(6)、例句(9)—(10)、例句(14)
	元话语功能:解释标记	话轮开始、话轮中间	
就这样	话语组织功能:交际转换标记	话轮开始、话轮结束	例句(7)、例句(11)—(13)
这样一来	元话语功能:表态标记	话轮开始、话轮中间	例句(8)
这样看来 这样说来	元话语功能:总结标记、推测标记	话轮开始、话轮中间	例句(15)

如表3所示,"这样"类指示词话语标记根据不同的形式组配,在语境中承载不同的话语功能:表话语组织功能的多是指示词或副词、动词与指示词组配的情况,如"这样""就这样""这样子""是这样";表元话语功能的基本为指示词与动词搭配的情况,如"这样看""是这样""这样说来""这样一来""这样的话";表人际互动功能的多是指示词或指示词与语气词搭配的情况,如"这样""这样吧"。

3.3 含"这样"的DDM的互动性特征

话语表达不仅是静态的成品,更是动态的发展过程。受到交际主体等因素的制约,在特定的交际语境中某种功能会更为凸显,表现为这一话语标记的中心功能(郑贵友,2020)。经过以上分析,我们认为含"这样"的DDM已经逐步在规约化,在具体语境中不再只是单纯的指示词或指示词短语,而是充当交际转换标记、协商标记、解释标记、表态标记等。

在不同话语位置中浮现出的不同话语标记功能,体现出交际双方从关注事件结果到转移至关注说话者自身的主观性情感,这种转变受到互动中的主观化与交互主观化的作用及影响(陈曦、牛迎春,2018,2019,2020)。陈曦、牛迎春(2020)通过语料库实证方法考察了汉日指示词的互动性特征,并总结其在语义倾向、句法位置、常用句式、特殊句法分布等方面的异同。在此基础上,陈曦、牛迎春(2020)阐明了汉日语言互动性特征的异同是汉日语言使用者的立场特点、认知参照点及交互主观性等因素交织作用下的结果。

(14)a.「やっぱり、おかあさんがいったみたいに、手をあげる前に何かしたほうがよかったのかな。でもね、手をあげるのは恥ずかしかったし、顔は真っ赤

になって、泣きたくなるほどだった。『わからない』っていうの、本当に恥ず
かしかったんだ。」「ふだんはできるのに、わからなかったのがくやしかっ
たんだね。」「そうなの……」

（BCCWJ）

  b. "我想举手之前应该做些什么，就像妈妈说的那样。但是真正举起手的时候
   我又会很尴尬，我的脸变得通红，我好想哭。我真的很不好意思说我不知道，
   那样让我在大家面前更尴尬了。""你平时好像都不会出现这种情况，反而现
   在成这样了你很不甘心对吗。""就是这样的……"

  如例句(14)所示，作为交际转换标记的"そうなの/就是这样的"是人类语言共项，用
于监控调节话语的组织、理解，显示话语策略或所言情态。人类在使用语言、监控话语生
成的时候具有相似的认知规律。话语标记就是这种认知过程及其结果的言语表现。但
是，由于交际主题认知力和表达力等方面的局限性，为了增加话语命题的显性化程度，话
语标记成为交际中十分有效的语篇建构成分(贺静、王钢，2014)。具体而言，汉日话语标
记可以标示语篇的起始、发展和结束，以及用来引发、转接和占据话轮等。

  (15)a.「はははははは。して見ると、勝野君なぞは開化した高尚な人間で、猪子先生
    の方は野蛮な下等な人種だと言うのだね。はははははは。僕は今まで、君も
    あの先生も、同じ人間だとばかり思っていた。」

（島崎藤村『破戒』）

   b. "哈哈，这样看来，像胜野兄之类的人，倒是文明高尚的人种，而猪子先生却是
    野蛮的下等人种喽。哈哈，我还以为你和猪子先生都是同样的人种哩。"

  例句(15)的表态标记"して見ると/这样看来"，主要凸显了交际者的个人观点、态度。
一方面把「勝野君」和「猪子先生」进行鲜明的主观评价对比，另一方面把言谈双方不同的
想法进行强烈的转折对比，通过双层对比承载了语篇建构功能。

  互动性是人际交往中的显性特征，交际主体使用话语标记来提醒交际一方进行应
对，标示交际状态。同时，体现出交际方顺应交际进程，延续交际活动的主观意向。在汉
日语言中这种互动性特点以DDM的表现最为凸显，体现为交际主体之间相互配合、相互
提示，共同作用于交际，进而促成共同的认知状态。DDM所承载的功能进一步体现了言
谈双方的主观性与交互主观性，表现出说话人的主观评价密切控制与衔接听话人，而说
话人采取一定的语用语篇策略或是直接结束话轮，或是进一步解释说明，或是积极或消
极陈述主观意见，让交际活动既呈现互动化特点，又相互强化交际双方的主观感情，以达
到交际的目的(陈曦、牛迎春，2018，2019，2020；孙颖、张隋，2020)。

4　结语

　　本文基于语料库实证法,在明确DDM的定义和功能基础上,通过具体语料数据总结出含"这样"的汉日DDM不同组合形式,并具体考察话语标记的对应关系和功能,认为话语标记的分布位置和指示词本身的认知互动性影响了话语标记的功能。但是由于篇幅有限,本文尚未深入探讨DDM的同现成分与话语标记的关系,以及不同的DDM的语境使用条件等问题,这些将留作今后课题。

参考文献

曹秀玲,2016. 汉语话语标记多视角研究[M]. 北京:中国社会科学出版社.

曹秀玲,辛慧,2012. 话语标记的多源性与非排他性:以汉语超预期话语标记为例[J]. 语言科学(3):254-262.

陈曦,牛迎春,2020. 基于语料库的日汉指示词认知互动性对比研究[J]. 外语教学(5):22-26.

贺静,王钢,2014. 语言类型学视阈下的英汉话语标记类属及其功能探析[J]. 淮北师范大学学报(哲学社会科学版)(5):151-154.

靳园元,2020. 日语话语标记「そういえば」的演成:兼与汉语中的"话说"做对比[J]. 高等日语教育(1):138-150,162.

刘丽艳,2005. 口语交际中的话语标记[D]. 杭州:浙江大学.

卢英顺,2012. "这样吧"的话语标记功能[J]. 当代修辞学(5):39-45.

宋晖,2017. 论话语标记的概念界定与语料选择[J]. 中国外语(4):42-47.

孙颖,张隋,2020. 日语接续表达元话语功能的认知研究[J]. 外语研究(4):9-12.

杨国萍,向明友,李潇辰,2016. 话语标记语的语法:语用研究[J]. 外语学刊(4):50-53.

张黎,2017. 汉语口语话语标记成分研究[M]. 北京:北京语言大学出版社.

赵刚,贾琦,2013. 会话分析[M]. 北京:高等教育出版社.

郑贵友,2020. 影响汉语话语标记功能表达的三个形式因素[J]. 汉语学习(2):17-27.

葛欣燕,松村瑞子,2017. 指示詞型フィラーの用法についての日中対照分析:日本語「あの一」と中国語「那个nage」の機能を中心に[J]. 言語文化論究(38):41-58.

陈海涛,2016. 中国語におけるフィラー"那个"の使用における心的モニターの構造とその由来:日本語におけるフィラー「あの(一)」と比較対照して[J]. 日中言語対照研

究論集(18):180-199.

陳曦,牛迎春,2018.「指示詞+名詞」構文による感情・評価表現の中日対照:「そんな」、"这种/那种"を中心に[J].ことばの科学(32):79-96.

陳曦,牛迎春,2019.「指示詞+名詞」構文によるマイナス的感情・評価表現の考察:間主観性の観点から[J].ことばの科学(33):95-105.

中島悦子,2011.自然談話の文法:疑問表現・応答詞・あいづち・フィラー・無助詞[M].東京:おうふう.

BLAKEMORE D,2002. Relevance and linguistic meaning: the semantics and pragmatics of discourse markers[M]. Cambridge: Cambridge University Press.

SCHIFFRIN D,1987. Discourse markers[M]. Cambridge: Cambridge University Press.

作者简介

姓名:陈曦

性别:女

单位:西安外国语大学日本文化经济学院

学历:博士研究生

职称:教授

研究方向:日语语言学、汉日对比语言学、二语习得

通信地址:陕西省西安市长安区西安外国语大学72号信箱

邮政编码:710128

电子邮箱:chingi99@qq.com

姓名:牛迎春

性别:女

单位:西安外国语大学日本文化经济学院

学历:硕士研究生

研究方向:日语语言学、汉日对比语言学

通信地址:陕西省西安市长安区西安外国语大学

邮政编码:710128

电子邮箱:niugyu001@qq.com

日语表达"完了"近义复合动词「～切る」「～抜く」的语义辨析

A Semantic Analysis of the Perfective Synonym Compound Verb "~kiru" "~nuku" in Japanese

丁　榕

摘　要:本文运用《现代日语书面语均衡语料库》,对表达"完了"语义的近义复合动词「～切る」「～抜く」进行了语义辨析。其结果是:①两者的共同点是,都表达动作行为的完成和极限。②两者的区别在于,「～切る」表示动作的完成度,以动作的完成为界限点,结束该动作行为,表达100%完成的语义;而「～抜く」表示动作主体带有强烈的意志性将该动作进行到最后,但动作行为并没有呈现最终状态,而且是没有界限持续延伸地贯彻执行,动作行为没有结束的界限点。

关键词:完了;近义复合动词;语义辨析

Abstract: Based on the BCCWJ corpus, this paper conducts semantic discrimination of two perfective synonym compound verbs "~kiru" and "~nuku". The results are as following. (a) Both verbs are same in terms of expressing completion and termination of an act. (b) The difference between "~kiru" and "~nuku" is that the former indicates the completion of the action, which is considered as the boundary to end the action, and express the meaning of 100% completion. While the latter indicates that the subject carries out the action to the end with strong will, but the action behavior presents the continuous extension state of the implementation without boundary instead of the final state, which means there is no ending boundary for the action.

Keywords: perfective; synonym compound verbs; semantic discrimination

1　引言

　　日语复合动词语义丰富且前后项动词的结合条件复杂,尤其是近义复合动词的语义界限模糊,学习者在使用过程中容易混淆从而导致表达错误。近义复合动词「～切る」「～抜く」都能表达动作的完成和极限语义,但存在微妙的语义差别。如例句(1)中的「～切る」表达动作完成、终结语义,强调的是最后的时间节点,动作全部完成;而例句(2)中的「～抜く」表达动作主体带有意志地跨越障碍而完成动作的语义,强调的是动作主体在动作进行的期间内保持同一种状态而完成动作。

　　(1)心配は山ほどありますが、やると決めたからには、最後まで<u>やりきる</u>とおもいますので、会場にはいけません。

(「Yahoo！ブログ」)

　　(2)一番大切なことは自分の好きなことを追求し、<u>やりぬく</u>ことが大切なことだと思います。

(『広報こうふ』)

　　如例句(1)和例句(2)所示,「やりきる」和「やりぬく」都表达动作"完成、终结"的语义。但是,「やりきる」表示将动作行为坚持到最终的时间节点;而「やりぬく」表示主体带有意志性地将动作进行到底。例句(1)是主体将决定的事情做到最后,以事情的结束为终点,强调动作完成的最终状态。例句(2)是主体带有意志性地追求自己喜欢的事物并将其进行到底,动作行为没有终结点,持续不断地进行,整个过程都含有"拼尽全力、进行到底"的语义。因此,可以看出两者在表达动作完成时,存在是否以动作的终点为界限点表示完全结束该动作的区别。本文将重点探讨两方面的问题:「～切る」「～抜く」之间存在哪些语义区别;「～切る」「～抜く」之间在表达动作"完了"语义时,以动作行为的终点为界限点表示动作完全完成的区别。

2　研究综述

　　日语复合动词的研究从20世纪50年代末开始盛行,迄今为止一直是语言学研究领域的重点和热点。宏观视角下日语复合动词的研究有:分类方法的研究(寺村,1984;森田,1989);构词法的研究(由本,2005;石井,2007);结合条件的研究(影山,1993;松本,1998);前后项语义关系的研究(姫野,1999;何志明,2010);等等。微观视角下日语近义

复合动词语义辨析的研究有田中(2003)、宋殷美(2005)、杉村(2007)等。以上研究围绕
「～だす」「～はじめる」「～かかる」「～かける」等表达"始动、开始"语义,以及「～おわ
る」「～おえる」「～きる」「～あげる」等表达"完了、终了"的近义复合动词进行了语义辨
析研究。与本研究课题「～切る」「～抜く」近义复合动词相关的语义辨析的研究有姬野
(1999)、中岛(2006)、杉村(2008,2013)、许临扬(2012,2013,2017)、栗田(2014,2015)、陈
毓瑾(2014)、刘琛琛(2017)等一大批成果,以下重点概述与本研究直接相关的研究。

姬野(1999)从时间性和意志性2个方面探讨了近义复合动词「～切る」「～抜く」的异
同。她将「～切る」「～抜く」都分为词汇型复合动词和句法型复合动词2类,从前项动词
的特征、自他性、积极性和消极性等方面进行了对比分析。结果如下:①「～切る」只表示
达到了终点的最后状态,意志性较弱,而「～抜く」表示某个期间、持续的状态,有强烈的
意志性和目的意识;②两者作为句法型复合动词时,共同点是都表达"极限"语义。

杉村(2008,2013)通过一系列语料库的调查,将「～切る」「～抜く」的前项动词分为
动作动词、变化动词、状态动词,对两者进行了语义分析。「～切る」的语义分为5类:切断、
终结、行为的完成、变化的达成、极限状态。「～抜く」的语义分为9类:拔出、选拔、穿孔、看
穿、贯通、追逐、突破、行为的完成、极限。

许临扬(2012,2013,2017)从认知语言学的角度,围绕「～切る」和「～抜く」的语义、
用法、各语义的关联性,以及语义扩展的动机展开讨论。根据许临扬的分析,「～切る」把
「けりをつける」的用法和「500グラムのステーキを食べ切る」表"动作的完成"的用法作
为语义的扩展结合起来。特别是她通过引入"心理境界线"作为变化现象的认知把握方
式,明确了「～切る」的扩展语义,并且解决了「～抜く」虽表达"完成"的语义却能与"永
远""无论到哪里"等表示没有界限的持续性副词共现的问题。「～抜く」关注动作的执行
本身,动作本身的阶段性实现与完成的意思相关联。因此,即使阶段性的动作完成,动作
也可以作为流程进一步进行,产生没有界限点的持续的语义。

栗田(2014,2015)运用语料库,选取「～切る」「～抜く」「～通す」共同的前项动词「守
る」「走る」,考察了三者的语义区别,并运用意象图式考察了三者的语义扩张。结果如
下:「～切る」重视最终阶段的完成;「～抜く」伴随着主体的意志,表示积极地完成动作直
到脱离动作行为的状态;「～通す」表示在一定期间不发生变化,持续不变地完成动作
行为。

上述研究都指出「～切る」「～抜く」在表示动作完了、完成时,有"完了"和"极限"2种
语义。「～切る」表示动作在最终时间节点全部完成,强调动作最终的状态变化;「～抜く」
表示主体伴随困难完成动作,强调强烈意志贯穿整个行为。但以往研究没有明确指出两

者表达动作结束时,是否存在以动作的终点为界限点表示结束该动作的区别。本文将重点讨论「～切る」「～抜く」以动作行为的终点为界限点表示动作完全完成的区别。

3　调查概要

本文使用日本国立国语研究所研发的语料库《现代日语书面语均衡语料库》(『现代日本語書き言葉均衡コーパス』,BCCWJ),对后项动词为「～切る」「～抜く」的复合动词进行了检索,并对统计提取使用频度位居前10的复合动词进行了整理和总结,统计结果见表1。如表1所示,以「～切る」为后项的复合动词的词频大于以「～抜く」为后项的复合动词的词频。

表1　词频位居前10的「～切る」「～抜く」复合动词

单位:次

序号	「～切る」为后项的复合动词	词频	「～抜く」为后项的复合动词	词频
1	数え切る	330	生き抜く	359
2	使い切る	305	勝ち抜く	167
3	疲れ切る	303	考え抜く	110
4	耐え切る	200	守り抜く	89
5	逃げ切る	171	振り抜く	68
6	食べ切る	167	戦い抜く	51
7	澄み切る	149	耐え抜く	48
8	抑え切る	135	知り抜く	42
9	冷え切る	131	苦しみ抜く	24
10	待ち切る	125	磨き抜く	19

将语料库中检索出来的复合动词参照姬野(1999)分为2类,一类表达"完了、终结"语义,另一类表达"极限"语义,分类结果如表2所示。姬野(1999)指出「～切る」表达"完了、终结"语义的前项动词大部分表示人的意志活动,不仅仅是动作行为的完成,还表示按照动作主体预期(的量/质)完全进行的行为;表达"极限"语义的前项动词多为瞬间动词,伴随着变化的程度,达到最终结果的状态。「～切る」的前项动词多为变化动词、行为动词和情态动词。「～抜く」表达"完了、终结"语义的前项动词多与人的行为、精神有关;表达"极限"语义的前项动词多为人的精神状态,并且多含有负面评价,表达"非常,直到最后"强

烈程度的语义。「～抜く」的前项动词多为主体动作动词和内部情感、精神状态动词。

表2 根据姫野(1999)的分类结果

后项动词	表达"完了、终结"语义的前项动词	表达"极限"语义的前项动词
切る	数える、使う、澄む、抑える、食べる、逃げる	疲れる、耐える、冷える、待つ
抜く	生きる、勝つ、考える、守る、振る、戦う、耐える、磨く	知る、苦しむ

4　「～切る」「～抜く」的语义辨析

4.1　「～切る」表达"完了、终结"语义

　　根据以往研究的论述,姫野(1999)指出「～切る」表达"完成、完了"语义,不只是单纯表示该动作行为的结束,而是表示按照动作主体的预定计划(数量、质量)完全进行的动作行为。杉村(2008)指出表达"完了、终结"的「～切る」是表示该事态达到了100%。姫野提出的"完成度"和杉村提出的"达成量"都表明了「～切る」在表达"完了"语义时,都存在由于数量的变化而引起动作的完成。本文从数量变化和非数量变化2个方面对「～切る」的完成语义进行分析。

　　(3)キャリアオイルとエッセンシャルオイルを混ぜ合わせる際には、プラスチック容器は使用せずガラス容器を使ってください。冷蔵庫に保管しておけば使えますが、<u>一週間</u>以内に<u>使いきる</u>ほうがよいでしょう。

(相良洋子『PMSを知っていますか』)

　　(4)利用規約にかいてあったという事で見ましたら確かに書いてありました。いざ解約をしようと思いましても<u>三万円払いきる</u>まで解約不可と書いてあります。そのまま無視してましたけど、ついさきほどサイトから電話がありまして改めて請求されてしまいました。

(「Yahoo！知恵袋」)

　　(5)樹木の放つ匂いを嗅ぐことができる。そしていま目の前に広がる<u>42.195キロ</u>という道を、自分の足で<u>走りきる</u>ことができる。そう思うと、それだけで嬉しい。

(有森裕子『わたし革命』)

　　上述例句的「～切る」都表示前项动词的行为在数量方面的完成,由于数量的变化引起动作的完成。例句(3)中的「使いきる」与「一週間」数量词共现,表示在一周时间以内

全部用完。例句(4)中的「払いきる」与「三万円」数量词共现,表示在3万日元数额支付完成的情况下,才能解除合约,3万日元是支付完成所需的最低数量限制。例句(5)中的「走りきる」与「42.195キロ」数量词共现,表示跑完这条道路所需的距离,同样是动作完成所需要的数量限制。除此之外,还有「五個を食べきる」「二万ページを読みきる」等用法。上述例句中的「～切る」多与表时间、数量、距离的要素共现,有数量上的限制,表示在一段时间或空间范围内彻底完成某种动作行为,完成语义通过数量上的限制而表现。

(6)由衣のお父もお母も腐留頭に殺されたんだぞ。この村を守ろうとして犠牲になったんだぞ。多くの者たちが犠牲になって、ようやく村を守りきることができたんだ。それを忘れちまったのか。

(富樫倫太郎『雄呂血』)

(7)江戸の錦絵画家歌川国芳の弟子、歌川芳花は、江戸名所百景の錦絵百枚の続き物を女手ひとつで描ききる腕を持っていた。芳花を名のるまでになったおいちは、瓦職人の父親に男手一人で育てられ、国芳を師匠に持ち、一本立ちの画工にはなった。

(中島誠『「時代小説」から何を学ぶか』)

(8)たった一人でも、救いの手を差し伸べようとする男がそばについていたのなら、彼女は自分の名前まで捨てて関根彰子になり代わろうとはしなかったろう、新城喬子のままで逃げきることだけを考えたろう、と本間は考えてしまう。

(中島誠『宮部みゆきが読まれる理由』)

上述例句中的「～切る」都表示前项动词行为的完成度,表示该事态达到了100%,动作行为以结束为界限点而完成,没有数量上的变化。例句(6)表示由于许多人的牺牲,"守护村落"的行为已经彻底结束,守护动作完成。例句(7)是对歌川芳花拥有能描绘出江户名胜百景的本领的描写,将歌川芳花的绘画能力淋漓尽致地表现出来。例句(8)表示想要逃走的程度达到100%,以逃走为动作最终结束状态表达"完了"语义。上述例句中的「～切る」没有时间或空间范围的限制,以动作行为最终的状态为节点,表示动作行为100%完成,强调动作行为的完成度。

因此,「～切る」表达"完了、终结"语义时,当前项要素有数量、时间、距离限制时,表达将行为进行到最后。当前项要素是具体行为动词时,表达动作行为100%完成,没有再进行下去的余地,动作到最终时间节点为止全部完成。

4.2　「～切る」表达"极限"语义

　　姫野(1999)将表达"极限"语义「～切る」的前项动词分为3类,分别是自然现象、人的生理现象、精神或感情活动。许临扬(2012)论述表达"极限"语义的「～切る」时,引入了"心理境界线"的概念,指出「～切る」与变化动词结合表达"极限"的2种情况,分别是心理境界线的生成和心理境界线的浮雕化。本小节从变化动词和情态动词2个方面对「～切る」的"极限"语义进行分析。

　　(9)水はしだいに減って、十月になり、十月一日に山の頂があらわれた。それから
　　　　四十日たって、ノアは、箱舟の窓を開いてカラスを放った。カラスは地の上か
　　　　ら水が乾ききるまで、あちらこちらを飛び回った。

　　　　　　　　　　　　　　　　　　　(平川陽一『アトランティス失われた帝国の謎』)

　　(10)蕾はあるけど、咲ききる温度がないもんねぇ。もう次の季節の準備になって
　　　　ました。もう次の季節の準備になってました。なんか、キャベツ畑みたいだ
　　　　けどさ。すでに紅葉も枯れに近い気配。

　　　　　　　　　　　　　　　　　　　　　　　(佐々木潤子『とっておきのflower style』)

　　(11)新しく席に運ばれてきたタイの塩焼きを、奴がほじくって善鬼の口に入れて
　　　　いる。次々に追加の酒が出てくる。西の空が赤く染まり、太陽はあっと言う
　　　　間に沈んで行った。沈みきると、月が明るさを増してきた。

　　　　　　　　　　　　　　　　　　　　　　　　　　　　　　　(柴田定『剣豪一刀斎』)

　　在上述例句中,「～切る」的前项动词「乾く」「咲く」「沈む」都是变化动词,「乾ききる」「咲ききる」「沈みきる」修饰的对象"水""花蕾""太阳"都是自然现象。在上述例句中,水干涸的程度、花蕾绽放所需的温度、太阳落下的程度都达到了其最大限度,表达"极限"语义。例句(9)表示乌鸦直到地面上的水干涸到极致时才飞走。例句(10)表示花蕾绽放所需要的温度需要达到其最大限度。例句(11)表示太阳完全落山后,月光才会渐渐明亮。通过上述例句可以看出,要达到「乾く」「咲く」「沈む」的极限程度,必须存在事物所需的界限点,该界限点就是事物达到极限的终点,以终点结束的状态为界限表示该动作行为完全结束。

　　(12)盗人が我が子だったということで、あまりの事の意外さに、処置に困りきる
　　　　こと。また、身近なものといえども油断できないということ。

　　　　　　　　　　　　　　　　　　　　　　　　　　　　　　　　　(「Yahoo！知恵袋」)

　　(13)「自分は、素晴らしくなりつつある。未来は、明るくなりつつある」と、繰り返

し、心に刻みつつ、悲観的な言葉や感情は、受け入れないことだ。持続的な想念は、必ず現実化すると、<u>信じきる</u>ことだ。

(「Yahoo！ブログ」)

(14)そのうち大粒の雨が降りだしてね。わたしは暗い海を見つめながら泳ごうって思ったの。<u>疲れきる</u>まで暗い海を泳いで、それで神さまのところへ行けるならいいじゃないのって、自分に言い聞かせたわ。

(ディーン・クーンツ『インテンシティ』)

在上述例句中，「～切る」的前项动词「困る」「信じる」「疲れる」都是情态动词，表达主体的思考、感情、知觉、感觉。例句(12)中的「困りきる」表达主体对于罪犯是自己的孩子，处理起来没有比这更为难的极限状态。例句(13)中的「信じきる」表达主体只要坚信"自己正在变得优秀，未来会越来越光明"这样的信念，就一定会实现，强调相信程度的最大化。例句(14)中的「疲れきる」表达动作主体游泳累到筋疲力尽，不能再游下去的极限状态。通过以上例句可以看出，要达到「困る」「信じる」「疲れる」的极限程度，必须要达到情感、精神、心理界限的最大程度。

因此，当「～切る」表达"极限"语义时，前项动词不论是表示自然现象的变化动词，还是表示主体内部的情态动词，都表达动作行为达到极限时就完成、终结，最终结果的状态就是动作结束的界限点，动作没有继续进行的余地，表示100%的完成。

4.3 「～抜く」表达"完成、贯彻"语义

姫野(1999)将复合动词「～抜く」的语义分为行为的贯彻和状态的极限。杉村(2013)将「～抜く」分为9类，即拔出、选拔、穿孔、看穿、贯通、追逐、突破、行为的完成、极限，并指出与动作动词结合表示行为的完成，与状态动词结合表示主体的精神状态达到极限。许临扬(2013)将「～抜く」分为2大类5小项：第一类有"拔出、选拔"语义，第二类有贯通、追逐目标的动作、目标实现的"追求"语义，在第二类扩展义中，「～抜く」虽表达"完成"语义，但关注动作的执行本身，动作本身的阶段性实现与完成的意思相关联。三者的共同点是都认为「～抜く」具有"完成"和"极限"语义。因此，本文将「～抜く」分为"行为的完成"和"极限状态"进行分析。

(15)そこが、真田父子のように、「もし、名胡桃をわたせといわれたなら、天下を向こうにまわしても、上田へ立てこもって<u>戦いぬく</u>まで」という凄まじい決意に裏打ちをされた主張ではないのだ。

(池波正太郎『真田太平記』)

（16）民主主義は、法を守り、社会を守り、他人の権利も自分の権利と同じように<u>守りぬく</u>という強い義務感をもった人々がいて初めて実現される。

（西部邁ほか『新しい公民教科書』）

（17）彼女は、戦後の混乱期を子どもを育てながら、さまざまな仕事を自ら創出して<u>働きぬいた</u>。

（久田恵『母のいる場所』）

在上述例句中，「戦う」「守る」「働く」都是持续的主体动作动词，表达该动作主体贯彻、完成动作的语义。例句（15）表达上田伴随着困难战斗到底的强烈决心，带有强烈的意志将战斗的精神不断持续下去。例句（16）表达只有完全贯彻将他人的权利和自己的权利同等保护起来的行为，民主主义才能实现，"守护权利"这一动作行为将不断持续地进行，没有终结点。例句（17）表达动作主体在战后的混乱时期一边养育孩子，一边创业，并且是持续贯彻执行下去的，同样没有终结点。以上这些复合动词都表达为了将动作贯彻到底，需要带有较强的意志性并付出努力。主体将动作行为贯彻到底，没有最终状态的呈现，是不断持续进行的状态。

4.4 「～抜く」表达"极限"语义

姫野（1999）指出当「～抜く」表达"极限"语义时，前项动词多为表示人的精神状态的词，并且多含有负面评价，表达"非常，直到最后"强烈程度的语义。杉村（2013）指出「～抜く」表达"极限"语义时，接在表示主体感情状态的动词后面，表示主体的精神状态中途不间断，持续达到极限。两者都指出当「～抜く」表达"极限"语义时，前项动词多为表示情感或表示精神状态的词。

（18）借金に追われ貧困に<u>苦しみぬく</u>結婚生活は、したがって、いつまでも神童であった男に当然すぎる環境だったというべきだろう。

（五味康祐『ベートーヴェンと蓄音機』）

（19）その後も秩父、高松両宮妃の反対意見がつよいため、<u>困りぬいた</u>皇太子は、十一月十二日夜、異例の手段だが、両妃殿下を東宮仮御所に招いて説得につとめた。

（河原敏明『美智子皇后』）

（20）バッジはまた努力によって手にすることができるじゃないかと思いつつ煩悶し、<u>悩みぬいた</u>はてに、知行合一を貫こうと決心したのだ。

（浜田幸一『弾丸なき抗争』）

在上述例句中，「苦しむ」「困る」「悩む」都是表示主体内部情感和精神状态的动词。在例句（18）中，主体被追债，过着贫困潦倒的生活，表达主体"苦于贫困"的精神状态达到了极限的程度。例句（19）表达皇太子困扰的程度达到了极限，在无计可施的情况下，才破例邀请2位妃子到东宫进行说服。在例句（20）中，「バッジ」（人名）十分烦恼是否能通过努力获得自己想要的东西，烦恼的程度达到了极度，最后决定贯彻知行合一。从上述例句中可以看出，「～抜く」并不是单纯表示达到极限的最后状态，而是将动作行为持续不断地进行下去，没有终结，表示无限延伸下去的状态，并且主体带有强烈的意志性，想要从某种状态中脱离出来。

因此，「～抜く」与主体动作动词结合，表示"行为的完成"；与情感、精神状态动词结合，表示"精神或意志性行为的极限状态"。「～抜く」在表示动作行为达到极限语义时，动作行为并没有呈现最终状态，而且是没有界限持续延伸地贯彻执行。

5　结语

本文通过语料库的调查和分析，总结了表达"完了、终结"近义语义的复合动词「～切る」「～抜く」的语义区别，两者的共同点是都表达"完了、终结、极限"语义，但存在是否以动作的终点为界限表达动作完全结束的区别，分析结果如下。

「～切る」表达"完成"语义时，当前项要素有数量、时间、距离限制时，表示将行为进行到最后；当前项要素是具体行为动词时，表示动作行为100%的完成，没有再进行下去的余地，动作到最终时间节点为止完成。当表达"极限"语义时，前项动词不论是表示自然现象的变化动词，还是表示主体内部的情态动词，都表示动作行为达到极限时就算完成、终结，最终结果的状态就是动作结束的界限点，动作没有继续进行的余地，表达100%的完成。

「～抜く」与主体动作动词结合，表示"行为的完成"；与情感、精神状态动词结合，表示"精神或意志性行为的极限状态"，并且动作行为带有主体强烈的意志性，想要从某种状态中脱离出来。「～抜く」不论是与主体动作动词结合还是与情感、精神状态动词结合，都表示动作行为没有呈现最终状态，而且是没有界限持续延伸地贯彻执行，动作行为没有结束的界限点。

本文选取了表达"完了、终结"近义语义的2个后项动词，通过语料库进行考察和分析，辨析了两者之间细微的语义差异。今后将扩大研究对象，对所有表达"完了、终结"语义的后项动词进行考察，并调查分析哪些近义复合动词之间的语义难以分辨、原因是什

么、应该如何学习等问题。

参考文献

刘琛琛,2017. 日语中表完结阶段的复合动词语义探析[J]. 日语学习与研究(5):32-39.

许临扬,2017. 完了体的汉日比较研究[M]. 杭州:浙江工商大学出版社.

石井正彦,2007. 現代日本語の複合語形成論[M]. 東京:ひつじ書房.

影山太郎,1993. 文法と語形成[M]. 東京:ひつじ書房.

何志明,2010. 現代日本語における複合動詞の組み合わせ:日本語教育の観点から
　　[M]. 東京:ひつじ書房.

許臨揚,2012. 複合動詞「〜切る」の意味と用法:認知言語学の意味関連の観点から[J].
　　日本認知言語学論文集(12):285-297.

許臨揚,2013. 複合動詞「〜抜く」の意味と用法:認知言語学の意味関連の観点から[J].
　　日本認知言語学論文集(13):27-36.

栗田奈美,2014. 視覚スキーマを用いた意味拡張動機づけの分析:完遂を表す複合動詞
　　「〜きる」「〜ぬく」「〜とおす」の場合[J]. 青山学院大学(11):34-83.

栗田奈美,2015. BCCWJに見る類義表現「〜切る」「〜抜く」「〜通す」の使い分け[J].
　　コーパス日本語学ワークショップ(7):247-256.

杉村泰,2007. コーパスを利用した複合動詞の類義分析:インターネット検索エンジン
　　の利用[J]. 言葉と文化(8):289-304.

杉村泰,2008. 複合動詞「〜切る」の意味について[J]. 言語文化研究叢書(7):63-79.

杉村泰,2013. コーパスを利用した複合動詞「V1〜抜く」の意味分析[J]. 名古屋大学言
　　語文化論集(35):49-64.

宋殷美,2005. 類義語の複合による感情の複合動詞について[J]. 東北大学言語学論集
　　(14):95-110.

田中衛子,2010. 類義複合動詞の用法一考:日本語教育の視点から[J]. 言語と文化
　　(10):63-79.

陳毓瑾,2014. 日本語複合動詞「〜抜く」「〜切る」「〜通す」の意味分析:認知言語学の観
　　点から[J]. 国立政治大学(11):204-232.

寺村秀夫,1984. 日本語のシンタクスと意味[M]. 東京:くろしお出版.

中島紀子,2006. 複合動詞に関する一考察:「〜きる」「〜とおす」「〜ぬく」の比較から
　　[J]. 国文学踏査(18):262-271.

姫野昌子,1999. 複合動詞の構造と意味用法[M]. 東京:ひつじ書房.

松本曜,1998. 日本語の語彙的複合動詞における動詞の組み合わせ[J]. 言語研究 (114):37-83.

森田良行,1989. 基礎日本語辞典[M]. 東京:角川書店.

由本陽子,2005. 複合動詞・派生動詞の意味と統語:モジュール形態論からみた日英語 の動詞形成[M]. 東京:ひつじ書房.

作者简介

姓名:丁榕

性别:女

单位:西安外国语大学日本文化经济学院

学历:硕士研究生

研究方向:日语语言学

通信地址:陕西省西安市长安区西安外国语大学

邮政编码:710128

电子邮箱:1023565991@qq.com

日语后缀「力(りょく)」的派生词研究

A Study on Derivatives of Japanese Suffix "Ryoku"

马雯雯

摘　要: 本文主要从派生词的前附成分、语义、"错配"等角度出发,对日语后缀「力」构成的派生词进行了考察分析。分析结果显示,「力」的派生词前附成分富有多样性,从整个体系来看,派生词语义主要划分为6类,其中「想像力」「英語力」「女子力」等派生词是通过"换喻"这一认知过程形成的。此外,「老人力」「鈍感力」的前附成分和「力」发生了"错配",而产生这种"错配"的原因在于认知视点与认知方式上的变化。

关键词: 前附成分;语义;换喻;错配;认知

Abstract: This paper discusses the derivatives of the Japanese suffix "ryoku", makes a concrete analysis from the aspects of the front elements, semantics and "mismatch" of the derivatives. It can be concluded that (a) the front elements of "ryoku" are rich in diversity, (b) from the perspective of the whole system, the semantics of the derivatives can be divided into six categories. Among them, derivatives such as "souzouryoku", "eigoryoku" and "jyoshiryoku" combined through the cognitive process of "metonymy". Furthermore, there is a "mismatch" between the front element of "roujin ryoku", "donkan ryoku" and "ryoku". It is thought that the reason for this "mismatch" lies in the change of people's cognitive viewpoint and cognitive style.

Keywords: front elements; semantics; metonymy; mismatch; cognitive

1 引言

日语中有很多由词缀与其他成分组合而成的派生词,比如「お土産」「小暗い」「寒さ」

「子供っぽい」「再調整」「不合理」「機械化」「想像力」等,其中「想像力」是由后缀「力」①和前附成分「想像」组合而成的派生词。

由后缀「力」和前附成分组合而成的派生词不胜枚举,这些派生词一般表示"力量、能力、作用"等意义,「遠心力」「語彙力」「経済力」「影響力」「思考力」「バランス力」等词语较为常见,而近年出现的「市民力」「区民力」「患者力」「女子力」「地域力」「学校力」「鈍感力」「老人力」等词语新颖而富有特点。在这些新词中,「市民力」「区民力」「患者力」「女子力」「老人力」等词是由表示"人物"的前附成分和后缀「力」组合构成的派生词,「地域力」「学校力」是由表示"场所、空间"的前附成分和后缀「力」组合构成的派生词,还有「老人力」「鈍感力」等一部分比较特殊的词语,从形式上看,它的前附成分和「力」非常不搭,看起来像是"错配"。

从以上例子可以看出,日语后缀「力」具有高能产性,充当其前附成分的词语也具有多样性。本文基于语料库,首先从词性和词汇层(「語種」)出发,对「力」的前附成分特征进行整体把握;然后以词缀「力」的语义为基础,对派生词的语义进行大致分类;最后对前附成分和「力」的"错配"进行分析。

2 有关后缀「力」的研究成果

日语中有许多关于汉字音读后缀的研究成果,比如王淑琴(2000)、影山(2007)、山下(2011,2015)、趙麗君(2013)等,这些成果大部分都是后缀「的」「系」「派」「化」「式」「風」的相关研究,关于后缀「力」的非常少。笔者搜集发现,只有野村(1978)和中島(2010)对日语后缀「力」有所涉及。

野村(1978)对所有日语汉字音读后缀进行了分类。在用法的分类中,「力」属于「体言型」后缀,在用法分类的下级分类——语义分类中,「力」属于表达「精神・抽象」这一含义的后缀。

中島(2010)聚焦「度」「系」「力」这3个后缀,分析了新造词中「度」「系」「力」的用法,由后缀「力」构成的新词用法有以下3种:

①前附成分所表达的行为和属性被当作一种能力,比如「営業力」「スピーチ力」「読書力」「爆笑力」「清潔力」等。

②前附成分标明能力的主体,通过标明能力的主体,来表达主体应该具备的一种能

---

① 没有说明的话,本文中的「力」均表示「力(りょく)」,而不是「力(りき)」「力(ちから)」。

力、主体被社会期望应该具备的一种能力，或者第三方应该充分利用的一种能力。这种类型的派生词里，包含"理所当然"和"义务"的情态意义（「モダリティ」），比如「患者力」「女子力」「市民力」等。

③前附成分所蕴含的消极意义被重新定义为一种能力，比如「遊び力」「孤独力」「鈍感力」等。

中島（2010）对于新造词的分类，特别是对于上述分类②指出，应该从语用的角度分析「患者力」这一类派生词，这一分类视角对于新造词的研究具有启发意义。但是，这3种分类只是对新造词的分类，「力」的前附成分这一体系的整体特征，以及「力」和前附成分组合形成的派生词这一体系整体上表达哪几种语义，尚不清晰。本文将基于语料库，明确后缀「力」的前附成分体系特征及其派生词的整体语义分类。

3 分析对象

日语中的「協力」「圧力」等也是由「力」构成的派生词，但是本文的分析对象不包括「協力」「圧力」等这种具有强稳定性且已经被当作一个词而广泛使用的词语①。

本文使用中纳言这一检索工具②，对《现代日语书面语均衡语料库》（『現代日本語書き言葉均衡コーパス』，BCCWJ）中「力」的派生词进行检索、分析。

4 前附成分特征

对后缀「力」的前附成分词性进行大分类后发现，「力」的前附成分均具有名词这一词性，如果对其再进行细分，前附成分的词性则主要集中在サ变动词（词干）、名词和形容动词（词干）上③（见表1）。

表1 前附成分的词性与例词

词性	例词
名词、サ变动词（词干）	労働力、影響力、競争力、想像力、説得力、集中力、生産力、防衛力、判断力、抵抗力、記憶力、行動力、指導力、表現力

---

① 读音为「～力（りき）」的也不在本次的分析对象内。
② 检索日期为2020年7月31日。
③ 若既具有サ变动词词性又具有名词词性，在本文中属于"サ变动词（词干）"；若既具有名词词性又具有形容动词词性，在本文中属于"形容动词（词干）"。

续　表

词性	例词
名词	原子力、軍事力、経済力、生命力、技術力、免疫力、精神力、収益力、英語力、遠心力、既判力、瞬発力、老人力、語学力
名词、形容动词(词干)	水平力、鈍感力、健康力、神秘力、ソフト力、ランダム力

野村(1998)指出日语汉字音读词(漢語)基本上可以分为4类:第一类是动态类汉字音读词(動態類,V),这种类型的汉字音读词通常表示事物的动作;第二类是事物类汉字音读词(事物類,N),这类汉字音读词表示事或者物,一般是句子的叙述对象;第三类是情状类汉字音读词(様態類,A),这类汉字音读词一般是形容事物性质或者状态的词语;第四种是副词类汉字音读词(副用類,M),这类汉字音读词一般是限定或者修饰某个动作、某个状态程度的词语。表1中的「労働」「影響」「競争」「想像」「説得」「集中」「生産」等属于动态类汉字音读词,「原子」「軍事」「経済」「技術」「英語」等属于事物类汉字音读词,而「水平」「鈍感」「健康」「神秘」等属于情状类汉字音读词。因此,后缀「力」的前附日语汉字音读词基本分为动态类、事物类、情状类这3类。

前附成分的词汇层主要集中在日语汉字音读词和外来语上(见表2)。与此同时,「力」也可以接在「仕事」「潤い」「受け入れ」等和语词的后面,构成派生词「仕事力」「潤い力」「受け入れ力」等词语,如例句(1)和例句(2)所示①。

表2　前附成分的词汇层与例词

词汇层	例词
汉字音读词	原子力、労働力、影響力、競争力、想像力、説得力、軍事力、集中力、経済力、生産力、生命力、防衛力、技術力、判断力、抵抗力、記憶力
外来语	ブランド力、カバー力、コミュニケーション力、パンチ力、アップ力キープ力、グリップ力、コントロール力、リスニング力
和语词	仕事力、背筋力、潤い力、受け入れ力、ものづくり力

(1)確かな**潤い力**が今年の大本命!!

(BCCWJ『CanCam』)

(2)そこで、ここでは、投資家のリスクの**受け入れ力**(リスク許容力)に起因する国債の需給悪化を検討する。

(BCCWJ『国債暴落』)

---

① 例文中的画线加粗部分均为笔者所加。例文后面括号中的内容为语料库的略称及书名/出处。

5　派生词的语义

从上述分析中可以看出,后缀「力」的前附成分在词性和词汇层上具有多样性,这也从侧面说明后缀「力」的造词能产性之高。那么,从体系上来看,后缀「力」的派生词具有哪几种语义呢? 本节主要分析「力」的派生词语义。

《大辞林》(第四版)对后缀「力」有如下两大种释义,第一个定义中又有4个小的定义。

①ちから:a. 筋肉のちから。b. 物理的なちから。作用。c. はたらき。能力。d. いきおい。

②つとめる。はげむ。

结合以上后缀「力」的词典意义,派生词语义可以分为以下6类。

a. 肌肉力量(筋肉のちから)。

例:背筋力、腹筋力等。

表示"肌肉力量"的词主要有「握力」「筋力」等稳定性极强的二字熟语,在派生词里可以观察到「背筋力」「腹筋力」等词语。

b. 物理方面的力(物理的なちから)。

例:遠心力、求心力、弾性力、水平力、内燃力、断面力、電気力、毛管力等。

具有"物理方面的力"这一语义的词也主要集中在「速力」「重力」「水力」「火力」等稳定性极强的二字熟语上。在派生词里,可以观察到「遠心力」「求心力」「弾性力」「水平力」等词语。

c. 势力、力量;内含于前附成分的力量、势力(いきおい;～に内在する力、いきおい)。

例:原子力、軍事力、経済力、政治力、精神力、生命力、技術力、収益力、消防力、国防力、語学力、ブランド力等。

这个分类中的词语主要表示"内含于前附成分的力量、势力"。换言之,前附成分是内含"力量、势力"的载体,是"力量、势力"的栖息地、附着地。因此,例句(3)中的「政治力」也可以换为「政治に内在する力」,表达"内含于政治中的势力、力量"这一含义。

(3)徳川氏と深い関係を結び、**政治力**をふるった天台宗の僧。

（BCCWJ『〈宗派別〉日本の仏教・人と教え』）

➡徳川氏と深い関係を結び、**政治に内在する力**をふるった天台宗の僧。(作例)

d. 具有前附成分性质的力量;什么样的力量(前接語の性質を有する力;どのような力)。

例:<u>基礎力</u>、<u>萌芽力</u>、<u>ソフト力</u>等。

属于这个分类的派生词主要表达"具有前附成分性质的力量(什么样的力量)"这一含义,例句(4)中的「地域で暮らすだけの基礎力」可以换成「地域で暮らすだけの基礎的な力」,表明这个能力具有「基礎的」这一性质、特征。

(4)「そろそろ地域で暮らすだけの<u>基礎力</u>は育ったかもしれない」という思いがわいてきたのです。

(BCCWJ『雑穀つぶつぶ食で体を変える』)

➡そろそろ地域で暮らすだけの<u>基礎的な力</u>は育ったかもしれない。(作例)

e. 作用于某个对象的力量(はたらき、ある対象に対するはたらき/力)。

例:<u>影響力</u>、<u>打撃力</u>、<u>攻撃力</u>、<u>抵抗力</u>、<u>強制力</u>、<u>防御力</u>、<u>対抗力</u>等。

属于这个分类的派生词主要表示"作用于某个对象的力量",通常能看到「……に対する～力」这样的固定搭配,例句(5)中的「抵抗力」就是作用于「病気」的力量。

(5)病気に<u>対する抵抗力</u>がつき、疲労回復が早くなるという。

(BCCWJ『日本の名水』)

f. 做某件事情的能力;拥有能力的主体(～する能力/力;～〈動詞〉能力/力;～に見られる能力/力,能力の持ち主):

f_1:<u>想像力</u>、<u>集中力</u>、<u>表現力</u>、<u>思考力</u>、<u>支配力</u>、<u>治癒力</u>、<u>理解力</u>、<u>洞察力</u>、<u>決断力</u>等。

属于f_1这个分类的派生词通常表示一种能力,前附成分是"サ变动词词干",一般可以在前附成分和「力」之间直接加上「する」,使之成为「～する能力」。比如,例句(6)中的「想像力」可以换为「想像する能力」。

(6)<u>想像力</u>は既知の諸要素を借りてくる、そのために想像力は未知の状況を思いえがくことはない。

(BCCWJ『プルースト全集』)

➡<u>想像する能力/力</u>は既知の諸要素を借りてくる、そのために想像力は未知の状況を思いえがくことはない。(作例)

f_2:<u>英語力</u>、<u>バランス力</u>、<u>情報力</u>、<u>文章力</u>、<u>語彙力</u>、<u>日本語力</u>、<u>マナー力</u>、<u>規範力</u>等。

同样表示"能力",与f_1中的「想像力」「集中力」「表現力」等不同的是,f_2中的「英語力」「情報力」「バランス力」等是通过"换喻"这一认知过程形成的派生词,籾山、深田(2003:83)对"换喻"(メトニミー)的定义如下:

　　2つの事物の外界における隣接性、さらに広く2つの事物・概念の思考内、概念上の関連性に基づいて、一方の事物・概念を表す形式を用い、他方の事物・概念を表す比喩。

　　从这个定义可以看出，"换喻"首先基于一种"邻接性、关联性"，然后在"邻接性、关联性"的基础上，用一个事物或者概念去表达另一个事物、概念。例如，例句(7)和例句(8)中的「英語力」「バランス力」分别可以换成「英語を使うための能力」「バランスをとるための能力」，「英語」和「英語を使う」中的"邻接性、关联性"可以概括为「言語」和「その言語に関わること」，而「言語」和「その言語に関わること」是同一个认知领域内的两个概念，我们可以用「言語」来表达「言語を使う」这个概念。因此，"英语"可以表达"用/说英语"这个概念，同样「平衡」可以表达「バランスをとる」这个概念。

　　(7)しかし、どうだろうか。半年や一年の語学留学をしたところで、ほんとうに**英語力**が身につくものだろうか。

　　　　　　　　　　　　　　　　　　　　　　　（BCCWJ『いい女は頑張らない』）

　　➡半年や一年の語学留学をしたところで、ほんとうに**英語を使うための能力**が身につくものだろうか。（作例）

　　(8)補助つき自転車にある程度乗れるようになり，補助なし自転車乗りの練習に入る段階で，**バランス力**を身につけるためによい練習となる。

　　　　　　　　　　　　　　　　（BCCWJ『どの子も自転車に乗れるようになる新ドリル』）

　　➡補補助なし自転車乗りの練習に入る段階で，**バランスをとるための能力**を身につけるためによい練習となる。（作例）

　　下列f₃是表示"人物"的前附成分和后缀「力」所构成的派生词,这些词语也是通过"换喻"这一认知过程形成的。中島(2010)指出「女子力」「市民力」等词语通过标明能力的主体，赋予了这些词语"应该，被期待"等情态意义。「女子」和「女子が持つもの、女子に見られるもの、女子に期待するもの」是具有"邻接性、关联性"的2个概念，因为有这个"邻接性、关联性"，所以可以用「女子」来表达「女子が持つもの、女子に見られるもの、女子に期待するもの」这一概念。

　　f₃：女子力、老人力、人間力、個人力、市民力、区民力、家族力、夫婦力、父親力、教師力、君臣力、兄妹力、姉妹力、大人力、学校力、地域力、都市力等。

　　f₂与f₃的相同点是这两类词语都是通过"换喻"这一认知过程形成的派生词，不同的

是「女子力」等词语的实际使用和语言形式有可能发生错位。

(9)<u>旦那</u>は<u>女子力</u>が高いようです。

（BCCWJ「Yahoo！ブログ」）

通过例句(9)可以发现,虽然「女子力」一词在形式上是"女子"这一女性性别,但是在实际使用上「女子力」也可以对男性(「旦那」)使用,这说明「女子力」在形式上和它的实际使用发生了错位。形式上「女子力」是「女子」,所以拥有这种能力的人应该是女性,但是实际使用上,「女子力」的使用对象不仅可以是女性,也可以是男性。换言之,在形式上「女子力」是有标的,但是在实际使用上「女子力」是无标的。山梨(2000)指出我们日常生活中所使用的符号,并不完全是按照其字面意义使用的,某些语言表达的使用范围会随着社会生活、文化、语境的变化而扩大。「女子力」这一词语的使用对象也随着社会生活、文化的变化而发生了变化。馬雯雯(2019)通过调查指出日常语言生活中「女子力あるね」「女子力高いね」「女子力だね」等语句也频繁对男性使用。在这些语境中,「女子力」被当作一种可以后天习得的能力,而这种能力的拥有者可以是女性,也可以是男性。

与「女子力」相似,「老人力」的语言形式和实际使用也出现错位现象,例如:

(10)ただ、<u>若いうちに老人力</u>が発露している人もいるんです。

（BCCWJ『老人力のふしぎ』）

以上是以「力」的词典意义为基础,对其派生词的整体语义进行了分析,分析结果可以总结成表3。

表3　「力」的派生词的语义分类与例词

序号	语义		例词
a	肌肉力量(筋肉の力)		背筋力
b	物理方面的力(物理的な力)		遠心力
c	内含于前附成分的力量、势力(～に内在する力、いきおい)		軍事力
d	具有前附成分性质的力量(前接語の性質を有する力)		基礎力
e	作用于某个对象的力量(はたらき、ある対象に対するはたらき/力)		影響力
f	能力	做某件事情的能力 (～する能力;サ変動詞語幹)	想像力
		做某件事情的能力,通过"换喻"形成 (前接語を〈動詞〉能力;メトニミー)	英語力
		拥有能力的主体,通过"换喻"形成 (～に見られる能力/力,能力の持ち主;メトニミー)	女子力

6　「力」和前附成分的"错配"

前附成分和「力」在形式上看起来"错配"的词语,有「老人力」「鈍感力」等词语,这些词语基本都属于新造词。

(11)騙されてはならない。**鈍感力**は的確な認識に基づく信念であって認識力が前提になっている。

(BCCWJ「Yahoo!ブログ」)

(12)この期間は「**老人力**」を発揮し、残された人生を大いにエンジョイしましょう。

(BCCWJ『快適老後の生活設計』)

「鈍感」具有反应迟钝、木讷等消极意义,与「力」组合起来有一种"错配"的感觉,之所以会出现这样的组合是因为随着社会的发展变化,过去被认为具有消极意义的「鈍感」被赋予了积极意义,被当作一种能力来认知(中岛,2010)。「老人力」是作家兼画家赤瀬川原平提出的概念,在他的同名著作《老人力》的封面上,写着"记忆力衰退、絮絮叨叨、唉声叹气等一直以来都呈现出老年人痴与呆的样子,这些样子一般都是人们所忌讳而不愿意提及的,殊不知这些人们所忌讳的现象里也潜藏着一种未知的力量"。赤瀬川原平将老年人身上的一些被认为具有消极意义的现象与"力量"组合在一起,提出了"老人力"这一概念。「老人力」与「鈍感力」相同,都是通过构词改变词语意义的基调。换言之,后缀「力」与前附成分「鈍感」「老人」看起来"错配"的搭配方式,赋予了前附成分以新义。深田、仲本(2008)指出人在面对自己所认知的事态时,不可能注意到其中的每一个部分,一般都是以某种姿态或者以某个视点出发,注意到其中的一部分事态并对其解释,被注意到的部分叫作"射体",而被忽略的部分叫作"界标"。一直以来,「鈍感」所具有的消极意义,以及因其消极意义而带来的结果,作为"射体"被人们注意到,而由「鈍感」带来的积极意义却被当作"界标"隐藏起来了。近年,「鈍感」带来的积极意义被当作"射体"注意到,人们开始认为「鈍感」也是一种能力。「鈍感」和「力」的搭配虽然看起来有些违和,但是该词也被社会所接受,日常语言生活中也能看到该词的使用。同样,「老人」这一词语中蕴含的伴随着衰老而出现的一些消极现象也由于认知方式的变化,开始被人们认为是一种未知的能力。如此,视点、认知方式的变化造就了前附成分和后缀「力」在搭配形式上的"错配"。

7　结语

　　本文首先从词性和词汇层出发,分析了后缀「力」的前附成分所具有的特征,接着分析了派生词的整体语义分类,最后分析了「力」与前附成分在形式上的"错配"及其产生的原因。前附成分的词性主要集中在サ变动词(词干)、名词、形容动词(词干)上,词汇层主要集中在日语汉字音读词、外来语及和语词上。

　　派生词的语义主要分为"肌肉力量""物理方面的力""内含于前附成分的势力、力量""具有前附成分性质的力量""作用于某个对象的力量""能力"这6种。其中,第6种的"能力"又分为"做某件事情的能力""做某件事情的能力,通过'换喻'形成""拥有能力的主体"这3个语义。在「力」与前附成分"错配"上,本文从视点与认知方式转变的角度分析了"错配"产生的原因。「鈍感」「老人」与「力」能够组合的原因在于,随着视点与认知方式的变化,「鈍感」「老人」等词语所蕴含的积极意义成为认知中的焦点,被社会当作一种能力而被重新赋予意义。

　　本文基于语料库,对日语后缀「力」的派生词的前附成分和语义进行了分类,在语义的分类上,本文参考词典释义对派生词进行了大致分类,今后将对「力」的派生词进行更加细致的分类。

参考文献

赤瀬川原平,1998. 老人力[M]. 東京:筑摩書房.

王淑琴,2000. 接尾辞「的」の意味と「的」が付く語基との関係について:名詞修飾の場合[J]. 日本語教育(104):50-62.

影山太郎,2007. 接尾辞「-化」、-ize,-ifyの属性叙述機能[J]. 人文論究,57(2):19-36.

趙麗君,2013. 漢語接尾辞「-化」の成立と展開[J]. 岡山大学大学院社会文化科学研究科紀要(35):89-110.

中島晶子,2010. 新造語における「度」「系」「力」の用法[M]//大島弘子,中島晶子,ブラン・ラウル. 漢語の言語学. 東京:くろしお出版:159-175.

野村雅昭,1978. 接尾辞字音語基の性格[J]. 電子計算機による国語研究(9):102-138.

野村雅昭,1998. 現代漢語の品詞性[M]//東京大学国語研究室創設百周年記念国語研究論集編集委員会. 東京大学国語研究室創設百周年記念国語学論集. 東京:汲古書院:128-144.

馬雯雯,2019. ジェンダーに関わる表現「女子力」についての考察:ディスコースにおける言語標識を中心に[J]. ことば(40):90-105.

深田智,仲本康一郎,2008. 概念化と意味の世界:認知意味論のアプローチ[M]. 東京:研究社.

松村明,2019. 大辞林[M]. 4版. 東京:三省堂.

籾山洋介,深田智,2003. 意味の拡張[M]//松本曜. 認知意味論. 東京:大修館書店:73-134.

山下喜代,2011. 字音接尾辞「式・風・的」の意味:プロトタイプとスキーマ[J]. 青山語文(41):130-142.

山下喜代,2015. 漢語接尾辞「系・派」について:人物を表す派生語の分析を中心にして[J]. 青山語文(45):112-125.

山梨正明,2000. 認知言語学原理[M]. 東京:くろしお出版.

作者简介

姓名:马雯雯

性别:女

单位:中央民族大学外国语学院

学历:博士研究生

研究方向:词汇学、社会语言学

通信地址:北京市海淀区中关村南大街27号

邮政编码:100081

电子邮箱:aiwen92@126.com

有关日语提示助词「さえ」和汉语焦点副词 "都""也""甚至"的对应关系考察*

A Syntactic Study on the Correspondence Between the Japanese Prompting Auxiliary "Sae" and the Chinese Focus Adverbs "Dou", "Ye" and "Shenzhi"

唐　彬

摘　要：本文从句法位置角度考察了日语提示助词「さえ」和汉语焦点副词"都""也""甚至"的对应关系。结果表明：首先，「さえ」在表达极限意义时与汉语的"都""也""甚至"均可对应。汉语需要用不同的固定句型表达不同的意义，而日语则以文脉进行区分，只用一个词就可以表达不同的意义。其次，当他者位于自者后面并在没有他者的情况下，「さえ」和"都"对应。最后，当他者位于自者前面时，若表示主观感觉，则「さえ」只能和"甚至"对应；若表示客观描写，当焦点是名词时，「さえ」和"也"对应，当焦点是动词句时，「さえ」和"甚至"对应。

关键词：句法位置；他者；自者；对应关系

Abstract: From the perspective of syntactic position, this paper examines the corresponding relationship between the Japanese prompting auxiliary "sae" and the Chinese focus adverbs "dou", "ye" and "shenzhi". Their syntactic features could be generalized as follows: First of all, the Japanese prompting auxiliary "sae" can correspond to three kinds of Chinese expressions—"dou", "ye" and "shenzhi". "Sae" indicates that it is clear to comprehend the semanteme of Japanese sentences according to the context. In contrast different syntax

---

* 本文基于 2017 年 8 月 20 日在北方工业大学举行的第九届汉日对比语言学研究会上的发表修改而成。本文系北京市社会科学基金项目"面向神经网络机器翻译的日语连体修饰结构汉译模式研究"（项目编号：20YYC016）的阶段性研究成果。

represents different semanteme in Chinese. And when TASHA is behind JISHA and when there is no TASHA, it must correspond to "dou". Finally, when TASHA is in front of JISHA, on the subjectivity, it will be in agreement with "shenzhi", if it is on the objectivity, and the viewpoint is on noun phrase, then it will match with "ye", however if the viewpoint is on verb phrase, then it will correspond to "shenzhi".

Keywords: syntactic position; TASHA; JISHA; correspondence

1　引言

近年来,关于日语提示助词和汉语焦点副词的对照研究已成为热点。焦点副词"都"在与日语「さえ」相对应的汉语表达研究中备受瞩目。例如,徐建敏(1993)和金成姬(2009)的研究论文里出现了如下例句。

(1)a. 这样重的病**都**给治好了。①

　　b. このような重い病気で**さえ**治った。

（徐建敏,1993:24）

(2)a. 不会跳舞的小张今天**都**跳了好长时间。

　　b. ダンスのできない張さん**さえ**今日長い時間踊った。

（金成姬,2009:40）

但是,与日语「さえ」在语义功能上相对应的汉语不只有"都",还有例句(3)的"也"和例句(4)的"甚至"等。

(3)a. だから誰もが彼に一目置いたし、寮長で**さえ**水沢きんに対してだけは強いことは言えなかった。

（村上春樹『ノルウェイの森』）

　　b. 因此谁都将他高看一眼,就连宿舍主任在他面前**也**不敢粗声大气。

(4)a. 彼女にとってはあの二人の死の姿は、この上もなく崇高なもの、むしろ神秘的なものに**さえ**思われた。

（石川達三『青春の蹉跌』）

　　b. 对她来说,那两个死者的形象似乎是最崇高的,**甚至**是非常神秘的。

由此可见,与日语的提示助词「さえ」对应的汉语焦点副词有3个。因此,对母语为汉

---

① 本文例句中的加粗、画线部分均为笔者所加。

语的日语学习者来说,掌握日语的提示助词「さえ」是一个难点。本文聚焦位于主句的「さえ」的"极限"功能,以《中日对译语料库》(第一版)为例句来源,力图从句法位置的角度来明确「さえ」和"都""也""甚至"的对应关系,探讨汉日两语各自语言系统内部相关表达结构类型学上的共性特征与个性差异,以便日语学习者更好地理解和掌握日语的提示助词「さえ」。具体而言,第二节叙述有关「さえ」语义功能的研究,以及有关汉语"都""也""甚至"语义功能的研究。第三节整理从提示角度考察「さえ」和与其对应的汉语表达的研究。第四节陈述研究方法。第五节分析「さえ」和"都""也""甚至"的对应关系。第六节总结分析考察得出的结论。

2 有关「さえ」和"都""也""甚至"语义功能的研究

2.1 日语的提示助词「さえ」

关于日语提示助词「さえ」的语义功能,重要的研究有此島(1966)、沼田(1986)、菊地(1999)等。

此島(1966)论述了「さえ」的历史变迁。他指出日本中古时代以后,「さえ」逐渐替代「だに」(=限定)和「すら」(=特出)而被使用。此外,具有添加用法的「まで」也在中古时代后开始被「さえ」替代。

沼田(1986)将「さえ」的语义功能分为表"意外"的「さえ$_1$」和表"最低条件"的「さえ$_2$」[①]。首先来看表"意外"的「さえ$_1$」。

(5)[②]1日に2度のお粥さえ$_1$忘れられた。(连一天两次的粥都忘喝了。)

例句(5)中的「さえ」强调的是"一天两次的粥",具有"其他东西姑且不论,连这样的事情……"的强调感。换句话说,例句(5)表达的意思是:

(6)他のもの——例えば「簡単な検温」——は忘れられるが,1日に2度のお粥は忘れられないと思った。(其他事情——比如"简单的测温"可以忘记,但一天两次的粥不可以忘记。)

这样的期待却没有被满足,因此此时的「さえ」肯定了自者"一天两次的粥"的"被忘记",而在有期待的例句(6)中,具有否定自者、肯定他者的含义。由此可知,「さえ」作为

---

① 表"意外"的「さえ$_1$」和表"最低条件"的「さえ$_2$」不仅在用法上不同,沼田(1986)指出二者在句法上也存在不同,「さえ$_2$」必须存在于条件句中。

② 例句的顺序号码,依照本文的顺序重新编号。

表意外的「さえ₁」,可表示为:

さえ₁:①主张断定,自者肯定;②含义期待,自者否定及他者肯定。

接下来,我们通过例句(7)来看表"最低条件"的「さえ₂」。

(7)社宅さえ₂あれば勤める。(只要提供公司宿舍,我就干。)

例句(7)中的「さえ」是把「社宅」(公司宿舍)作为自者来强调。

(8)社宅があれ(ば勤める)。

例句(8)中的"有公司宿舍"作为自者肯定被主张。

(9)社宅以外がない(場合でも勤める)。

例句(9)表示"除公司宿舍以外都没有也行",也就是说,具有了他者否定的含义。换句话说,例句(7)中的「さえ」和例句(10)中的「だけ」具有相同的意义。

(10)社宅だけあれば(それで十分だから)勤める。

肯定"公司宿舍"这一自者,否定了"公司宿舍"以外的事物。从整体来看,为了让后文成立,自者是必要条件,不需要他者。因此,自者是使「勤める」这一后文成立的最低条件。由此可知,「さえ」作为表示最低条件的「さえ₂」,其语义功能为:

さえ₂:①主张断定,自者肯定;②含义,断定,他者否定不要。

另一方面,菊地(1999:19-21)将「さえ」的意义分为"极限提示""累加""强调充分条件"。例句(11)是表"极限提示"的例句,例句(12)是表"累加"的例句。

(11)花子や三郎だけでなく,太郎さえ来た。

(12)X家は不運が重なったご主人が失職し,奥さんが入院し,一家の頼みの綱である長男のA君さえ就職試験に落ちた。

例句(11)表达的是比"花子和三郎"来的可能性小的"太郎"也来了。菊地(1999)把「さえ」的这种用法叫作"极限提示"。在例句(12)中,「長男が就職試験に落ちたこと」(长子入职考试失败)是和「ご主人の失職」(丈夫下岗)、「奥さんの入院」(妻子住院)同属于「不運」(运气不好)的范畴。但是,「就職試験に落ちたこと」(入职考试失败)并不处在厄运的极限位置,只是在厄运不断的家里,该事件是发生的最后一个厄运。菊地(1999)把「さえ」的这种用法叫作"累加"。

综上所述,「さえ」的语义功能被分为3种的情况居多。下面是松村(1971)关于「さえ」的用法解释(例句的一部分被省略)。

①極端な場合を例示して,他の場合も当然であることを類推させる。

　(举出极端的情况,类推其他情况也成立)

例:専門家の彼(で)さえ知らなかった。

②それだけでなく,さらに加わる意を表。「……まで」の意。

（在已有情况的基础上再添加情况）

例:雨ばかりでなく,風さえ吹きだした。

③「……さえ……ば」と,条件句の中で用いられ,ある事柄についてその条件が充足すれば,その事柄が成立する意を表す。

（跟「ば」一起用于条件句,表示某条件满足的话,某事件就成立）

例:金さえあれば,何でもできると思っている。

现在我们来看一下各参考文献的对照关系,菊地(1999)的"极限提示"和"强调充分条件"分别对应此島(1966)的"特出"和"限定"、沼田(1986)的「さえ₁」和「さえ₂」、松村(1971)的①和③。此外,菊地(1999)的"累加"和松村(1971)的②是一致的。而此島(1966)和沼田(1986)都认为"累加"的用法被「まで」代替了,所以都未将"累加"放入「さえ」的用法中。综上所述,关于「さえ」的语义功能整理如表1所示。

表1   有关「さえ」语义功能的参考文献

以往研究	「さえ」的语义功能		
此島(1966)	—	特出	限定
沼田(1986)	—	意外	最低条件
菊地(1999)	累加	极限提示	强调充分条件
松村(1971)	添加	类推	条件

我们可以看到,以往研究对「さえ」语义功能的分类不同,有分两类的,也有分三类的。因菊地(1999)里面提到的"累加"功能用"极限提示"也能够说明解释,故本文采用「さえ」的两分法,并且将"极限提示""强调充分条件"分别简称为"极限""条件"。

2.2   汉语的焦点副词"都""也""甚至"

关于"都""也""甚至"的语义功能,我们可以通过对汉语副词进行了较为详细记述的吕叔湘(2003)来一探究竟。

2.2.1   "都"的语义功能

根据吕叔湘(2003:103-104)的研究,"都"具有①总括全部、②甚至、③已经这3种用法。本文只取跟「さえ」对应的第二种用法,表"甚至"的"都"的语义功能总结如表2所示。

表2　吕叔湘(2003)所示"都"的语义功能

语义功能	都
甚至 【＝都₂】	a. 与"连"呼应使用,起强调作用 连这么重的病都给治好了(こんなに重い病気でさえすっかり治った)
	b. "都"的前后使用同一动词(前为肯定后为否定) 拉都拉不住他(彼をしっかりつかまえていることもできない)
甚至 【＝都₂】	c. 一＋量……都＋动　动是否定 一声都不吭(ひとことも言わない)
	d. 用于让步句中,引出主句 为了营造绿化林带,家都不回,苦点儿累点儿算什么?(緑化森林帯を造成するために,家にさえ帰らないんだ。苦しいだの疲れただの言っていられない)

2.2.2　"也"的语义功能

　　吕叔湘(2003:432-434)将"也"分为副词用法和助词用法。其中,副词用法又细分为4种:①表示两种事物为同一事物;②表示不管假设是否成立,结果都相同;③表示"甚至"的意思;④表示委婉。本文只取跟「さえ」相对应的副词用法中的第三种用法。表"甚至"的"也"的语义功能总结如表3所示。

表3　吕叔湘(2003)所示"也"的语义功能

语义功能		也
副词 用法	"甚至" 【＝也₃】	a. 前面为名词时 他一心扑在工作上,有时候饭也忘了吃(彼は一心に仕事に打ち込み,ときには食事をとることさえ忘れてしまう)
		b. 前面为数量[＋名]时,数词只为"一" 一天假也没请过(1日の休みもとった事がない)
		c. 前面为动量词时,数词只为"一" 树叶一动也不动(木の葉はピクリともしない)

2.2.3　"甚至"的语义功能

　　吕叔湘(2003:345-346)将"甚至"分为副词用法和接续词用法。其中,接续词用法又有2种,整理如表4所示。

表4　吕叔湘(2003)所示"甚至"的语义功能

语义功能	甚至
副词用法	强调突出的例子:后面通常与"都""也"呼应,也可以放在主语前面 这块大石头甚至四五个小伙子也搬不动(この大きな石は若者が4〜5人かかっても運べない)
接续词用法	①用于并列的名词、形容词、动词、介词句、段落的最后一项之前,起突出作用 那时候,他们还受着封建制度甚至奴隶制度的束缚(当時彼らはまだ封建制度,さらには奴隷制度の束縛さえも受けていた)
	②"甚至"用于句子的后半部分,前半部分用"不但" 我们这儿,不但大人,甚至连六七岁的小孩儿都会游泳(私たちの所では,大人ばかりでなく6〜7歳の子供までみんな泳げる)

3　日语「さえ」和汉语"都""也""甚至"的对照研究

从提示的角度来考察日语「さえ」和与之对应的汉语表达的研究有徐建敏(1993)和金成姬(2009)等。

徐建敏(1993)从提示的角度讨论了日语「さえ」和汉语"都"。他将「さえ」的用法分为表"意外"的「さえ₁」和表"最低条件"的「さえ₂」,"都"的用法分为表"甚至"的"都₁"和表"任意指示"的"都₂",并分析了它们之间的对应关系。结果表明,「さえ₁」和"都₁"之间有很多对应现象,特别是在表"意外"这一点上。此外,他还发现「さえ₂」和"都"并不对应。

金成姬(2009)在徐建敏(1993)的基础上,参考吕叔湘(1980)的研究,将"都"的用法分为3类。金成姬(2009)考察了汉语"都"的提示功能,并提出了用辨识标准来判断"都"是否具有提示功能。此外,针对表"意外"的「さえ」和"都"的提示特点,特别是焦点的提示方式,她考察了两者的异同。结果表明,表"意外"的"都"的焦点位置在"都"的正前面,需要将想要提示强调的要素放在焦点位置上。与此相对,日语的「さえ」因在句法上分布自由,基本上可以接在焦点后面的任何位置,「さえ」的出现位置在提示焦点上起着一定的作用。此外,她还指出表"意外"的"都"所提示的要素如果因为主题化的要求而脱离了焦点位置,则通常会通过使用"连"字、调整语序及文脉等方式来提示焦点。

徐建敏(1993)和金成姬(2009)的研究有2个问题。第一,徐建敏(1993)在将"都"的用法分为2类的基础上讨论了与「さえ」的对应关系,金成姬(2009)主要以焦点的提示方式为中心分析两者的异同,但针对「さえ」句法位置的不同,对应的汉语表达也不同这一句法问题,两者均没有讨论。第二,徐建敏(1993)和金成姬(2009)都只研究了「さえ」和

"都"一对一的关系,而完全忽略了和「さえ」相对应的其他汉语表达,因而不能说是全面的研究。

4 研究方法

4.1 使用的语料库

为了更深刻地理解「さえ」和汉语的对应关系,本文主要采用北京日本学研究中心开发的《中日对译语料库》(第一版)中的例句。《中日对译语料库》(第一版)收录了22篇日本文学作品、23篇中国文学作品,以及其相对应的译本,约1130.3万字。此外,还包括非文学作品日本14篇、中国14篇、中日共同2篇及各自的译本,约574.6万字。作品体裁和与之对应的译本非常丰富,可以避免因话题的偏重而给研究带来影响。因此,本文决定将《中日对译语料库》(第一版)作为用例来源。但由于收录的日本作品的出版时间跨度较大(1900—1998年),近代作品的日语和现代日语在用词上稍有不同,所以本文统一采用1960年以后出版的日本作品。本文主要按照以下顺序进行「さえ」例句的抽取作业。

首先,抽出包含「さえ」的例句和译文。其次,从抽出的例句和译文中,剔除作为动词一部分出现的「さえ」,如「さえぎる」「おさえる」「さえざえ」「さえずる」「さえる」「こさえる」「ささえる」「たずさえる」等。最后,统计选出的用例,根据「さえ」的后接方式制作成用例集。

4.2 研究对象

4.2.1 「さえ」的分布

以往研究表明,「さえ」的2种用法中,表"极限"的一般出现在主句,表"条件"的一般出现在从句。按照第4.1节所提示的方法,我们分别统计了「さえ」出现在主句和从句中的数量。结果表明,「さえ」除了出现在主句和从句外,还出现在固定的俗语里。统计结果如表5所示。

表5 「さえ」的分布情况

	数量/个	比例/%
位于主句的「さえ」	201	64.84
位于从句的「さえ」	102	32.90

续　表

	数量/个	比例/%
固定俗语	7	2.26
合计	310	100

　　本文以数量最多的位于主句的「さえ」为考察对象,即以「さえ」的"极限"用法为中心来考察其与汉语的对应关系。

　　4.2.2　与「さえ」相对应的汉语

　　与「さえ」相对应的汉语表达方式多种多样,在与位于主句的「さえ」相对应的汉语表达中,"也""甚至""都"占据了前三位。具体对应情况如表6所示。

表6　与主句的「さえ」相对应的汉语

单位:个

对应汉语	表现形式	各例数	总例数
也	也	20	59
	连……也	25	
	甚至……也	2	
	甚至连……也	2	
	即使……也	10	
甚至	—		41
都	都	4	27
	连……都	20	
	甚至……都	3	

　　除了"也""甚至""都"外,与「さえ」相对应的汉语表达还有"就""反而""却"等,因其数量很少,本文不予讨论。

　　本节统计了《中日对译语料库》(第一版)中出现的「さえ」的使用情况。下一节将围绕此统计结果展开详细的研究。

4.3　研究框架

　　沼田(1986)提出的"自者和他者""主张和含义""断定和期待""肯定和否定"这4组8个基本概念对于分析提示助词的用法很有效。本文采用其中的"自者和他者",其具体含

义请参考第2.1节。

5　「さえ」和"都""也""甚至"的对应关系

本节围绕「さえ」和自者、他者的位置关系,来考察与其相对应的汉语变化。

5.1　「さえ」和"都"的对应

5.1.1　他者出现的情况

因为「さえ」所提示的自者必须在文中出现,而他者不一定要出现,所以本文以他者为中心来分析例句。首先考察他者出现的情况。

(13)a.『論語』第三十八章、「子曰く、人間がもし信用をなくせば、どこにも使いみ
　　　ちがなくなる。馬車に轅がなく、大八車に梶棒がないようなもので、ひっ
　　　ぱって行きようがない」(宮崎市定訳文)。〈個人と個人との関係という次
　　　元〉自においてさえ然り、況や〈為政者と民との隔てある相互〉他に、信用の絆
　　　がなくして経済行為は成り立たぬ。

（谷沢永一『百言百話』）

　　b.《论语》第三十八章说:"子曰:人而无信,不知其可也。大车无輗,小车无軏,
　　　其何以行之哉?"在个人与个人关系的层次上都如此,更何况为政者与庶民之
　　　间本来就有距离,如果没有彼此信任的纽带,是不可能维系经济行为的。

例句(13)属于自者和他者都出现的情况。此句中被提示的自者为「個人と個人との関係という次元」(个人与个人关系的层次),他者为「為政者と民との隔てある相互」(本来有距离的为政者与庶民之间)。说到对信任纽带有需求的人,可以想到很多,而此句中提到的自者一般被认为处于集合的最边缘位置。但出乎意料的是,被认为可能性最低的自者也需要彼此信任的纽带才可以走得更远,那么可想而知,本来就有距离的可能性更高的"为政者与庶民之间"也需要,进而其他所有关系都需要彼此信任的纽带,从而强调了信任纽带的重要性。此时的「さえ」与汉语的"都"对应,对应关系总结如图1所示。

位置顺序		对应的汉语
原文	自者+「さえ」+V ——→ 他者+V	都

图1 对信任纽带的需求①

5.1.2 他者未出现的情况

如果去掉例句(13)中的他者,将会发生什么样的变化呢?

(14)a.『論語』第三十八章、「子曰く、人間がもし信用をなくせば、どこにも使いみ
   ちがなくなる。馬車に轅がなく、大八車に梶棒がないようなもので、ひっ
   ぱって行きようがない」(宮崎市定訳文)。〈個人と個人との関係という次
   元〉において**さえ**然り、信用の絆がなくして経済行為は成り立たぬ。

   b.《论语》第三十八章说:"子曰:人而无信,不知其可也。大车无輗,小车无軏,
   其何以行之哉?"在个人与个人关系的层次上**都**如此,如果没有彼此信任的纽
   带,是不可能维系经济行为的。①

例句(14)属于他者消失、只剩下自者的情况。自者还是"个人与个人关系的层次"。
我们可以发现,即使他者没有出现,从自者也可以联想到「もっと距離感がある関係」(更
加需要信任纽带的有距离的关系)这一类他者。此时,「さえ」也和汉语的"都"对应,对应
关系整理如图2所示。

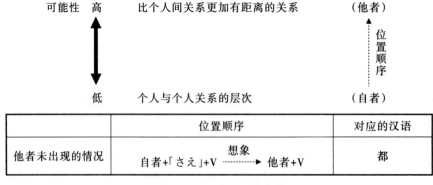

位置顺序		对应的汉语
他者未出现的情况	自者+「さえ」+V ····想象···→ 他者+V	都

图2 对信任纽带的需求②

---

① 有关改动后译文的合理性,笔者已得到20名汉语母语者的确认。以下同。

5.1.3　他者移动到自者前面的情况

如果将他者移动到自者的前面，与「さえ」对应的汉语会有变化吗？

(15)a.〈為政者と民との隔てある相互〉_他に、信用の絆がなくして経済行為は成り
　　　 立たぬ。『論語』第三十八章、「子曰く、人間がもし信用をなくせば、どこにも
　　　 使いみちがなくなる。馬車に轅がなく、大八車に梶棒がないようなもの
　　　 で、ひっぱって行きようがない」（宮崎市定訳文）。〈個人と個人との関係と
　　　 いう次元〉_自において**さえ**然り。

　　b. 为政者与庶民之间本来就有距离，如果没有彼此信任的纽带，是不可能维系
　　　 经济行为的。《论语》第三十八章说："子曰：人而无信，不知其可也。大车无
　　　 輗，小车无軏，其何以行之哉？"在个人与个人关系的层次上**也**是如此。

例句(15)是在例句(13)的基础上，将他者移动到自者前面的情况。他者为"本来有
距离的为政者与庶民之间"，在其之后出现的"个人与个人关系的层次"是自者。因为任
何关系都需要信任纽带，所以可能性低的自者和可能性高的他者一样需要这样的信任纽
带。此时的「さえ」对应汉语的"也"，对应关系如图3所示。

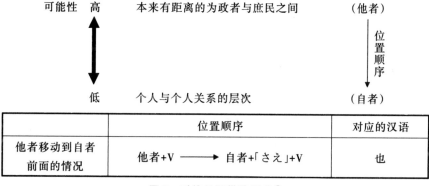

	位置顺序	对应的汉语
他者移动到自者 前面的情况	他者+V ——→ 自者+「さえ」+V	也

图3　对信任纽带的需求③

5.1.4　小结

从上述分析可以看出，当「さえ」的出现位置为"自者→「さえ」→他者"时，与汉语的
"都"对应；反之，当「さえ」的出现位置为"他者→「さえ」→自者"时，与汉语的"也"对应。
「さえ」的出现位置和汉语的对应关系总结如表7所示。

表7　「さえ」和"都"的对应

	位置顺序	对应汉语
原文	自者+「さえ」+V ——→ 他者+V	都
他者未出现的情况	自者+「さえ」+V 想象········→ 他者+V	都
他者移动到自者前面的情况	他者+V ——→ 自者+「さえ」+V	也

5.2　「さえ」和"也"的对应

接下来考察「さえ」和"也"的对应关系。

5.2.1　他者出现的情况

首先,我们探讨他者出现的情况。

(16)a. 広島が爆撃を受けてからは、いつ敵軍が上陸するか、いつ一億玉砕かと、びくびくしているのは工員たちも僕と同じことであるだろう。ただ人間の意志ががんじがらめに縛られて、〈不平〉他はおろか〈不安な気持〉自<u>さえ</u>も口にするのを押し殺しているだけだ。組織というものがそうさせている。

(井伏鱒二『黒い雨』)

b. 广岛遭到原子弹轰炸以来,什么时候敌军会登陆? 什么时候一亿人会玉碎? 职工们也许和我一样,都在为之惶惶不安。只是人们的意志被紧紧地束缚起来,岂止是不满,就<u>连</u>不安的情绪,<u>也</u>只能憋在肚子里,不能说出来。所谓组织,是它把人们弄成了这样。

例句(16)为他者先出现、自者后出现的情况。该句的他者是「不平(不满的情绪)」,自者是「不安」(不安的情绪)。不容易说出口的情绪可以有很多,毫无疑问自者处于其集合的最边缘位置,说不出口的可能性最低。但是,可能性低的自者和可能性高的他者一样不能说出来,以此强调了"说话人无可奈何的状态"。此时的「さえ」与汉语的"连……也"①对应。以上所述内容可用图4来表示。

---

① "连……也"归于汉语的"也"。以下同。

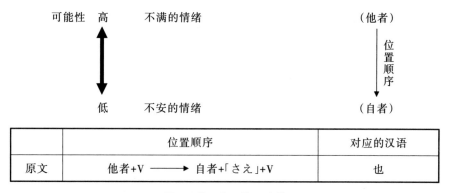

	位置顺序		对应的汉语
原文	他者+V ⟶	自者+「さえ」+V	也

图4　说不出口的程度①

5.2.2　他者未出现的情况

他者未出现的情况会是怎样呢?

(17)a. 広島が爆撃を受けてからは、いつ敵軍が上陸するか、いつ一億玉砕かと、び
くびくしているのは工員たちも僕と同じことであるだろう。ただ人間の
意志ががんじがらめに縛られて、〈不安な気持〉自<u>さえ</u>も口にするのを押し
殺しているだけだ。組織というものがそうさせている。

b. 广岛遭到原子弹轰炸以来,什么时候敌军会登陆? 什么时候一亿人会玉碎? 职工
们也许和我一样,都在为之惶惶不安。只是人们的意志被紧紧地束缚起来,就<u>连</u>
不安的情绪,<u>都</u>只能憋在肚子里,不能说出来。所谓组织,是它把人们弄成了这样。

例句(17)是将他者去掉,只剩自者"不安的情绪"的情况。通过强调最容易说出口的
情绪都不能说出口了,可以推测出他者,即其他不容易说出口的情绪更加不能说出口。
此时的「さえ」与汉语的"连……都"①对应,如图5所示。

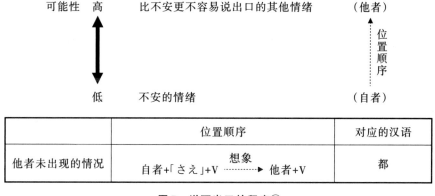

	位置顺序		对应的汉语
他者未出现的情况	自者+「さえ」+V ⟶想象	他者+V	都

图5　说不出口的程度②

---

① "连……都"归于汉语的"都"。以下同。

5.2.3　他者移动到自者后面的情况

若将日语原文"他者→自者"的顺序改为"自者→他者"的顺序,会有怎样的变化呢?

(18)a. 広島が爆撃を受けてからは、いつ敵軍が上陸するか、いつ一億玉砕かと、びくびくしているのは工員たちも僕と同じことであるだろう。ただ人間の意志ががんじがらめに縛られて、〈不安な気持〉_自**さえ**も口にするのを押し殺しているだけだ。〈不平〉_他はおろか。組織というものがそうさせている。

b. 广岛遭到原子弹轰炸以来,什么时候敌军会登陆?什么时候一亿人会玉碎?职工们也许和我一样,都在为之惶惶不安。只是人们的意志被紧紧地束缚起来,就**连**不安的情绪,**都**只能憋在肚子里,不能说出来,更不用说不满的情绪了。所谓组织,是它把人们弄成了这样。

　　例句(18)是在例句(16)的基础上,将他者移动到自者后面的情况。先有自者"不安的情绪",其后有更不容易说出口的他者"不满的情绪"。此时,「さえ」与汉语的"连……都"相对应,如图6所示。

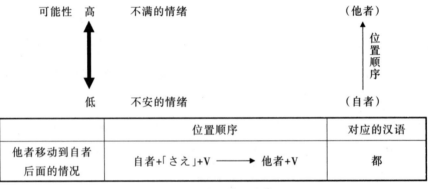

图6　说不出口的程度③

5.2.4　小结

　　以上从「さえ」和"也"的对应原文出发考察了「さえ」的出现位置和汉语的对应关系。结论同第5.1节。「さえ」的出现位置为"他者→「さえ」→自者"时,与汉语"也"对应;「さえ」的出现位置为"自者→「さえ」→他者"时,与汉语"都"对应。「さえ」的位置和汉语的对应关系如表8所示。

表8　「さえ」和"也"的对应

	位置顺序	对应汉语
原文	他者+V ——→ 自者+「さえ」+V	也
他者未出现的情况	自者+「さえ」+V ···想象···▶ 他者+V	都

续 表

	位置顺序	对应汉语
他者移动到自者后面的情况	自者+「さえ」+V ——→ 他者+V	都

5.3 「さえ」和"甚至"的对应

当位置顺序为"他者→自者"时,「さえ」和"也"对应;当位置顺序为"自者→他者"时,「さえ」和"都"对应。那么,与"甚至"对应的时候,「さえ」处于什么位置呢?

5.3.1 他者出现的情况

首先,讨论他者出现的情况。

(19)a. 大学教育を受けた技術者が豊富であることは,労働者の能率を高めている。そして,接合などの新しい技術が使われ,その造船の予定は電子計算機によって立てられ,〈何日に進水するかがわかる〉他だけでなく,〈何時ごろに進水するか<u>さえ</u>わかる〉自のである。

（吉田茂『激動の百年史』）

b. 由于拥有很多受过大学教育的技术人员,提高了工人的生产效率。而且采用了接合等新技术,并能用电子计算机制订造船的预定计划,不仅可以知道哪一天下水,<u>甚至</u>能够了解在几点钟下水。

例句(19)属于他者先出现、自者后出现的情况。他者是「何日に進水するかがわかる」(可以知道哪天下水),自者是「何時ごろに進水するかわかる」(可以知道几点下水)。下水是造船计划的一个重要程序。作为造船计划的技术高超性的表现,首先是容易实现的他者,进而是最难实现的自者,以此来强调技术的高超性。此时的「さえ」与汉语的"甚至"对应,对应关系可用图7来表示。

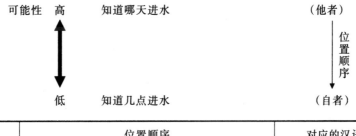

	位置顺序	对应的汉语
原文	他者+V ——→ 自者+「さえ」+V	甚至

图7 制订造船计划的技术实现①

该例句中「さえ」出现的位置和与"也"相对应时出现的位置相同,但对应的汉语并不是"也",而是"甚至"。这是为什么呢?原因在于与前面的例句相比,该例句的他者和自者的范围不同,该例句的他者和自者包含了从名词到动词的整个句子。根据沼田(2009)的定义,这可以说是焦点的不同,即对应的汉语是由语句焦点决定的。该例句的焦点是「何時ごろに進水するかがわかる」(可以知道几点下水)这一包含了动词的整个句子,因此「さえ」与"甚至"相对应。如果把焦点放在「何時ごろに進水するか」(几点下水),则译文应该为"连在几点钟下水也能够知道"。

以上的说明是否适用所有的例句,我们继续展开讨论。

(20)a. 彼女もあの凍死者から受けた心の衝撃から離れ得なかった。彼女にとってはあの二人の死の姿は,この上もなく〈崇高なもの〉_他,むしろ〈神秘的なもの〉_自に<u>さえ</u>思われた。愛は死を超えるというその事実を彼女は眼のあたりに見たのだった。

(石川達三『青春の蹉跌』)

b. 她的心也受了冻死者的冲击而久久不能平静。对她来说,那两个死者的形象似乎是最崇高的,**甚至**是非常神秘的,爱已经超过了死,她亲眼看见了这个事实。

例句(20)也是他者在前、自者在后的情况。他者是「崇高なもの(崇高的东西)」,自者是「神秘的なもの」(神秘的东西)。她认为二人的死姿是无比崇高的,但在她心中,有比崇高程度更深的神秘性存在。因此,「さえ」和表"累加"的「むしろ」相照应,表示心情的累加,与汉语的"甚至"相对应。以上的关系如图8所示。

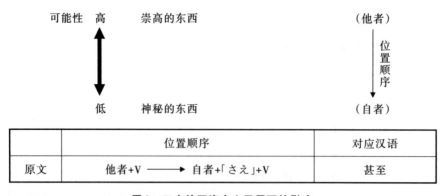

图8 二人的死姿在心里留下的影响

例句(20)的位置顺序和与"也"对应时相同,焦点也是名词句,但对应的汉语是"甚至"。究其原因,该例句中的「崇高的なもの」(崇高的东西)、「神秘的なもの」(神秘的东

西)属于主观事物。因此,表达的事物是主观的还是客观的也会影响对应的汉语。

5.3.2　他者未出现的情况

从前文我们知道,即便「さえ」的出现位置不变,只要焦点及表达事物的主客观性不同,对应的汉语也会不同。若原文使用"甚至",他者未出现,则会有怎样的变化呢?

(21)a. 大学教育を受けた技術者が豊富であることは,労働者の能率を高めている。そして,接合などの新しい技術が使われ,その造船の予定は電子計算機によって立てられ,〈何時ごろに進水するか〉_自<u>さえ</u>わかるのである。

b. 由于拥有很多受过大学教育的技术人员,提高了工人的生产效率。而且采用了接合等新技术,并能用电子计算机制订造船的预定计划,所以连在几点钟下水<u>都</u>能够了解。

例句(21)是将例句(19)中的他者去除的情况。自者是「何時ごろに進水するか」(几点下水),是能够知道的可能性最低的事情。制订造船计划时,连自者都能够知道的话,那其他本来就容易知道的事情,比如「何日に進水するか」(哪天下水)当然就更能推测出来了。此时的「さえ」与汉语的"都"对应,对应关系如图9所示。

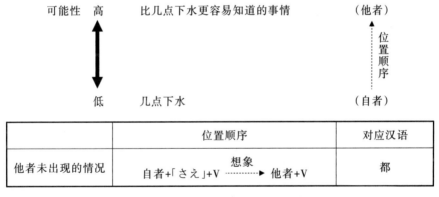

图9　制订造船计划的技术实现②

5.3.3　他者移动到自者后面的情况

接下来考察一下当他者移动到自者后面的情况。

(22)a. 大学教育を受けた技術者が豊富であることは,労働者の能率を高めている。そして,接合などの新しい技術が使われ,その造船の予定は電子計算機によって立てられ,〈何時ごろに進水するか〉_自<u>さえ</u>わかるのであるから,〈何日に進水するか〉_他はいうまでもなくわかる。

b. 由于拥有很多受过大学教育的技术人员,提高了工人的生产效率。而且采用

了接合等新技术,并能用电子计算机制订造船的预定计划,连在几点钟下水**都**能够了解,更不用说知道哪一天下水了。

例句(22)是在例句(19)的基础上,将他者移动到自者后面的情况。自者为最难确定的"几点下水",他者是比自者更容易确定的"哪天下水"。制订造船计划时,连自者都能知道的话,当然他者也能知道。此时的「さえ」与中文的"都"对应,对应关系如图10所示。

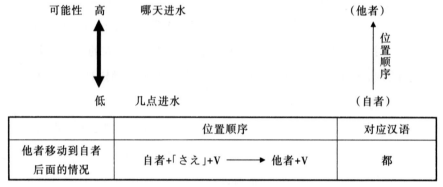

位置顺序		对应汉语
他者移动到自者后面的情况	自者+「さえ」+V ——→ 他者+V	都

图10　制订造船计划的技术实现③

5.3.4　小结

综上所述,当位置顺序为他者在自者前面时,「さえ」对应的汉语有2个。当表达主观感觉时,「さえ」只对应"甚至";当表达客观描写时,根据焦点的不同,「さえ」可以对应"也"或"甚至"。整理结果如表9所示。

表9　「さえ」和"甚至"的对应

位置顺序		对应汉语			
				主观	甚至
原文	他者+V ——→ 自者+「さえ」+V	客观 (焦点)	动词句		甚至
			名词句		也
他者未出现的情况	自者+「さえ」+V ······想象····→ 他者+V	都			
他者移动到自者后面的情况	自者+「さえ」+V ——→ 他者+V	都			

5.4　很难想象他者的情况

截至目前,我们讨论了他者出现的情况和他者未出现但可以想象的情况,那么他者

未出现也很难想象的情况是否存在呢？

（23)a.「足が底の砂についた」と彼は報告書に書いている。「水をしたたか飲んだ
後，綱にすがって浮かんでいた木の上へはいあがった。」しかしパルラーダ
は「川底でなにかにからみっかれたのだろうか，〈死体<u>さえ</u>も浮かばな
かった〉_自」。

（平川祐弘『マッテオ・リッチ伝』)

b. 他在后来的报告中写道："我的脚触到了河底的泥沙。""喝了好几口水才终于
抓住了一根绳子，然后爬到一根漂浮着的木桩上。"但是，巴兰德"不知是被河
底的什么东西缠住了还是什么原因，最后连尸体<u>都</u>没有找到"。

例句(23)的自者是什么？如果是「死体」(尸体)的话，"衣服"等也可以和「浮かぶ」
(浮)组合，所以不自然。从社会常识来判断，尸体是能够确认死亡的最低条件。如果发
现了尸体，那就说明「パルラーダ」(巴兰德)已经死了。但是，例句(23)中的「死体さえも
浮かばなかった」表达的是连尸体都没找到，所以「死体さえも浮かばなかった」是自者，
作为结果之一，表极端，此时对比对象即他者很难被发现。像这样很难想象他者的情况，
一般与汉语的"都"相对应。

6　结语

本文聚焦于句法位置，考察了日语的提示助词「さえ」和与其对应的汉语表达"都"
"也""甚至"的对应关系，结果如下。

第一，表极限的「さえ」综合了汉语的"都""也""甚至"的用法。日语可根据文脉来判
断用法，而汉语是用固定的构造表达固定的用法。

第二，当他者处于自者的后面或他者未出现时，「さえ」与汉语的"都"对应。

第三，他者位于自者的前面，当表达主观感觉时，「さえ」只对应"甚至"。当表达客观
描写时，如果焦点为名词句，「さえ」与"也"对应；如果焦点为动词句，「さえ」与"甚至"
对应。

以上的结果可总结如表10所示。

表10 「さえ」和"都""也""甚至"的对应

情况		位置顺序	对应汉语	
他者存在	他者在后	自者+「さえ」+V ⟶ 他者+V	都	
	他者在前	他者+V ⟶ 自者+「さえ」+V	主观	甚至
			客观(焦点)	甚至—动词句
				也—名词句
他者不存在	可以想象	自者+「さえ」+V ⸺想象⸺▶ 他者+V	都	
	无法想象	自者+「さえ」+V		

　　本文以日语「さえ」为中心,考察了其和汉语"都""也""甚至"的对应关系,其他提示助词「も」等与"都""也""甚至"的对应关系,还有待今后考察。

参考文献

吕叔湘,1980. 现代汉语八百词[M]. 北京:商务印书馆.

菊地康人,1999. サエとデサエ[J]. 日本語科学(6):7-31.

金成姫,2009. 意外の「も」と"也"(ye)[J]. 筑波応用言語学研究(14):45-58.

此島正年,1966. 国語助詞の研究:助詞史の素描[M]. 東京:桜楓社.

徐建敏,1993. とりたての観点からみた日本語の「さえ」と中国語の「都」[J]. 都大論究(30):16-28.

沼田善子,1986. とりたて詞[M]//奥津敬一郎,沼田善子,杉本武. いわゆる日本語助詞の研究. 東京:凡人社:105-225.

沼田善子,2009. 現代日本語とりたて詞の研究[M]. 東京:ひつじ書房.

松村明,1971. 日本文法大辞典[M]. 東京:明治書院.

吕叔湘,2003. 中国語文法用例辞典:現代漢語八百詞増訂本「日本語版」[M]. 牛島徳次,菱沼透,監訳. 東京:東方書店.

作者简介

姓名:唐彬

性别:女

单位:北京航空航天大学外国语学院

学历:博士研究生

职称：讲师

研究方向：日语语言学、日本语教育

通信地址：北京市海淀区学院路37号

邮政编码：100191

电子邮箱：tb_1626@163.com

社会语言学视角下汉日流行语对比研究*

A Comparative Study of Chinese and Japanese Catchwords from the Perspective of Sociolinguistics

杨涵云 罗婧源 杨彬彬

摘　要:语言是社会之镜,流行语在丰富社会语言的同时也展现了现代社会生活。汉日流行语近年来备受国内外各界关注,而从对比视角进行的研究不多。本文以 2015—2019 年度汉语流行语与日语流行语为研究对象,在分析汉日流行语异同的基础上,以社会语言学为理论基础,剖析中日两国近年来的社会状况及民众心理的差异。

关键词:流行语;语言特征;社会特征;社会语言学;汉日对比

Abstract: Language is the mirror of society, and buzzwords enrich the language of society while at the same time showing modern social life. While Chinese-Japanese buzzwords have attracted much attention in recent years, few studies have been conducted from a comparative perspective. This paper takes Chinese buzzwords and Japanese buzzwords from 2015 to 2019 as the objects of study. Based on the analysis of the similarities and differences between Chinese and Japanese buzzwords, and using sociolinguistics as the theoretical basis, we analyse the differences in social conditions and public psychology between China and Japan in the past years.

Keywords: buzzwords; linguistic features; social features; sociolinguistics; Chinese-Japanese comparison

---

* 本文系 2020 年度南京邮电大学大学生创新训练计划省级重点项目"语言文明建设背景下的汉日流行语对比研究"(项目编号:SZDG2020046)的阶段性研究成果。

1 引言

流行语是社会活动的产物，也是社会语言学研究的重要内容。从流行语的本质来看，它是语言的具体分支，而语言是人类传递信息的重要工具，在社会的各类交际中高频使用的词或句则成为某一时间段内的流行语，传递着该时间段内人们聚焦的话题信息与情感取向。但与此同时，各个国家、民族甚至是地区都有着相对独立的社会活动，即非本国家、本民族、本地区的人所无法熟知的信息，这些也会在流行语中体现出来，这也是社会语言的地域性的表现。从对比视角剖析汉日流行语，既可以加深对本国社会文化的理解，又可以进一步打开中日友好的窗口，促进跨文化交流。

从流行语产生的过程来看，它是渐变的，符合社会语言变迁的特点。流行语从产生到被大众熟知需要一段时间的传播，有的流行语也通过主流媒体的助推从而融入大众生活。而成为国家的流行语，其必要条件是社会化。通过词或句能展现一定社会现象或概括某一社会事件等才能成为流行语，否则只能作为小众词语或短暂流行后被淘汰。近年来，流行语已成为交际中的爱用语，以其缩略、新颖等特点逐步取代了一些传统语言，这对国家语言文明建设来说是机遇亦是挑战。系统梳理流行语的产生和特点，合理利用社会语言学理论将流行语的消极因素进行积极转化是当下语言研究的重要任务。

2 文献综述

在社会快速发展的背景下，汉日流行语受到了学者们的广泛关注。不少学者通过对流行语的研究来了解社会生活的变迁，以及汉语和日语在现代社会的发展。从研究角度来看，既有传统语言学视角的研究，又有模因论视角下的分析，还有社会语言学视角下的考察。

首先是传统语言学视角下的研究，陶芸（2013）、水源（2019）等从构词法切入，从旧词新用、外语借用、新造词语等角度比较了汉日流行语的差异。究其原因，陶芸（2013）认为与两国表音方式、社会生活经验有关，并且日语中既有汉字，又有假名，较汉语更为丰富。水源（2019）则认为汉语构词法采用"形义统一"模式，而日语采用"形义多容"模式，从而使汉语流行语在语法上更加规范，相比之下日语则不够严整。王以臻（2019）从句法角度进行考察，认为汉语词汇作为独立语比作为黏着语的日语词汇更具衍生性与能产性。

基于社会语言学的汉日流行语对比研究相对较少。李红艳（2014）对比分析了2013

年度中日两国网络流行语的异同,并从社会语言学的角度剖析了中日民众心理状态和社会文化背景的异同。随着社会的发展,流行语也在不断变化,其折射出的社会热点问题、民众心理和社会文化也不尽相同。蔡富有(1990)认为社会语言现象是社会现象与语言现象交融的人类特有现象,不可对立或偏废微观研究与宏观研究。陈建平(2002)提出社会语言学的研究不应将研究对象理想化、抽象化。

因此,本文以2015—2019年度汉日语流行语为研究对象,通过语料分析,考察汉日流行语在词源特征、结构特征、语义特征及社会特征等方面的差异,在此基础上从社会语言学角度剖析出现差异的原因,分析汉日流行语所反映的中日两国的社会热点问题和民众心理。

3　2015—2019年度汉日语流行语

不同媒体对流行语的选取有着不同的标准和目的,因此其结果也不尽相同。本文分别以中国国内较为权威的《咬文嚼字》杂志评选出的2015—2019年度汉语流行语和日本《现代用语基础知识》资格审查委员会评审出的2015—2019年度日语流行语为研究对象进行考察分析,具体内容如表1和表2所示。

表1　2015—2019年度汉语流行语

年度	年度十大流行语
2015	获得感;互联网+;颜值;宝宝;创客;脑洞大开;任性;剁手党;网红;主要看气质
2016	洪荒之力;吃瓜群众;工匠精神;小目标;一言不合就××;友谊的小船说翻就翻;供给侧;葛优躺;套路;蓝瘦香菇
2017	不忘初心;砥砺奋进;共享;有温度;流量;可能××假××;油腻;尬;怼;打call
2018	命运共同体;锦鲤;店小二;教科书式;官宣;确认过眼神;退群;佛系;巨婴;杠精
2019	文明互鉴;区块链;硬核;融梗;××千万条,××第一条;柠檬精;996;我太难/南了;我不要你觉得,我要我觉得;霸凌主义

表2　2015—2019年度日语流行语

年度	年度十大流行语
2015	爆買い;トリプルスリー;アベ政治を許さない;安心してください、穿いてますよ;一億総活躍社会;エンブレム;五郎丸ポーズ;SEALDs;ドローン;まいにち、修造!
2016	神ってる;ゲス不倫;聖地巡礼;トランプ現象;PPAP;保育園落ちた日本死ね;(僕の)アモーレ;ポケモンGO;マイナス金利;盛り土

年度	年度十大流行语
2017	インスタ映え;忖度;35億;Jアラート;睡眠負債;ひふみん;フェイクニュース;プレミアムフライデー;魔の2回生;〇〇ファースト
2018	そだねー;eスポーツ;(大迫)半端ないって;おっさんずラブ;ご飯論法;災害級の暑さ;スーパーボランティア;奈良判定;ボーっと生きてんじゃねーよ;♯MeToo
2019	ONETEAM;計画運休;軽減税率;スマイリングシンデレラ/しぶこ;タピる;♯KuToo;〇〇ペイ;免許返納;闇営業;令和

4　汉日流行语的语言特征及其异同

4.1　汉语流行语的语言特征

笔者首先从流行语的来源、构词方式、结构特征等传统语言学角度对2015—2019年度汉语流行语进行了考察分析,认为汉语流行语具有如下3个特征。

第一,词源丰富,多为新造词和旧词新用。汉语流行语产生的主要来源包括新造词、旧词新用、外来词汇、方言词、句式套用等,具体如表3所示。近年来,汉语流行语的产生方式多为新造词和旧词新用,外来词汇、方言词使用较少。汉语新造词类型丰富,但大都属于修辞学造词法与谐音造词法。

表3　2015—2019年度汉语流行语的来源

	2015	2016	2017	2018	2019
新造词	获得感;互联网+;剁手党;网红;脑洞大开	洪荒之力;吃瓜群众;供给侧;葛优躺;蓝瘦香菇		命运共同体;教科书式;杠精	区块链;融梗;柠檬精;996
外来词	颜值;创客		打call	佛系	硬核;霸凌主义
旧词新用	宝宝;任性	套路;小目标	共享;有温度;流量;油腻;尬;怼	锦鲤;店小二;退群;巨婴;官宣	
句式套用	主要看气质	一言不合就××;友谊的小船说翻就翻	可能××假××	确认过眼神	××千万条,××第一条;我太难/南了;我不要你觉得,我要我觉得

续 表

	2015	2016	2017	2018	2019
其他		工匠精神	不忘初心；砥砺奋进		文明互鉴

第二，语言结构方面，词层面流行语占比最高。在语言结构特征方面，汉语流行语包括语素、词、短语、句子等，其中词层面的流行语数量最多。在词层面上又包括名词、动词和形容词3种实词词性，其中以名词的使用居多。这是因为名词在形式上是独立的，在表意上简洁明了，在表达概念、传递信息的时候具有更大的信息量，因而日常使用频率更高。上榜的动词中大多也是对某一新现象或大事件有高度概括性的词语。

第三，汉语词具有高度的概括能力。从构词方式来看，汉语流行语表现出多样性，呈现高度凝练的特点，既有单纯词，又有派生词和复合词，还有个别缩略词，其中以单纯词的使用居多。比如2017年的流行词"尬"和"怼"，虽只有一个字，却包含着较为丰富的信息，在使用时更加方便快捷，体现了汉语流行词汇高度凝练的特点。

4.2　日语流行语的语言特征

笔者同样从词源、结构特征、构词等传统语言学角度对2015—2019年度日语流行语进行了考察分析，认为日语流行语具有如下3个特征。

第一，词汇来源多样化，借用语和转用语的数量居多。日语流行语产生的主要来源包括新造语、借用语和旧词新用，以借用语和旧词新用居多，具体如表4所示。借用语几乎都源于英语，还不乏一些"和制英语词"。另外，旧词新用的转用语是流行语最普遍采用的造词方式。在语言结构上包括词、短语、句子3个语言单位，其中词的数量居多。在构词特征方面可分为单纯词、复合词和派生词。其中绝大部分是复合词，达29个。只有少量单纯词和派生词，分别为4个和3个。还有个别缩略词和临时性词语。

表4　2015—2019年度日语流行语的来源

	2015	2016	2017	2018	2019
新造语	爆買い	神ってる	ひふみん		タピる
借用语	トリプルスリー；エンブレム；SEALDs；ドローン	トランプ現象；PPAP；(僕の)アモーレ；ポケモンGO	インスタ映え；Jアラート；フェイクニュース；プレミアムフライデー；○○ファースト	eスポーツ；スーパーボランティア；#Me Too	ONE TEAM；スマイリングシンデレラ/しぶこ；#Ku Too；○○ペイ

	2015	2016	2017	2018	2019
旧词新用	アベ政治を許さない;安心してください、穿いてますよ;まいにち、修造!	聖地巡礼;保育園落ちた日本死ね;盛り土	忖度;35億	そだねー;(大迫)半端ないって;ボーっと生きてんじゃねーよ	令和
复合形式	一億総活躍社会;五郎丸ポーズ	ゲス不倫;マイナス金利	睡眠負債;魔の2回生	おっさんずラブ;ご飯論法;災害級の暑さ;奈良判定	計画運休;軽減税率;免許返納;闇営業

第二,词性分布不均衡,以名词性词汇为主。根据2015—2019年度日语流行语的词性分布情况可知,名词的占比最高。究其原因在于流行语主要指代某一时期内人们普遍关注的社会现象或事物,而名词多用于表达概念,表义简洁明了,在传递信息时含有较大的信息量。

第三,构词形式丰富,外来词使用频率高。日语流行语主要包括和语词、汉语词、外来语和混合词4种。在2015—2019年度日语流行语中,外来词一直受到广泛青睐。一方面,当新事物或新概念出现时,使用外来语可以更好地表达出日语难以表达的内容,因此渐渐被人们接受和使用。另一方面,与固有词汇相比,外来语更给人以新鲜感、时尚感,因此尤其受到年轻一代的欢迎。

4.3　汉日流行语在语言特征方面的异同

由于汉语和日语的语言体系不同,其流行语也有着各自的特点。通过对近年来汉语和日语流行语的研究,我们发现汉日流行语既有共性又有差异。

4.3.1　汉日流行语在语言特征上的相同点

第一,造词方法多样,以新造词、借用词、旧词新用的使用为主。中日两国流行语造词方法多样,大都以新造词、借用词、旧词新用为主。其原因在于在信息泛滥的时代,传统词汇可能难以表达新事物的含义及人们当时的心情,因此创造新的词语、旧词赋新意、借用外来词等成为流行语最普遍采用的造词方式。这不仅丰富了人们的语言生活,也体现出中日民众在表达上喜欢追求新颖和独特。

第二,名词性词汇占据优势。在2015—2019年度汉语流行语中,名词达34个。在同时段日语流行语中,名词性词语和句子数量高达43个。其原因在于名词通常表达简洁凝

练,却又包含较丰富的信息量,相较于形容词和动词而言,对新事物、新现象具有较强的概括性。

第三,对事件具有高度概括性。无论是汉语流行语还是日语流行语,对社会事件都具有高度概括能力,具有凝练且形象的特点。其原因主要是我们处于一个高效而快节奏的时代,一切都高效而浓缩,流行语要求简洁凝练,在使用时会更加方便快捷。例如,2019年的汉语流行语"996"和"我太难/南了",说明了当下人们工作和生活压力很大,不仅体现出普遍存在的加班问题,也反映了许多网友的真实心境。2019年的日语流行语「闇営業」指的是吉本兴业的几名艺人隐瞒公司擅自参加商演,并且这些商演中还有不少是和黑社会有关的,艺人的灰色收入便引起了日本社会的广泛关注。

4.3.2 汉日流行语在语言特征上的不同点

第一,汉语流行语更倾向于使用修辞手法造词。汉语流行语较多地运用了修辞手法来造词,这也是所谓的修辞学造词法。其中运用比喻造词法的流行语占据很大比例。比如2016年的"洪荒之力"一词原本出自电视剧《花千骨》,但之后在对奥运会仰泳运动员傅园慧的采访中,"洪荒之力"被用于形容使出全身力气,表现出拼命努力的状态,不禁给人留下有趣又深刻的印象。另外也有借代造词法,如2016年的"吃瓜群众"和2019年的"柠檬精"等,这在日语流行语中很少体现。可见,中国人常常会抓住两个事物的相似点,用具体事物来表达抽象概念。通过修辞的使用,使语言更加生动活泼、简单明了。

第二,汉语流行语感染性强,具有较强的衍生能力。从构词来看,汉语流行语构词方式比较灵活,使用便利,部分流行语具有较强的感染性和衍生性。这些流行语具有一定的格式,可根据该格式进行不断复制。如2017年流行的"共享"一词,后来衍生出"共享单车""共享充电宝""共享按摩椅"等一系列词语。不仅如此,句子层面的流行语也可以衍生出许多具有相同结构的其他句子,如2019年的"××千万条,××第一条",随着使用范围扩大,衍生出"健康千万条,睡眠第一条""道路千万条,吃饭第一条"等流行语。这类流行语因格式相同,使用方便,颇受网友们的青睐。

第三,在借用外来语方面,汉语倾向于意译,而日语则更倾向采用音译。在借用外来语时,汉语很少直接使用外来语,更多采用意译或"意译+音译"的方法。意译(或意译+音译)的词汇更符合汉语词汇表意的基本功能,也符合汉语使用者表达意思的习惯,因此更容易被人们接受和使用。如"创客"一词是英语"maker"的直译和音译的结合,指具有创新理念、自主创业的人。"创"是英语"make"的直译,表示创新、创作的意思,"客"是音译。与汉语不同,日语更倾向于使用音译的方法,外来语直接用片假名书写。例如:2017年的「フェイクニュース」来自英语的"fake news",2016年的「(僕の)アモーレ」来自意大利语

的"amore",等等。

5 汉日流行语的社会特征及其异同

5.1 汉语流行语的社会特征

第一,关注时政并对政治持积极态度。随着中国国际地位逐渐提高,国内民众对国内外政治局势的关注度也逐步提高。政府的每一个新导向和新举措、领导人的每一次发言都牵动着社会的目光。2015年之后,我国经济迈入新台阶,为适应一系列经济变化,"互联网+""创客"等新词出现。2016年中央财经领导小组研究的供给侧结构性改革方案,适应了我国经济新常态的发展要求,"供给侧"成为热点词语。2017年中国共产党第十九次全国代表大会提出的"不忘初心、牢记使命"鼓舞了全国全党为新时代革命不懈奋斗,"不忘初心"作为高频词出现在各行各业。2018年的"命运共同体"和2019年的"文明互鉴"都从全人类的高度出发,强调了全人类作为统一利益体共同发展的重要性,"文明互鉴"作为"命运共同体"的人文基础将各国联结在一起。

第二,年轻人生活态度消极。2015—2019年度汉语流行语中出现了不少反映年轻一代颓废主义和消极主义的词语,如"葛优躺""佛系""蓝瘦香菇""我太难/南了"等,它们都指向年轻人之间流行的一个新现象——丧文化。"'丧文化'的产生和流行是青年流行文化和青年亚文化在新媒体时代的一个缩影,它反映出当前青年的精神特质和集体焦虑,它是新时期青年社会心态和社会心理的一个表征。"(萧子扬等,2017:3)随着近年来社会转型的不断加快,年轻人面对来自生活各方面的压力,不免产生对现实束手无策的无奈、脱力感,形成消极的人生态度,于是选择用"丧文化"来宣泄负面情绪。体现"丧文化"的流行语往往蕴含年轻人颓废的心理,并时常通过说话人自嘲的方式表现出来。

5.2 日语流行语的社会特征

第一,对政治持消极态度。在2015—2019年度50个日语流行语中,政治方面的流行语有10个,其中反映消极事态的词语多达8个。2015年日本国会通过了新安保法案,由于该法案极大地增加了日本战争发生的可能性而被日本民众强烈抵制,并出现了「アベ政治を許さない」等标语。同时,名叫"SEALDS"的学生反对新安保法案的示威游行活动成为社会热点。2016年,前东京都知事在任时向民众承诺过的筑地市场搬迁地的修复计划被发现毫无进展,搬迁地没有重新铺垫干净的土壤,地基也没建好,引发一片哗然,产

生了「盛り土」这一流行语。2017年朝鲜多次发射导弹,成为社会热点,「Jアラート」所代表的"日本全国瞬时警报系统"广受关注。

第二,性别意识突出。明治时期,日本民间运动风起云涌。在这一时期西方妇女解放运动的影响下,日本女权主义运动盛行,女权活动家们为男女平权、妇女经济独立、女性受教育权等合理诉求而战斗。如今,男尊女卑的糟粕仍存留于社会的方方面面,但女性的自我觉醒意识从未消失。2018年,在日本财务处副部长骚扰女记者的丑闻背景下,在美国发起的女性反性骚扰运动"MeToo"也在日本刮起了一股旋风。2019年,由日本女演员发起的"不要强制要求女性在职场穿高跟鞋"的请愿书收到了超过1.88万人的签名。高跟鞋舒适度低,但女性要因为男性的审美观念而在工作中穿高跟鞋。日本女性为了反抗这一陈规而发起的"KuToo"运动受到社会各界关注。

5.3 汉日流行语在社会特征方面的异同

5.3.1 汉日流行语在社会特征上的相同点

第一,追求休闲娱乐。中日两国近几年经济高速发展。经济发展新动能指数显示,以2014年为100,2015—2019年中国经济发展新动能指数分别为123.5、156.7、210.1、270.3和332.0,持续较快增长势头。而至2019年,日本的GNP为5.264万亿美元,GDP为5.082万亿美元,稳居全球第三。一方面,经济高速发展带来快速的生活节奏,人们面对残酷的社会生活产生疲惫,而在忙碌的工作生活中能作为调剂之一的便是娱乐热点。与此同时带来的是文化需求的高速更迭。无论是汉语流行语中的"网红""吃瓜群众""流量""打call""××千万条,××第一条""我不要你觉得,我要我觉得"等,抑或是日语流行语中的「まいにち、修造!」「PPAP」「35億」「おっさんずラブ」等,娱乐性质的词语渗入人们的日常生活成为流行语的现象屡见不鲜。人们追求文化尝新,娱乐产业如雨后春笋般应运而生。从影视音作品到游戏,从名人八卦到潮流新物,人们从五花八门的娱乐事物中选择关注点,为现实生活增添乐趣,缓解压力。

第二,互联网影响显著。截至2019年,中日两国互联网普及率分别达到61.2%和89.8%。在互联网高速发展、普及率日益上升的背景下,网络流行语遍布人们的视野。网络流行语是网民在网络聊天环境中普遍使用的一些词、短语、句子或固定的句子模式经过网络传媒的推广后而盛行于网络和现实生活。在2015—2019年50个汉语流行语中,有17个流行语都出自网络。近年来,网络与社会生活不断融合的趋势越发显著。当广大网民与社会热点或文化娱乐事件产生心理"共振"时,往往就会催生出与事件相关的流行语。大众通过网络流行语对社会生活发出感悟正是当下网络时代的特点。

5.3.2 汉日流行语在社会特征上的不同点

第一,对政治的态度不同。从前文对社会特征的考察结果可以看出,近几年政治方面的汉语流行语总体呈积极倾向,与之相对的是日语流行语基本呈消极倾向。社会形态的不同,使得国家对政治话语权的把握不同。

一方面,汉语流行语中出现大量积极事态的政治流行语正是我国主流意识形态话语权建设的体现。"牢牢把握舆论导向和调控舆论是任何一个执政党获得执政地位和巩固执政地位的必然要求,使其代表执政党的利益的主流意识形态通过新闻舆论的宣传和传播,扩大其影响力,占领舆论阵地和话语主导权。"(刘国普,2014:133)随着互联网影响力的日渐扩大,民众接触多元文化及多元思想变得更加容易,舆论的宣传和把控的难度由此增大。年度流行语拥有极高的舆论影响力,备受社会各界所关注,把控流行语是话语权建设的重要环节。通过媒体的正面宣传,传播积极事态的流行语,向民众传递正能量,在巩固增强国家凝聚力、传播主流价值观、维护社会的和谐与稳定等方面起着重要作用。

另一方面,日本的多党制决定了日本政治舆论环境的宽松。日本执政党和在野党分歧严重,往往产生互相抨击的局面。在各政党间政治意见纷乱的情况下,媒体宣扬各自的主张,导致社会主流思想无法统一,加之政党的丑闻和不当发言屡屡发生,民众对执政党的信任度下降,因此更易对政治产生消极态度。

第二,受西方影响不同。综观2015—2019年度汉日流行语可以看出,与汉语流行语相比,日语流行语受西方国家的影响更大。在2015—2019年度50个日语流行语中,共出现了21个带有西方色彩的流行语,其中包括表现形式为外来语的流行语和所含内容与西方国家相关的流行语。

日语中浓重的西方色彩与日本历史进程密不可分。一方面,从16世纪西方国家抢占殖民地到19世纪锁国期间与荷兰的贸易往来,日本与西方多国保持着紧密的联系。明治时期,日本政府积极学习西洋文化,从政治、经济、思想文化到生活习惯等都仿效英美,尤其是在明治维新后大量引入西方词语。多年来,西方语言逐渐渗入日语,经过不断地自我革新和自我发展,日语已架构起完整的外来语体系。在现代日语的实际应用中,外来语的适用范围极其"泛滥",涵盖了政治、经济、科技、医学等几乎每个方面,并且近几年日语中明显有用外来语代替和语词汇的倾向。另一方面,日本文化既保留着与西方国家紧密交往的历史痕迹,又在现代与西方国家特别是美国在经济、政治、军事上都保持着同盟关系,因此日本从政府到民间都对以美国为首的西方国家保持高度关注。

6 结语

本文从社会语言学视角对2015—2019年度汉日流行语进行了对比研究。汉日流行语在语言特征方面同中有异。首先,在词源上都体现出来源丰富的特点,并且皆在不同程度上受到外来语的影响。其次,在词性与结构上都有着简洁性、概括性的特点,并且在词性分布方面极不均衡,造词方法都颇为丰富。汉日流行语在社会特征方面异多于同。首先,汉语流行语中政治领域相关词汇呈现积极倾向,体现了中国国民对国家政治的信任,而日语政治领域相关词汇偏向消极,体现出日本国民对国家政治的质疑。其次,汉语流行语仍注重汉语本身,而日语流行语体现了日本人崇尚西方文化的思想。在众多差异之中,在对娱乐的追求和受互联网的影响方面,两国流行语体现了高度的一致性。

参考文献

蔡富有,1990. 社会语言学的若干理论问题[J]. 中国社会科学(3):55-68.

陈建平,2002. 社会语言学的理论基础[J]. 广东外语外贸大学学报(3):1-7.

李红艳,2014. 2013年度中日网络流行语比较研究[J]. 阜阳师范学院学报(社会科学版)(6):48-52.

刘国普,2014. 当代中国马克思主义意识形态话语权建设研究[D]. 广州:华南理工大学.

牟海涛,2016. 模因论视域下中日网络流行语的对比研究:以2015年度中日十大流行语为例[J]. 日语教育与日本学研究(0):61-64.

水源,2019. 汉日网络新语·流行语构词法比较:以2009—2018年新语·流行语为例[J]. 现代语文(6):138-142.

陶芸,2013. 中日网络语言生成方式及表现形式之初步比较[J]. 中央民族大学学报(哲学社会科学版)(5):73-77.

王丽娟,2018. 模因论视角下中日流行语比较研究[J]. 开放教育学院学报(11):26-27.

王以臻,2019. 中日网络流行词汇对比研究[J]. 现代语文(3):118-122.

萧子扬,常进锋,孙健,2017. 从"废柴"到"葛优躺":社会心理学视野下的网络青年"丧文化"研究[J]. 青少年学刊(3):3-7.

徐大明,1997. 当代社会语言学[M]. 北京:中国社会科学出版社.

作者简介

姓名:杨涵云

性别:女

单位:南京邮电大学外国语学院

学历:本科

研究方向:无

通信地址:江苏省南京市栖霞区文苑路9号南京邮电大学

邮政编码:210023

电子邮箱:936003934@qq.com

姓名:罗婧源

性别:女

单位:南京邮电大学外国语学院

学历:本科

研究方向:无

通信地址:江苏省南京市栖霞区文苑路9号南京邮电大学

邮政编码:210023

电子邮箱:1124841536@qq.com

姓名:杨彬彬

性别:男

单位:南京邮电大学外国语学院

学历:本科

研究方向:无

通信地址:江苏省南京市栖霞区文苑路9号南京邮电大学

邮政编码:210023

电子邮箱:451533189@qq.com

不定量数量表达作状语的汉日对比研究

——以"少少""多多"为例

A Contrastive Study Between Japanese and Chinese Expressions of Indefinite Quantity: In the Case of "Shaoshao" and "Duoduo"

摘　要:在汉日两种语言中存在着许多像"一个"、「三冊」等表示数量的短语,但同时也存在着像"多多""少少"这样表示不定量的词语。本文通过调查"少少""多多"这两个来源于汉语的词汇在汉日两种语言中的使用情况和区别,探讨了汉日两种语言中数量表达作状语时的相同点和不同点。调查发现,在汉语中,定量表达作状语比较罕见,仅在少数表示动作量的情况下成立。而作为状语使用的不定量表达虽然使用频率较定量表达要高,但通常都只能表示未实现量。与此形成鲜明对照的是,日语中的不定量表达则较少受到限制,作状语时能表现动作量、物量,也能表现实现量和未实现量,与日语中「数量詞」的用法更为类似。

关键词:日语汉语词;状语;数量

Abstract: In both Chinese and Japanese, there are many phrases such as "yi ge" and "san satu" which can express definite quantity, and at the same time there are also some words such as "duoduo" and "shaoshao" to express indefinite quantity. Several studies have reported the differences between Japanese and Chinese expressions of definite quantity. However, studies about expressions of indefinite quantity reminds to be accomplished. Here we reported that expressions of indefinite quantity are used as adverb limitedly in Chinese. Our results showed in a natural Chinese sentence, only when expressions of indefinite quantity express unrealized quantity can they be used as adverb. However, Japanese expressions of indefinite quantity are used widely. Results revealed that although the words "duoduo" and "shaoshao" are coming from Chinese, those words have experienced the Japanese localization deeply.

Keywords: Sino-Japanese vocabulary; adverb; quantity

1　引言

现代汉语和现代日语中都有许多表示数量的数量短语。例如(1)a中的"三本"和例句(1)b中的「三冊」①都是表示书本数量的数量短语。②

（1）a. 我买了三本书

　　b. 本を三冊買った。

同时，在汉语和日语中都存在着一些带有数量意义的其他词语。例如汉语中的"多多""许多""若干"、日语中的「多々」「多数」等。如果简单比较"少少"和"多多"在汉日两种语言的词典义，我们可以发现这两个词在两种语言中有相近的意义，都可以表示数量和程度。"多多"表示的是较大的程度和数量，而"少少"表示的是较小的程度和数量③。然而，"少少"和"多多"这两个词的实际使用情况却是大相径庭的，在汉日两种语言中有着完全不同的用法。

（2）a. 少々の塩。/少少的盐。

　　b. 塩を少々加える。/? 少少地加一点盐。

　　c. 塩少々。/*盐少少。

　　d. 塩は少々。/*盐是少少。

　　e. 問題が多々あった。/*问题多多有了。

在日语中，「少々」的用法类似于「数量詞」，可以出现在名词之前作定语，在动词之前作状语，也可以出现在名词之后。然而，汉语中的"少少"没有这样多样的用法，主要是作为定语来使用，很少作为状语来使用。"多多"与"少少"一致，汉日两种语言也有着截然不

---

① 正文中为区别汉语表达和日语表达，汉语表达使用" "来表示，日语表达使用「 」来表示，例如「多々」指的是日语中的「多々」(tata)。而" "也可以表示中日两种语言中的表达。例如，"如果简单比较'少少'和'多多'在汉日两种语言的词典义，我们可以发现这两个词在两种语言中有相近的意义"，这一句中的"少少"和"多多"就不特指汉语中的"少少"和"多多"，而表示的是汉日两种语言中的"少少"和"多多"。

② 在日语中，这样的词被称为「数量詞」。

③ "少少"和"多多"的词典义请参考第2.1节。

同的用法。尤其是"少少"和"多多"作为状语的用法,在汉日两种语言中有明显的区别。

一般来说,现代汉语中表示数量的数量短语作状语是受到严格限制的,这一点与日语截然不同。例如在例句(3)中,表示书本数量的「三册」出现在了动词「買った」之前,汉语中则需要将数量短语移动到名词之前,如例句(3)a,而不能出现在动词之前,如例句(3)c。然而,表示不定量的带有数量意义的词有时可以出现在动词之前作状语,如例句(4)a。这一点与日语相同,如例句(4)b。但是,值得注意的是,表示不定量的带有数量意义的"少少"和"多多"也不是任何情况下都可以作状语的,如例句(4)c。这一点却是和日语不同的,如例句(4)d。同时,"少少"和"多多"也有不同,"少少"比"多多"更少作为状语来使用。

(3)a. 我买了三本书。

b. 本を三冊買った。

c. *我三本买了书。

(4)a. 你以后要多多地吃蔬菜。

b. 野菜を多く食べてください。

c. *你多多地吃了蔬菜。

d. 野菜を多く食べました。

那么,与日语相比较,表示数量的现代汉语表达什么时候可以作状语呢? 现代汉语的不定量数量表达和日语的不定量数量表达有何区别呢? 目前的研究中对于这一问题的解答是不充分、不完全的。另外,针对"数词+量词"这样的数量短语的汉日对比研究有很多,从程度表达角度分析「少々」「少し」「僅か」的汉日对比研究也有很多。但从数量表达对于"少少"和"多多"这样带有特别数量意义的词汇的汉日对比研究较少。

出于以上两点原因,本文将调查汉日语料库中"少少"和"多多"的使用情况,从用法、出现形式、共现情况等角度分析汉日两种语言中不定量数量表达的区别。在此基础上,明确两种语言的数量表达作状语的相同点和不同点。

2　研究综述

2.1　"少少"和"多多"的词典义

比较汉语和日语相关词典对于"少少"和"多多"这两个词的记载,我们可以发现在词典中,"少少"和"多多"的汉日语义是十分相近的。

しょうしょう　セウセウ【少少・小小】【名】(漢語「少」を二つ重ねたもの)

①数量や程度がわずかなこと。副詞的にも用いる。わずか。少しばかり。ちょっと。②なみなみであること。普通。なまなか。(①表示数量和程度的微小。可作为副词使用。稍稍,一点点。②普通。平凡。)①

(『日本国語大辞典』第二版)

　少少

　①不久。《墨子·非攻下》:"少少有神来告曰:夏　德大乱,往攻之,予必使汝大堪之。"②很少。《后汉书·度尚传》:"所亡少少,何足介意!"……③稍微。……清　蒲松龄《聊斋志异·贾儿》:"儿微启下裳,少少露其假尾。"④轻视年少者。《管子·小问》:"……管仲曰:'非婢子之所知也。'婢子曰:'公其毋少少,毋贱贱。'"

(《汉语大词典》)

　　"少少"在日语中的词义①与汉语中的词义②③是相近的,都表示比较少的数量和较小的程度。另外一边,"多多"在日语中的词义①和汉语的词义也是极相近的。

　たた【多々】【名】(副詞的にも用いる)

　①(形動)数の多いさま。沢山。大層。多く。②多ければ多い程。(①表示数量多。多数。②越多越……)②

(『日本国語大辞典』第二版)

　多多

　极言其多。汉　扬雄《法言·问神》:"书不经,非书也;言不经,非言也。言书不经,多多赘矣。"

(《汉语大词典》)

　　因此,不少学者在整理汉日同形词时,常把"少少"和"多多"当作意思用法相同的汉日同形词,却很少涉及它们的不同。

---

① 中文译文为笔者自译。
② 中文译文为笔者自译。

2.2　数量表达的汉日对比研究

关于由数词和量词组成的数量短语,许多研究探讨了它们在汉日两种语言中的对应关系,而对于表示不定量的数量表达,这样的探讨则很少。之前的研究已经指出,除了充当谓语成分的数量短语外,在日语中「数量詞」有4种利用形式:

①Q∕NC型「5本の鉛筆を削る」(神尾,1978)

②NQC型「鉛筆5本を削る」(奥津,1983)

③N∕QC型「鉛筆の(中の)5本を削る」(奥津,1983)

④NCQ型「鉛筆を5本削る」(奥津,1983)

其中,Q代表数量短语,N代表名词,C代表格助词。也就是说,在日语中,数量短语可以出现在名词前、名词后或者动词前,具有多种使用形式。

陳力衛(2007)和范喜春(2014)针对这4种使用形式分析其各自对应的汉语句型。陳力衛(2007)针对表示物量的数量短语进行分析,认为日语中的NCQ型(数量短语充当状语)只能与汉语中的qn型(数量短语充当定语)相对应。也就是说,陳力衛(2007)认为表示物量的数量短语在汉语中无法充当状语,只能充当定语。这展示了汉语与日语的一个重大的不同,现代汉语中表示数量的数量短语不再像古代汉语一样能前置于动词,产生后置的效果。

范喜春(2014)则依靠语料库的数据,调查了对译文学作品当中数量短语的使用状况。范喜春(2014)指出数量短语在两种语言中不仅能表示数量,也能表示属性、频率、次序等。范喜春(2014)进一步指出,不仅是NCQ型,日语中的4种表现方式在汉语中最为自然的译文句型都是汉语的qn型,即数量短语出现在名词之前作定语。

针对日语的NCQ型(数量短语作状语)相对应的汉语句型,范喜春(2014)调查语料库的结果为:日语的NCQ型与汉语的qn型、q的n型、qv型、sq型和vq型等6种形式相对应[n代表名词,q代表数量短语,v代表动词,s代表"是"(谓语句)]。也就是说,日语中的NCQ型在汉语中对应多种句式。

但是,若仔细观察汉日两种语言数量短语作状语的使用状况,则会发现数量短语受到很大的限制。根据范喜春(2014)的调查,日语的NCQ型能与汉语的状语句(vq型)对应的例句,只有以下这一例。

(5)a. 今年の春から夏にかけ、僕は戸坂道路を三度往来して、三度とも上質の石炭が山と積まれているのを見た。

(井伏鱒二『黒い雨』,转引自范喜春,2014:55)

  b. 从今年春天到夏天,我三趟来往于去户坂的路上,三趟都看到优质煤堆得像山
   一样高。

  表示次数、频率的"三趟"出现在动词"来往"之前。这样的例子极为少见,在范喜春(2014)的调查中只出现了1例。然而,范喜春(2014)基本只停留于现象的观察和总结,并没有解释何种数量表达可作状语,何种数量表达不能作状语。

  我们可以发现对于例句(5)b这样的句子,如果去掉"来往于去户坂的路上"之后的内容,只表示"我"有3次来往于户坂的经历,也就是说将例句(5)b改写成例句(6)a的话,例文的流畅程度就会大受影响,在汉语中不自然、不通顺。相较而言,例句(6)b会是更为常见和流畅的使用方式。

  (6)a. ? 从今年春天到夏天,我三趟来往于去户坂的路上。

   b. 从今年春天到夏天,我来往于去户坂的路上三趟。

  事实上,范喜春(2014)将例句(7)这样的句子归类为qn型的例句。

  (7)三次考试都合格了。

(范喜春,2014)

  3回の試験は全て合格した。

  考试这个词既可以视为动词,又可以视为名词。在例句(7)中,范喜春(2014)将考试视为名词,其实例句(7)和例句(5)b拥有同样的结构,即"频率数量名词+事件+对事件的描述"。如果去掉了对事件的描述"都合格了","三次考试"则不成文。同样地,在例句(5)b这样的句子当中,虽然表事件的部分"来往于去户坂的路上"较长,但在结构上与被视为qn型的例句(7)是一致的。在某种程度上,我们可以说例句(5)b中的"来往于去户坂的路上"这一部分与"三次考试"中的"考试"承担的是同一种功能。"来往于去户坂的路上"是主题化、名词化的,才让例句(5)b这一特殊的例句成立。作为证据,去除掉对事件的描述部分("三趟都看到优质煤堆得像山一样高")的例句(6)a在汉语中,就不是一个自然流畅的句子。

  也就是说,表示频率(动作量)的数量短语在极为特殊的情况下可以出现在动词之前。而范喜春(2014)只罗列出了这样的调查结果,而没有对这样的特殊情况加以详尽的分析。与数量短语不同,"少少"和"多多"这两个不定量的表数词汇则可以出现在状语当中表示动作量,而不用采用"频率数量名词+事件+对事件的描述"的结构。

  (8)多多学习才能成功。[①]

---

① "多多学习才能成功。"该句为笔者造句。在本文中,没有标明引用出处的例句皆为笔者造句。

(9)我当然并未一一通读,只是凭着做编辑的经验,少少一翻就明白了这些完全是用
　　"三突出"的方法生产出来的标准公式化。

(《读书》014)

　　在汉语研究中,罗耀华(2017)采用了对比论证的方法,阐述了汉语中数量结构作状
语受限制的状况。其限制为数量结构只有在表状态、表趋向、带"了"字及内含结果完成
意义的情况下才能够出现在动词之前作状语。

(10)a. 黑人士兵拒不服从命令,反而一拥而上,把宪兵围住,还有人<u>一拳打倒</u>一个
　　　　宪兵。

(《当代世界文学名著鉴赏词典》,转引自罗耀华,2017:7)

　　　b. 扁鹊仔细观察太子尸体,然后取出针具,在太子头顶上找准穴位扎针。<u>一针
　　　　下去</u>,便听见太子咳了一声,接着微微睁开双眼。

(《中国儿童百科全书》,转引自罗耀华,2017:12)

　　　c. 警察,就更不用说了。有人袭警,在美国可以<u>一枪毙了你</u>,中国行吗?

(杨恒均博客,转引自罗耀华,2017:16)

　　罗耀华(2017)认为"一拳打""一针下""一枪毙"这样的说法在汉语中都是不成立的。
"打倒"说明的是"动作状态的实现",从"打"到"打倒"代表了从动作的发生到动作状态的
完成。带"了"字和使用表趋向的"一针下去"都与"打倒"类似,都内涵了动作完成的意
义。这在一定程度上,解释了数量结构在何时能够充当状语这一问题。然而罗耀华
(2017)也有一些没有能够充分分析的部分。举例来说,罗耀华(2017)所使用的例句中的
数量结构都表达的是动作量,而没有涉及物量。"一拳打倒"中的"一拳"指的是出拳这个
动作进行一次,"一针下去"中的数量"一"指的也不是动作中涉及的物品数量,而是指注
射器推注这个动作进行了一次。针对现代汉语中大量出现的表达物品数量的数量短语,
罗耀华(2017)没有进行充分的分析;同时,针对像"少少"和"多多"这样表现不定量的数
量表达方式也没有进行充分的说明。

　　本文将从与数量短语对比的角度出发,归纳分析汉日两种语言数量表达作状语时的
区别。

2.3　数量概念与分类

李宇明(2000:73)将数量进行了整理,结果如图1所示。

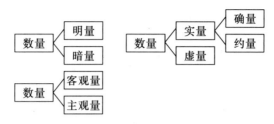

图1　数量概念与分类

明量指的是"用数量词语表达的量",暗量指的是"没有使用数量词语表达的量",实量指的是"实实在在的量,量中不含虚说",又可以分为确量和约量,虚量指的是"不真实的量"(李宇明,2000:73)。

本文基本承认李宇明(2000)对于数量的分类,在实际的例句分析中也将使用这些概念。

3　研究方法

3.1　语料库分析

本文为了调查"少少"和"多多"在现代汉语和现代日语中的使用情况,使用了北京大学汉语语言学研究中心的数据库(以下简称CCL)和『现代日本語書き言葉均衡コーパス』(以下简称BCCWJ)。

在各个数据库的检索条件如下:

检索条件:少少。

资料库:现代汉语资料库(当代与现代)。

检索条件:多多。

资料库:现代汉语资料库(当代与现代)。

检索条件:語彙素:少々。

资料库:全资料库,非コア。

检索条件:語彙素:多々。

资料库:全资料库,非コア。

实际上,在搜索结果中很难避免以下这种偶然发生了"少""多"的重叠,但其实不作为"少少""多多"来使用的例子。

(11)运力随时根据市场变化调整,客多多飞,客少少飞。

(新华网2003年6月)

在下文的分析中我们将不考虑类似例句(11)这样明显不属于"少少""多多"的例子。

3.2 例句数量

首先,在经过初步整理之后,从CCL得到的"少少"的例句有709例,"多多"有4551例,从BCCWJ得到的例句分别是「少々」3643例和「多々」622例。

为避免数据库规模不同造成的对于例句数比较结果的影响,本文采用"例句数/百万字"(「百万語あたり」)这一概念来描述汉日两种语言中"少少"和"多多"的使用频率。

表1 "少少"和"多多"的使用频率

单位:百万字

	汉语	日语
多多	3.88	5.51
少少	0.61	32.58

可以看到,汉语"多多"的使用频率和日语「多々」的使用频率是相近的,然而在日语中大量使用的「少々」,它的同形词"少少"在汉语数据库的使用频率却是极低的。

但是,在从各个数据库得到的例句中,"少少""多多"的意义和用法不尽相同。我们可以从词典对"少少"的解释看到,"少少"可以被用来指称年轻人(例如:老老少少)。而此种意义的"少少"不能表示数量或者程度,与本文想要探讨的问题相离甚远,所以本文对于指称年轻人的"少少"不做更多的分析和讨论。

(12)全村男男女女、老老少少,提着筐篮,扛着棍杆。

(路遥《平凡的世界》)

与此相类似的,还有在日语和汉语中表示"越多越……"的"多多",在汉语中表示"不久"的"少少",在日语中表示"普通"的「少々」。我们在下文中不再探讨具有这些词义的例句。

同时,汉语中存在像"许许多多""多多少少"这样的AABB型的例句。但是,日语则不具备这样的使用形式。因此,为了能够更好地对比汉日语中的"少少"和"多多"的使用状况,虽然在使用形式上,与其他叠词共同使用是汉语的显著特点,但我们也不在后文中过多分析只在汉语中使用却在日语中无所见的"许许多多""多多少少"等例句。按照上述讨论的对搜集到的例句进行整理,得到表2和表3。

表2 "少少"和"多多"的例句数(汉语)

单位:例

	少少	多多
总例句数	709	4551
非程度和数量意义例句数	207	177
叠词AABB例句数	473	3012
程度和数量意义例句数	29	1342

表3 「少々」和「多々」的例句数(日语)

单位:例

	少々	多々
总例句数	3643	622
非程度和数量意义例句数	0	6
程度和数量意义例句数	3643	616

本文主要针对汉语中表程度和数量的1342例"多多"和29例"少少",以及日语中表程度和数量的616例「多々」和3643例「少々」进行分析。从总体数量的简单比较中可以看出,汉语极少使用"少少",大量使用"多多"。与此形成鲜明对比的是,日语使用「少々」的频率远高于「多々」。

我们不难发现,来源于汉语的汉语词「少々」在日语中被大量使用,相反在汉语中则有使用减少的现象。总结来看,在使用频率方面,"少少""多多"在汉日语中有如下2个区别:①汉语极少使用"少少"而大量使用"多多",与日语的使用情况相反;②日语没有汉语AABB型这种叠词的使用形式。

4 分析

4.1 各用法的使用频率

在本节,首先我们将简单比较汉日两种语言中的"少少""多多"在句子中充当各种成分时的使用频率。表4和表5显示了"少少"和"多多"的用法。

表4　"少少"和"多多"的用法（汉语）

单位：例

	少少	多多
定语用法	17	19
状语用法	6	973
谓语用法	4	229
N○○	0	77
补语用法	2	44
总计	29	1342

表5　「少々」和「多々」的用法（日语）

单位：例

	少々	多々
定语用法	202	3
状语用法	1248	598
谓语用法	2	15
N○○	1236	0
N○○CV	936	0
N○○V	19	0
总计	3643	616

　　「少々」不但有作谓语、状语、定语使用的用法，也有以下3种特殊的用法。例句(13)a中「少々」出现在名词之后，在「少々」之后没有出现动词和格助词，在本文中用"N○○"表示。例句(13)b中「少々」出现在名词之后，在「少々」之后出现格助词，在本文中用"N○○CV"表示。例句(13)c中「少々」出现在名词之后，在「少々」之后直接出现动词，在本文中用"N○○V"表示。这也就表示「少々」在日语中的使用已经接近于普通「数量词」，在「数量词」的4种使用形式中已经出现了3种，即Q／NC型、NQC型、NCQ型，没有出现N／QC型。

　　(13)a. 粉チーズ小さじ1　塩少々　パセリのみじん切り少々

　　　　　　　　　　　（安藤久美子・小川聖子『朝がラクになるお弁当』）

　　　b. 春雨を加えて炒め合わせ、ごま油少々を落とす。

　　　　　　　　　　　（河田吉功『名店「文琳」のシンプル・レシピ134』）

c. あんかけにはお酢を少々入れることをお忘れなく……

（「Yahoo！知恵袋」）

汉语中属于主谓结构短语的例子（比如，"困难多多"等），本文也用"N〇〇"来表示。从整体的数量比较中我们可以发现，"少少"在汉语中的使用频率很低，并且主要是作为定语来使用的。为充分说明数量表达作状语时的使用状况，本文也将调查"少数""若干"等不定量的数量表达。

4.2 物量

（14）a. 鼓励孩子们多多食用蔬菜。

　　b. *鼓励孩子们多次食用蔬菜。

　　c. 鼓励孩子们食用多多的（蔬菜）。

举例来说，例句（14）a中的"多多"表达的就是物量，它表示的不是吃蔬菜的频率高低，而是蔬菜的多少。例句（15）也是同样，虽然"多多"没有直接出现在物"麻鞋"的前方，但作状语的"多多"表现的也是物的数量。

（15）五姑姑编成几双麻鞋了？给小丈夫要多多编几双呀！

（萧红《生死场》）

从表6中可以看到，"少少""多多"都可以在汉语中表现物量，而且汉语中的使用形式也是多种多样的。在"少少"的例句中，大多数的"少少"表现的都是物量的"少少"，"多多"中也有很多表示物量的例句，并且相较于作为定语使用的例句，作为状语使用的例句明显较多。

表6　物量的"少少"和"多多"

单位：例

	少少	多多
状语用法	1	259
定语用法	17	15
谓语用法	4	229
N〇〇	0	77
补语用法	1	4

其次，我们将重点观察"少少"和"多多"作为状语使用的状况。首先，"少少"中作为状语使用的"少少"只有1例，这就证明表物量的"少少"受到了较大的限制。在表物量的

分析当中,本文将着重分析"多多"的例句。

(16)a. 水不要加多,少少的煮出来,看上去才有食欲。

(CCL《菜谱精选》)

　　b. 五姑姑编成几双麻鞋了? 给小丈夫要多多编几双呀!

(萧红《生死场》)

从共现的动词来看,例句(16)中出现的动词都表示的是未被实现的动作。例句(16)a中阐述的是菜肴的制作办法,并非表示说话时已经在煮的水很少。也就是说,"少少"表示的量是未被实现的量。虽然表示物品数量的"少少"只有1例,但是从这一句中我们也可以一窥现代汉语对数量表达作状语的限制。例句(16)b也是同样,说话者是希望五姑娘未来能够多多制作麻鞋,这也是一个未实现的物品数量。本文将这种量称为"未实现量"(「未実現量」)。而在描述物量的情况下,作状语的"多多"无法和表示"实现量"(「実现量」)的动词共现。

(17)a. ? 昨日多多地喝了水。

　　b. 昨日喝了多多的水。

　　c. 明天要多多地喝水。

　　d. 明天要喝多多的水。

作定语时,例句(17)b和例句(17)d并不受到是否是未实现量的影响,都可以成为自然流畅的句子。而作状语时,表示明天动作的量的例句(17)c在汉语中是成立的,表示已经发生的量的例句(17)a则较不自然。"少少"和"多多"表示的都是约量,而表示确量的数量短语在表物量时,无论是实现量还是未实现量,都不能作状语来使用,如例句(18)a和例句(18)c。

(18)a. *昨日1000毫升喝了水。

　　b. 昨日喝了1000毫升水。

　　c. *明天1000毫升喝水。

　　d. 明天喝1000毫升水。

同时,我们可以观察到作为定语的数量短语及"少少""多多"都不受到实现量和未实现量的影响。根据确量、约量、实现量、未实现量4个指标来分类的话,上述例句可以如表7和表8分类和整理。

表7　确量、约量、实现量和未实现量

	实现量(实现量+)	未实现量(实现量−)
确量(确量+)	例：例句(18)a	例：例句(18)c
约量(确量−)	例：例句(17)a	例：例句(17)c

表8　实现量和未实现量(汉语物量)

单位：例

	少少		多多	
	实现量	未实现量	实现量	未实现量
状语	0	1	0	259
定语	7	10	8	7
谓语	2	4	78	141
N○○	0	0	31	46
补语	1	0	4	0

　　从上述对于表物量的例句的整理中我们可以看到,在汉语中只有表示未实现量·约量的"多多"可以作为状语来使用。同时,由于表达物量的"少少"在汉语中只有一个例子,因此为验证在汉语中是否只有表示未实现量·约量的数量表达可以作为状语来使用,本文也在CCL中调查了"少"作状语的使用状况①。在CCL所见的例句当中,表物量的"少"几乎表达的都是未实现的量。

　　(19)a. 爸爸,春节应酬少喝酒。

（新华社2003年1月）

　　　b. 随着生活水平的日益提高,在餐桌上常会听到这样的话:"要少吃饭,多吃菜,因为饭没有营养,营养都在菜里。"

（中新网2009年9月）

　　在例句(19)a中,"少喝酒"是对春节期间饮食的希望,而不是已发生的事实。例句(19)b也是同样,"少吃饭"并不是已经发生的动作。这说明在汉语中,既表达物量又作为状语来使用的情况受到了较强的限制。

　　在日语中,「少々」「多々」也常用于表示事物的数量。例句(20)和例句(21)都是表物

---

① 在CCL中使用模式搜索模式,搜索式为"少(V,=1)"和"少(V,=2)"。在搜索结果中找寻属于"少"作状语的例句。

量的例子。

(20)そのときその瞬間の思いがけぬ"偶然"によって、生死が分かれる場合さえ多々あった。

(李浩哲『南のひと北のひと』)

(21)今夜は簡単おでんと餃子がメインです。あとはお野菜料理。おでんは練り物多々。

(「Yahoo！ブログ」)

表9　表物量的「少々」和「多々」

单位:例

	少々	多々
状语	523	597
定语	202	3
谓语	2	15
N○○	1236	0
N○○CV	936	0
N○○V	19	0

「多々」在日语中的使用形式极为有限,超过90%的例句都是与表示存在的动词「ある/いる」共现,作状语使用的。虽然出现在状语位置上,但表达是主语名词的数量之多。虽然也出现以下这样不与「ある/いる」共现的例子,但这些例子大多都出现在「Yahoo！ブログ」「Yahoo！知恵袋」等网络语言当中,还不是一个稳定、固定的用法。

(22)a. だんごの兄弟のはずですが、多々な種類が紛れ込んでおります。

(「Yahoo！ブログ」)

b. 今や多々な税金でもまかなえなくなった国が最後に取った手段として……

(「Yahoo！知恵袋」)

如果从确量、约量、实现量、未实现量4个维度来考虑的话,「少々」和「多々」无论和已经完成的动作共现还是未完成的动作共现都不影响其作为状语使用。在例句(23)a和例句(23)b中,无论盐是已经加入还是没有加入,句子的成立都不会改变。同样的情况也出现在「多々」中,无论是已经存在的事物还是未来可能存在的事物的数量,都可以用出现

在状语位置的「多々」来修饰。

（23）a. 塩を少々/1mg入れる。

　　　b. 塩を少々/1mg入れた。

　　　c. 未来に、困難が多々/3件あると思う。

　　　d. しかし、問題が多々/3件あった。

　　也就是说，表示物量的"少少""多多"，在汉语中可以作定语、谓语和状语，而在日语中则有更多的使用形式。表物品数量的数量表达作状语这一用法，在汉语中受到的限制较大，只有约量·未实现量两者皆满足的情况下才能作状语。而在日语中是否是约量、是否是未实现量，并不能影响它能否作状语使用。

4.3　动作量

　　本文将表示事件动作发生的次数、动作作用的时间、动词造成的变化的多少都视为动作量。

（24）a. 今后多多参与他们的节目。

　　　b. 多多休息，好好照料，很快就会好的。

　　　c. 以后还希望你多多指教。

　　在例句（24）a中，"多多"表示的并不是他们的节目有很多档，也不是希望多人参与他们的节目，而是一个人多次参与他们的节目。这样的例句，我们认为是表示频率的例句。在例句（24）b中，"多多"表示的是休息这一动作持续的时长，而在例句（24）c中，"多多"表示的是说话者希望能够被教导的内容的多寡，也是动作量的一种。

　　在CCL的调查中，并没有发现"少少"表示频率和时间量的例句，然而我们发现了表示动作内容量的例句，如例句（25）。

（25）胸中塞满了过多的积郁，不少少倾吐就不痛快。

（《读书》054）

　　在例句（25）中，"少少"表现的是倾吐的话的量，是因倾吐这一动作的成立，胸中积郁发生了变化。也就是说，这个例句中的"少少"也可以被视为动作内容量。总体来说，表示动作量的例句数如表10所示。

表10 表动作量的"少少"和"多多"

单位:例

	少少	多多
状语	2	546
定语	0	0
谓语	0	0
补语	0	40

我们可以在汉语的"少少"和"多多"的使用中看到和表物量的"少少"和"多多"相同的倾向。从确量、约量、实现量、未实现量4个角度来看动作量,我们可以看到作为定语使用时,并没有对量的性质有要求,而作为状语使用时,表示约量的"多多""少少"只能在表示未实现量的前提下使用,而表示确量的数量表达却可以不受是否是实现量这一限制(见表11)。

(26)a. 今后要多多录制节目。

   b. 今后录制多多的节目。

   c. *昨天多多录制了节目。

   d. 昨天录制了多多的节目。

(27)a. 昨天她两口吃掉了整个馒头。

   b. 明天去游乐场,她可以一枪射穿气球。

表11 实现量和未实现量(汉语动作量)

单位:例

	少少		多多	
	实现量	未实现量	实现量	未实现量
状语	0	2	0	546
定语	0	0	0	0
谓语	0	0	0	0
补语	0	1	40	0

由于「多々」的共现限制(「多々」常和表存在的动词共现,而不是和动作动词共现),日语中的「多々」相较于「少々」更难有表示动作量的例句。例句(28)中的「少々」表示的是等待这个动作持续的时长不会太久,即表示的是动作持续的时长(动作量)。

（28）少々お待ちください。

（「Yahoo！ブログ」）

表12也反映了这一趋势。从确量、约量、实现量和未实现量4个角度来看日语的动作量，我们可以看到和表物量的「少々」和「多々」具备相同的倾向。无论是未发生的动作量，还是已经发生的动作量，都可以用作状语的「多々」来表现。表13也可以证明日语中的「少々」和「多々」既可以表达完成的动作量，又可以表达未完成的动作量。

（29）a. 少々お待ちください。

　　　b. 表現の視野を少々広げた。

（E&Cプロジェクト『バリアフリーの店と接客』）

表12　表动作量的「少々」和「多々」

单位：例

	少々	多々
状语	129	0

表13　实现量和未实现量（日语动作量）

单位：例

	少少		多多	
	实现量	未实现量	实现量	未实现量
状语	57	72	0	0

4.4　程度

我们可以看到，"少少"和"多多"都有表示程度的例句。在例句（30）a中，"多多"表示的并不是有很多事情需要殿下的原谅。更为准确的解释是，在一件事情上，"我"对殿下有很深的歉意。同样，例句（30）b中的"少少"描述的是寂寞的程度。

（30）a. 请殿下多多原谅。

　　　b. 读书而非求之于千年前的古典不可，岂不少少觉得寂寞吗。

（《读书》095）

　　　c. 香港回归祖国5年来，港人对内地电视剧的接受程度，由起初的"少少排斥"，
　　　　　到现在的"倾力欣赏"……

（新华社2002年）

表14显示了在汉语数据库中表程度的"少少"和"多多"的使用状况。我们可以发现

与表示数量的"少少"和"多多"相比,表示程度的"少少"和"多多"数量少。从共现成分来看,汉语中的"少少"和"多多"只在很少的情况下与像"寂寞"这样的形容词共现,而在更多的情况下是与"原谅"这样的动词共现。

表14　表程度的"少少"和"多多"

单位:例

	少少	多多
状语	3	167

关于「多々」作为表程度的词来使用的例句,可以看到几个像例句(31)这样的例子。但是如同上文所述,「多々」的共现十分受限,例句(31)这样的例子也只出现了1次,即使出现也是在网络平台上。这样的例子并不能说明日语中的「多々」已经具备了表程度的用法。

(31)さて、多々おかしいですね。

(「Yahoo！知恵袋」)

而日语中的「少々」则可以与多种词语共现,表示程度的意义。例句(32)a中的「少々」与形容词共现,表示小程度。例句(32)b中的「少々」虽然与动词共现,但既不表示动作持续的时长,又不表示动作发生的频率,表示的是说话人的疲劳程度。

(32)a. 中学生の小遣いでは、少々きつかったようだ。

(VANDA『林哲司全仕事』)

b. 私は、少々疲れました。

(北杜夫『夢一夜・火星人記録』)

从表15中可以发现,与汉语不同,日语的「少々」常被用来表示程度意义,「多々」则几乎不能表示程度意义。这与汉语是完全相反的。

表15　表程度的「少々」和「多々」

单位:例

	少々	多々
状语	596	1

5　结语

本文整理了汉日同形词"少少"和"多多"在现代汉语和现代日语中的使用情况,发现即使是由汉语传入日语的"少少"和"多多",两者在两种语言中也有明显的差别。简单从使用频率上看,在现代汉语中,"少少"已经很少使用,而在日语中,「少々」成为表达物品数量稀少的主要表现形式之一。

表 16　不定量数量表达作状语的使用情况①

	少少		多多	
	汉语	日语	汉语	日语
物量	△	○	○	○
动作量	△	○	○	×
程度	△	○	○	×

其次,针对数量表达作状语的问题,通过对"少少"和"多多"的对比我们发现,汉语中只有未实现的约量才能作状语使用,已实现的约量则不能作状语使用。同时,确量在表达物量时不能作状语来使用,但在表示动作量时不受是否是实现量这一变量的影响。日语中则没有这种限制,未实现的约量、未实现的确量、实现的约量和实现的确量都能作状语使用。这在一个侧面上,体现了两国语言在状语用法上的区别,即日语中的状语(「连用修飾表现」)用法要比汉语的状语用法更宽泛。

针对表示不定量的数量表达,本文只调查了具有中日同形特点的"少少"和"多多"两词。尤其是"少少"在现代汉语中可供分析的例句较少。事实上,无论是汉语还是日语,都具备更丰富的数量表达形式,今后笔者将进一步扩大调查范围来验证本文得出的结论。

参考文献

陈小荷,1994. 主观量问题初探:兼谈副词"就"、"才"、"都"[J]. 世界汉语教学(4):18-24.

李宇明,2000. 汉语量范畴研究[M]. 武汉:华中师范大学出版社.

罗耀华,2017. 数量结构做状语的制约机制考察[J]. 云南师范大学学报(对外汉语教学

---

① △表示例句数量较小。

与研究版)(4):66-73.

奥津敬一郎,1969. 数量的表現の文法[J]. 日本語教育(14):42-60.

奥津敬一郎,1983. 数量詞移動再論[J]. 人文学報(160):1-24.

奥津敬一郎,1986. 日中対照数量表現[J]. 日本語学,5(8):70-78.

奥津敬一郎,1996. 連体即連用?(3)数量詞移動 その一[J]. 日本語学,15(1):112-119.

神尾昭雄,1977. 数量詞のシンタックス[J]. 月刊言語(9):83-91.

陳力衛,2007. 数量表現における中日両国語の対照研究[C]//彭飛. 日中対照言語学研
究論文集:中国語からみた日本語の特徴、日本語からみた中国語の特徴. 大阪:和泉
書院:185-202.

范喜春,2014. 日本語と中国語における数量表現の対照研究:形式と意味の観点から
[D]. 宇都宮:宇都宮大学.

作者简介

姓名:蔡嘉昱

性别:女

单位:南京航空航天大学外国语学院

学历:博士研究生

职称:讲师

研究方向:汉日词汇对比研究

通信地址:江苏省南京市江宁区胜太西路169号南京航空航天大学外国语学院1012信箱
（东区）

邮政编码:315040

电子邮箱:caijiayu0511@outlook.com

句式研究

授予补助动词句式的汉日对比研究[*]

——以恩惠性为中心

A Contrastive Study on the Benefactive and Motion Auxiliary Verb Constructions in Japanese and Chinese: Focusing on Beneficiency

赵蓉俊子

摘　要: 本文主要阐明日语授予补助动词结构「Vてあげる(やる)」句式与汉语的"V给"句式、"给V"句式之间在句法结构和语义上的差异。两种语言的差异主要体现在插入元素、人称限制、V_1 和 V_2 的空间指向性,以及 V_2 的省略等方面。本文从恩惠性出发,考察了施惠者的意图,探求汉日在表达恩惠、非恩惠或自恩惠时存在的差异。结果显示:①日语的「Vてあげる(やる)」句式作为一种恩惠性的表达形式,比汉语的"V给"句式更完整;②"给"的补助动词性比「あげる」强;③在表达自我恩惠时,日语「Vてあげる(やる)」句式与汉语的"V给"句式、"给V"句式之间存在不对应的关系。

关键词: 授予补助动词句式;句法结构;语义;恩惠性;受惠方的意图;补助动词性

Abstract: This paper clarifies the differences in the syntactic and semantic features between the Japanese auxiliary verb construction Vte-ageru and the Chinese constructions Vgei and geiV. The differences between the two languages are mainly reflected in the insertion of elements, the restriction of personification, the spatial directionality of V_1 and V_2,

* 本文是基于笔者2022年1月30日日本国立国语研究所共同研究课题「対照言語学の観点から見た日本語の音声と文法」Prosody and Grammar Festa 6的发表稿撰写而成的。本文在修改之际,收到了《汉日语言对比研究论丛》的两位专家审稿者及编辑委员会许多建设性的意见与建议,在此谨向各位专家表示诚挚的谢意。本文中没有注明出处的例句均为笔者的内省,并且所有例句都经过多名日语母语话者及日本新潟大学江畑冬生教授的判断与检查,以力求例句和语言的典型性和真实性。

and the omission of V_2. This paper examines the intentionality of the giver in terms of favours and explores the differences between Japanese and Chinese in expressing other-benefactive, malefactive, and self-benefactive. It is concluded that (a) the Japanese Vte-ageru form is more complete as a form of expression of benefactive than the Chinese Vgei form. (b) The auxiliary verb gei is stronger than ageru. (c) There is a mismatch between the Japanese Vte-ageru and the Chinese Vgei and geiV form in the expression of self-benefactive.

Keywords: benefactive auxiliary verb constructions; syntactic structure; semantics; beneficiency; volitionality of giver; auxiliary verbality

1　引言

在现代日语中,有一些句式使用「動詞テ形-補助動詞」的形式,如例句(1)中的「読んであげる」。与日语类似,现代汉语中也存在诸如例句(2)和例句(3)中的"借给"、「貸してくれる」、"给……买"、「～に買ってあげる」这一形式的"给V"及"V给"句式。

(1)娘に絵本を<u>読んであげた</u>。

(2)他<u>借给</u>我钱。(彼はお金を<u>貸してくれた</u>。)

(3)小刘<u>给</u>小王<u>买</u>了一本书。(劉さんは王さんに本を<u>買ってあげた</u>。)

本文将日语中如「読んであげる」这一由先后两个动词连接,前项动词为基本动词,后项动词为补助动词的句子定义为补助动词句式。同时,本文将表示授受关系的动词「あげる(やる)」「くれる」「もらう」作为补助动词的用法形式称为"授受补助动词",而「Vてあげる(やる)」句式因其主语为恩惠行为的授予者,所以称之为"授予补助动词句式";将汉语中的"送给"称为"V给"句式,将"给……买"这一类型称为"给V"句式。

本文将从句法结构和语义层面探讨日语「Vてあげる(やる)」句式与汉语"V给"句式、"给V"句式的差异性与特征。第二节主要概述关于汉日授予补助动词句式的相关研究及问题点。第三节从句法结构和语义层面对比日语授予补助动词句式与汉语"V给"句式、"给V"句式的差异性与特征。第四节从恩惠性的角度出发,分析日语授予补助动词句式表示恩惠、非恩惠及自我恩惠的用法,并归纳与日语相对应的汉语表达方式。第五节对本文进行总结概括。

2　关于汉日授予补助动词句式的相关研究及问题点

　　本节将主要概述关于汉语授予补助动词句式的相关研究，并阐述本文的立场。近年来，有关日语授予补助动词的研究蓬勃发展，主要有山田（2004a）、益冈（2013，2017）、早津（2017，2019）等，还有不少关于汉语"V给"句式的研究（例如：沈家煊，1999；张国宪，2005；楊凱栄，2018；等等），以及"给V"句式的分析（例如：石毓智，2010；木村，2012；成戸，2016；等等）。此外，汉日对比角度的研究成果主要有井上（2011）、澤田（2014）等；日语教育角度的研究有王燕（2006）等。

2.1　日语中关于授予补助动词的相关研究

　　首先，三宅（2015）认为补助动词是一个特定的动词，「補助動詞とは、『いる』等の特定の動詞が、他の動詞の『テ形』に後接し、意味を抽象化して、機能語的にふるまうようになったもののことを指し、『テ』と後接の動詞は完全に一語化しているわけでなく、『ている』のような『て』と後接動詞との構造体は、複雑述語ではあるが、複合動詞ではない」（三宅，2015：1）。本文根据三宅（2015）中关于补助动词的定义来进行考察。

　　关于句法结构方面的研究，山田（2004a：29-31）指出「直接ベネファクティブ①（直接構造）とは、事態に含まれる動詞の項が受益者となる文であり（『田中は私に本を売ってくれた』）、間接ベネファクティブ（間接構造）とは、事態の直接的な参与者ではない者が受益者となる文である（『田中は私のために走ってくれた』）」。

　　从恩惠性的角度来看，益冈（2013：34）认为「授与動詞『アゲル（ヤル）・クレル・モラウ』に備わっている恩恵性が恩恵構文に受け継がれる」。其次，根据益冈（2017）的研究，「野菜が値下がりしてくれた」这样的事态对于受事来说有受益的含义。本文将在相关研究的基础上，从句法结构和语义层面对日语授予补助动词句式的特点，以及表示恩惠、非恩惠和自我恩惠等情况进行考察，从新角度诠释汉日两种语言授予补助动词句式的特点及差异性。

　　最后，从句法结构和语义层面，早津（2017：14）指出「『シテヤル文・シテクレル文』は動作主体である主語から他者へ恩恵を与えることを表し、『シテモラウ文』は動作主

---

① 山田（2004a：2）将「動詞に後接するテヤル、テクレル、テモラウ等の補助動詞形式、及びその待遇的バリエーシュン」称为「ベネファクティブ」（benefactive）。

体ではない主語が話し手以外の他者から恩恵を受けることを表す」。早津(2019)提出「主語と補語のどちらが動作主体か、主語と補語のどちらが恩恵の与え手でどちらが受け手かという点から、授与補助動詞文と使役文によって表現される恩恵授与性①を記述している」。

2.2　汉语中关于"V 给"和"给 V"句式的相关研究

汉语的"V 给"句式主要分为两种形式。一种是"给"成为前置词,放在 V 后面,比如张国宪(2005)指出"他送给我一瓶好酒"是把"他送一瓶好酒给我"中的"给我"前置演变而来的。另一种是把"V 给"作为一个整体再加上宾语的形式。例如,沈家煊(1999)认为"V给"句式几乎是一个复合动词。再比如,邵敬敏(2009:4)认为根据"V 给"句式中的 V_1 和"给"之间能否插入"了 $_1$",来判断 V_1 和"给"是一个整体还是两个动作。本文认为"V 给"是一个整体,应当看作授予补助动词来处理。从语义的角度来看,楊凱栄(2018:240)认为「"V给"構文が授与だけを表し、恩恵や受益を表さない」。木村(2012)认为如例句"我给她好好儿干活儿"(私は彼女のためにしっかり働く)中的"给",除了引出具体物的受领方外,还有引出恩惠及利益的受领方的作用。而对于"给 V"句式,石毓智(2001)认为"给"在动词前时强调动作的受益者,而在动词后强调的是事物的运动过程和终点。

2.3　汉日对比中关于授予补助动词的相关研究

井上(2011:40)认为「中国語には、『请』のほか、『X 让(讓)YV』(X が Y に V させる)、『X劝(勸)YV』(X が Y に V するよう勧める)、『X 帮(幇)YV』(X が Y が V することを助ける)など、他者に動作をさせることを表す動詞はあるが、他者の動作により利益を受けることを表す動詞はない。そのため、中国語には『V てもらう』に直接対応する表現は存在しない。依頼の意味のない受益文を中国語に訳す場合は、能動文、あるいは『受ける+動作を表す名詞』の形の迂言的受動表現を用いる」。澤田(2014)把日语授予动词句式「V+てくれる/てやる(てあげる)」分别从「物の授与性」「主語名詞句の恩恵を施す意図」「前項動詞のクラス」「授与動詞が取る項の数」这 4 个角度进行分类,并与汉语的"V 给"进行了对比。王燕(2006)从语义扩张的角度出发,把日语授受补助动词句式的语义分为基本语义(「基本的な意味機能」)和派生语义(「派生的な意味機能」),她认为汉语授受动

---

① 早津(2019:8)提出以下观点:「3 種の授受文の主語の恩恵授与性については、V-テヤル文と V-テクレル文は主語が恩恵の与え手、V-テモラウ文は主語が恩恵の受け手であり、これは授受文の文法的な性質である。」

词不具备日语授受动词的「待遇性」「方向性」「恩惠性」「立場性」,并且授予表现是日语独特的表达形式,汉语中与之相对应的语法表现形式是不存在的。而成戸(2016)指出"给·N+V"与「N·ニ/ヲVする」「N·ニVテアゲル/テクレル」的对应关系是成立的。

本小节我们概述了关于日语和汉语授予补助动词的相关研究,其问题点如下:

①研究对象单方面局限于日语的授予补助动词句式或汉语的"V给"句式、"给V"句式,关于日汉对比研究的探讨为数不多。

②以往关于汉日两种语言授予补助动词的研究,多是单从句法结构或语义层面进行分析,没有同时涵盖两个层面。

③没有从恩惠性角度出发的汉日对比研究。

3 汉日授予补助动词句式在句法结构和语义层面上的对比

本节主要从句法结构和语义层面对汉语的"V给"句式、"给V"句式与日语的「Vてあげる(やる)」句式进行考察,以揭示两种语言的差异性与特征。

3.1 汉日授予补助动词在句法结构层面上的对比

本节将从句法结构层面阐述"V给"句式、"给V"句式与「Vてあげる(やる)」的差异性。首先,在"V给"句式中,V_1和V_2之间可以插入其他句法元素(本文用"-插入元素-"来表示)。如例句(4)b所示,名词短语句介入前项动词"送"和"给"之间,语义与"V给"句式大致相同,但信息结构(已知/未知信息)与时态不同。例句(4)a中的"她"是已知信息,"两块糖"是未知信息;而例句(4)b中的"两块糖"是已知信息,"她"是未知信息。

(4)a. 我送给她两块糖。(私は彼女に二粒の飴を送ってあげた。)

b. 我送-两块糖-给她。(私は二粒の飴を彼女に送ってあげる。)

另外,如例句(5)所示,结构助词"的"、可能补语"得"、助词"了₁"等均不能插入句中。

(5)a. *她借-的-给我一块钱。

b. *她借-得-给我一块钱。

c. *她借-了-给我一块钱。

姬野(2018:5)指出「『やっている』というような補助動詞の間には助詞が介入できる(『やって-は-いる』)」。如例句(6)和例句(7)所示,「Vてあげる(やる)」的V_1和V_2之间允许有像「は」这样的助词插入。而"V给"是否可以插入名词性短语等则取决于V_1的语

义。例句(8)中的「借りる」是[＋獲得]动词,整个句子表示两个事件,即两者之间存在时间先后顺序的连续性。例句(9)也同样表示两个事件,V_1具有[＋作成]语义要素,因此句子成立。

(6)子供が何を言ってるか分からない時は、どう答えてあげますか?私は一生懸命聞い<u>て‐は‐あげる</u>のですが分かりません。

(「Yahoo!知恵袋」)

(7)これを最後に、救いの手を伸べ<u>て‐は‐やる</u>が、それはおまえの母親を思えばこそだ。

(ジョン・コリア『ザ・ベスト・オブ・ジョン・コリア』)

(8)私は金を<u>借りて‐彼に‐あげる</u>。

(9)僕はマフラーを<u>編んで‐彼女に‐やった</u>。

相比之下,使用[＋授与]动词,如例句(10)和例句(11)中的「教える」「売る」则不符合句法。此外,例句(12)中具有[＋授与]语义要素的动词「贈る」与V_2「あげる」有相同的方向性,但在语义上会出现重叠,从而使句子不符合句法。

(10)*先生は本を<u>教えて‐君に‐あげる</u>。

(11)*彼女はこの本を<u>売って‐私に‐くれる</u>。

(12)*セーターを一枚<u>贈って‐彼女に‐あげる</u>。

我们再来探讨主语和O_i之间的人称限制问题。「Vてあげる(やる)」句式如例句(13)所示,当主语是第三人称时是不成立的;而"V给"句式和"给V"句式如例句(14)和例句(15)所示,主语和O_i之间不存在所谓的人称限制。

(13)*太郎は私に本を<u>読んでやった</u>。

(庵,2012:124)

(14)小王<u>买给</u>我一张火车票。(王さんは一枚のチケットを買ってくれた。)

(15)我<u>给</u>小张借了一<u>些</u>钱。(私は張さんに少しお金を貸してあげた/他人から小張のためにお金を借りたんだ。)

关于O_i是否必要的问题,「Vてあげる(やる)」句式如例句(16)和例句(17)所示,O_i并非必要的。而"V给"句式则如例句(18)a所示,O_i"我"是必要的;"给V"句式如例句(19)所示,O_i也是必要的。

(16)それは、その子が、今朝学校に出かける時、その子のお母さんが<u>こしらえてあげた</u>おべんとうでしょう。

(羽仁説子『子どものしあわせ抱いて』)

（17）リンの誕生日に<u>買ってあげた</u>おもちゃ。

（「Yahoo！ブログ」）

（18）a. 妈妈<u>做给</u>我的饭很香。（母が作ってくれた料理はとてもおいしかった。）

　　　b. *妈妈<u>做给</u>的饭很香。

（19）a. 外婆买了一件衣服给我。（お婆ちゃんが服を買ってくれた。）

　　　b. *外婆买了一件衣服给。

3.2　关于汉日授予补助动词句式在语义层面上的对比

本节将从语义层面对汉日授予补助动词句式的差异性进行分析对比。

第一，对于"V给"句式的V_1不能与"给"共同出现的动词类型，如果其空间方向性与"给"不一致就会出现矛盾。例如，例句（20）a中的"抢"的方向性是向外部，而"给"的方向性是向内部，两者的方向相反，因此句子不成立；而使用"给V"句式则成立。例句（21）a中的"输"也有空间方向性，日本队是受损的一方，韩国队是受益的一方。相比之下，例句（21）b是不符合句法的。另外，例句（22）a中的"嫁"与"给"的空间方向性一致，而例句（22）b中的"娶"与"给"的空间方向性不一致。

（20）a. *小张<u>抢给</u>小刘一本书。[張さんは（誰かの）本を一冊奪って劉さんにあげた。]

　　　b. 小张抢了小刘一本书。（張さんは劉さんのところから本を一冊奪った。）

（21）a. 日本队<u>输给</u>韩国队。（日本チームは韓国チームに負けた。）

　　　b. *日本队<u>赢给</u>韩国队。（日本チームは韓国チームに勝った。）

（22）a. 小王<u>嫁给</u>小刘。（王さんは劉さんに嫁いだ。）

　　　b. *小刘<u>娶给</u>小王。（劉さんは王さんを嫁にもらった。）

如果「Vてあげる（やる）」的V_1是「奪う」「盗む」这种动词，如例句（23）和例句（24）所示，则句式成立，即V_1和V_2之间的空间方向性没有关联性。

（23）「こうして、わたしがあなたの熱を<u>奪ってあげる</u>のはいい方法だわ。」

（24）こうなったら死ぬ気であの人に食らいついて、やることを横から見て、ひとつでも多く<u>盗んでやろう</u>と思ってます。

（村山由佳『きみのためにできること』）

第二，在"V给"句式中，既有省略V_2影响句子意义的情况，又有不影响的情况。在「Vてあげる（やる）」句式中，如例句（25）a和例句（25）b所示，句中是[+作成]和[+获得]动词，即使省略V_2也不会影响整个句子的语义。但是如果省略例句（26）中的V_2，则句子在

句法上行不通,如例句(26)b。

(25)a. 私が君にプレゼントを{買った/<u>買ってあげた</u>}。

　　　b. 私は王さんに絵を{描いた/<u>描いてあげた</u>}。

(26)a. 鈴木は行きたがらないようだが、君は彼と<u>行ってあげた</u>ら?

　　　b. *鈴木は行きたがらないようだが、君は彼に行ったら?

而在"V给"句式中,如果省略V_2会产生3种情况:句子的语义不通,句子的语义不变,句子的语义发生变化。第一种情况如例句(27)所示,句中使用[+作成]动词"写"等,若省略V_2,则句子的语义就不通顺了。

(27)a. 我<u>写给</u>小刘一首诗。

　　　b. *我写小刘一首诗。

第二种情况如例句(28)所示,句中的V_1是"还"这个动词,此时省略V_2不会改变句子的语义。除此之外,当与"赏、退、补、赠、送"等[+授与]动词共现时,若省略V_2,句子语义也不会发生变化。此类句子的特征是,V_1和V_2的动作为连续性发生,并且授予对象的移动和到达几乎是同步的。

(28)a. 小林<u>还给</u>小张十块。(小林さんは張さんに十元を返した。)

　　　b. 小林还小张十块。(小林さんは張さんに十元を返した。)

第三种情况如例句(29)和例句(30)所示,省略V_2会改变句子语义。例如例句(29)a中的O_i是"我",O_d是"椅子"。相比之下,例句(29)b中的O_i"我"是受惠方(接受者),即通过添加"给",使得句式和语义都发生了变化。此外,如例句(30)a的V_1是"借"这样的双义动词,加上"给"则会使句子语义发生变化。而在日语授予补助动词句式中,如例句(25)所示,若句中动词为[+作成]或[+获得]动词,是否省略V_2,句子语义都不变。因此,我们可以认为日语授予补助动词句式作为恩惠表达形式比"V给"句式更为完整,「あげる(やる)」作为补助动词的性质比"给"强,即作为动词性较弱。

(29)a. 小王卖了我一把椅子。(王さんが私に椅子を1脚売った/王さんが私の椅子を1脚売った。)

　　　b. 小王<u>卖给</u>我一把椅子。(王さんが私に椅子を1脚売った。)

(30)a. 小张借了小李十块钱。(張さんは李さんから十元を借りた/張さんは李さんに十元を貸した。)

　　　b. 小赵<u>借给</u>小李十块钱。(張さんは李さんに十元を貸した。)

第三,「Vてあげる(やる)」主要表示人与人之间的动作行为,因此施惠者和受惠方都是有情物;但在"V给"句式中,如例句(31),受惠方也可以转喻成组织名词"孤儿院"、地名

"上海"等。相比之下,如例句(32)所示,「Vてあげる(やる)」的受惠方如果是组织或地名,则不成立。然而,在日语中,如例句(33)和例句(34)所示,当受惠方是具象名词时,句子是成立的,当受惠方是身体的一部分[如例句(35)中的「額」]和抽象名词[如例句(36)中的「微分」]时,句子也是能够成立的,即无情物成为受惠方。

(31)a. 市政府<u>捐给</u>孤儿院许多资金。(市役所は孤児院にたくさんの資金を寄付
　　　した。)

　　b. 他把情报<u>传给</u>上海一份。(彼が情報を上海の同僚に伝えた。)

(32)a. *市役所は孤児院に本をたくさん<u>寄付して</u>あげた。

　　b. *彼が情報を上海に<u>伝えて</u>あげた。

(33)日照りのいい日には常にサボテンを庭に<u>出して</u>あげる。

(34)(料理番組で)人参を細かく<u>切って</u>あげてください。

(35)額を<u>冷まして</u>あげると眩暈が消える。

(36)これは合成関数の微分になるので2xの微分である2を<u>かけて</u>あげていると見
　　ればすぐわかる。

4　日语授予补助动词句式的恩惠性及其对应的汉语表达形式

本节我们将阐明「Vてあげる(やる)」句式的恩惠性,主要探讨根据施惠方授予恩惠的意图来表达恩惠、非恩惠和自我恩惠的情况,并试图在分析施惠方与受惠方的意图性的基础上,讨论与日语相对应的汉语表达形式。

4.1　「Vてあげる(やる)」句式表达恩惠的情况

当「Vてあげる(やる)」句式在表达恩惠的情况时,通过受惠方得到恩惠这一行为事件,施惠方的行为可以被认为是具有恩惠性的。例如在例句(37)和例句(38)中,受惠方在恩惠行为发生之前并没有要求受惠方做什么,但受惠方仍积极地进行了恩惠行动,并且在此类表恩惠的情况中,后续经常接意志表达「……したい」。因此,施惠方的意图性要强于受惠方,并且受惠方并未事先对施惠方进行依赖行为。

(37)リーラにフランス語を<u>教えて</u>あげたいんですって。

　　　　　　　　　　　　　　　　　　(ラディカ・ジャ『匂いたつ官能の都』)

(38)わたしがもし……ここを生きて出られたら……指輪を故郷に<u>返して</u>あげた

いから……

（ネルリン・デミル『ニューヨーク大聖堂』）

与其相对应的汉语表达如例句(39)和例句(40)所示，为"V给"句式或"给V"句式。

(39)小王想拿给小张一本书。（王さんは張さんに一冊の本を持ってあげたいようだ。）

(40)我想给他做点什么事情。（何かしてあげたいと思ったんです。）

4.2 「Vてあげる（やる）」句式表达非恩惠的情况

「Vてあげる（やる）」句式通常表示事件对受惠者有利，但也有例句(41)这种表示非恩惠的情况。然而需要强调的是，「Vてやる」句式可以表达非恩惠，但「Vてあげる」句式不能表达非恩惠。

(41)ばかにした奴らをいつか見返してやりたい！

（庵他，2001:168）

森田(2008:132)认为「Vてやる」句式有以下这几种语义：「不利益の給与」（「怒鳴りつけてやった」「殺してやる」）、「自棄自虐・強い意志」（「自殺してやる」「きっと合格してやる」）。如例句(42)和例句(43)这样的句子，发话时授予方并未对接受方施加具体的推动作用，只是表现出一种"威胁表现"，因此很难判断接受方的意图，仅能看出授予方的意图性。而与之对应的汉语则如例句(44)和例句(45)所示，使用助动词"要"来表达授予方的意图性。

(42)あの野郎、一発、殴ってやる。

（庵他，2001:168）

(43)彼の秘密をみんなにばらしてやった。

（部田，2011:16）

(44)我要杀了你。（殺してやる。）

(45)我要死给你看。（自殺して見せる。）

4.3 「Vてあげる（やる）」句式表达自我恩惠的情况

「Vてあげる（やる）」句式表示施惠者自己施加影响以获得好处的情况，本文称之为"自我恩惠"。「Vてやる」句式虽然有时也表示自我恩惠，但根据笔者对日语母语话者的调查，在现代日语中，用「はVてあげる」句式来表达自我恩惠的使用度较高。

如例句(46)和例句(47)所示，身体部位承担行为动作的接受方，但不是受惠方，因此

无法体现施惠方和受惠方的意图。「温めてあげる」「揉み解してあげる」「叩いてあげる」这些动作的意思是给授予方或听话人带来有利于他们自己的变化。而在表示自我惠益的情况下，与此相对应的汉语形式并非"V给"句式或"给V"句式，如例句(48)和例句(49)。

(46)痛みがある部分を<u>温めてあげて</u>軽く<u>揉み解してあげて</u>ください。

（趙蓉俊子, 2020：110）

(47)背中を軽くトントン<u>叩いてあげる</u>うちに落ち着くのだった。

（信田妙子『星さん出とるで明日は天気』）

(48)烫一下疼的地方并轻轻按摩。（痛んだ位置を少し温めて軽く揉む。）

(49)用双手轻拍背部到腰部。（両手で背中から腰まで軽く叩く。）

5　结语

本文从句法结构和语义层面对比了日语「Vてあげる（やる）」句式和汉语的"V给"句式、"给V"句式，发现了以下关于两种语言的差异性。

从句法结构来看，两种语言在是否可以插入元素、主语和 O_i 之间是否有人称限制、O_i 是否必要存在等方面存在差异。

从语义来看，两种语言在 V_1 和 V_2 的空间方向性、若省略 V_2 句子语义是否会改变、受惠者是无情物等方面存在差异。

本文根据施惠者及受惠者的意图，把日语的「Vてあげる（やる）」句式分为恩惠、非恩惠和自我恩惠这3种情况。当句子表达自我恩惠时，所对应的汉语不使用"V给"句式或"给V"句式。

在表达恩惠的这一形式上，日语的授予补助动词句式比汉语的"V给"句式、"给V"句式完成度更高。而「あげる」比"给"的补助动词性更强，即作为动词的性质更弱。

表1从句法结构和语义层面总结了日语的「Vてあげる（やる）」句式和汉语的"V给"句式、"给V"句式，表2归纳了日语授予补助动词句式的恩惠性及其相对应的汉语表达形式。

表1　日语「Vてあげる（やる）」句式与汉语"V给"句式、"给V"句式的对比

		「Vてあげる（やる）」句式	"V给"句式与"给V"句式
句法结构	可插入元素	助词	名词句
	人称限制	有	无
	O_i是否必要存在	不必要	必要

续 表

		「Vてあげる(やる)」句式	"V给"句式与"给V"句式
语义层面	V₁和V₂的空间方向性	不一致	一致
	V₂的省略是否影响句子语义	若为[+作成]和[+獲得]动词,省略V₂不会改变句子的语义	①若V₁为[+獲得]动词,省略V₂句义不通 ②若V₁为[+授与]动词,省略V₂句义不变 ③若V₁为双向动词,省略V₂句义不变
	补助动词性	更强	较弱
	受惠者为无情物	该无情物可以是抽象名词和具象名词,但不能是有生名词	该无情物可以是抽象名词

表2 日语授予补助动词句式的恩惠性及其相对应的汉语表达形式

	「Vてあげる(やる)」句式中施惠方的意图性	相对应的汉语表达形式
恩惠	施惠方的意图要强于受惠方,且受惠方并未事先对施惠方进行依赖行为	"V给"句式与"给V"句式
非恩惠	难判断接受方的意图性,仅仅能体现授予方的意图	使用助动词"要"来表达授予方的意图
自我恩惠	身体部位承担行为动作的接受方,但不是受惠方,因此无意图	不使用"V给"句式或"给V"句式

参考文献

邵敬敏,2009. 从"V给"句式的类化看语义的决定性原则[J]. 语言教学与研究(6):1-8.

沈家煊,1999. "在"字句和"给"字句[J]. 中国语文(2):94-102.

石毓智,2001. 语法的形式和理据[M]. 南昌:江西教育出版社.

张国宪,2005. 双宾语结构式的语法化渠道与"元"句式语义[M]//徐杰. 汉语研究的类型学视角. 北京:北京语言大学出版社:345-373.

庵功雄,2012. 新しい日本語学入門:ことばのしくみを考える[M]. 2版. 東京:スリーエーネットワーク.

庵功雄,高梨信乃,中西久実子,他,2001. 中上級を教える人のための日本語文法ハンドブック[M]. 東京:スリーエーネットワーク.

井上優,2011. 日本語・韓国語・中国語の「動詞＋授受動詞」[J]. 日本語学,30(11):38-48.

王燕,2006. 日本語教育の立場から見た授受表現:中国語母語話者を対象とする場合[D]. 東京:東京大学.

木村英樹,2012. 中国語文法の意味とかたち:「虚」的意味の形態化と構造化に関する研究[M]. 東京:白帝社.

澤田淳,2014. 日本語の授与動詞構文の構文パターンの類型化:他言語との比較対照と合わせて[J]. 言語研究(145):27-60.

趙蓉俊子,2020. 日中語の授受補助動詞構文・移動補助動詞構文の対照研究:恩恵性を中心に[J]. 現代社会文化研究(71):101-118.

成戸浩嗣,2016. 日中対照研究方法論(2):"给・N＋V"表現とそれに対応する日本語使役表現、受益表現　下[J]. 愛知学泉大学現代マネジメント学部紀要,5(1):27-40.

早津恵美子,2017. 使役文にみられる恩恵授与性[J]. 表現研究(106):7-16.

早津恵美子,2019. 日本語の授受文の表す恩恵授受性:使役文の表しうる恩恵授受性との関係[M]//藤代節. ユーラシア諸言語の動態3:言語の多様性と類型と混成言語. 那覇:ユーラシア言語研究コンソーシアム:1-19.

姫野昌子,2018. 複合動詞の構造と意味用法[M]. 新版. 東京:ひつじ書房.

部田和美,2011. テヤルの意味分析:非恩恵を表すとされるテヤルを中心に[J]. 言語学論叢(オンライン版)(4):16-29.

益岡隆志,2013. 日本語構文意味論[M]. 東京:くろしお出版.

益岡隆志,2017. 日本語恩恵構文の意味の広がりと構文の関係性[M]//天野みどり,早瀬尚子. 構文の意味と拡がり. 東京:くろしお出版:79-98.

三宅知宏,2015. 日本語の「補助動詞」について[J]. 鶴見日本文学(19):1-20.

森田良行,2008. 動詞・形容詞・副詞の事典[M]. 東京:東京堂出版.

山田敏弘,2004a. 日本語のベネファクティブ:「てやる」「てくれる」「てもらう」の文法[M]. 東京:明治書院.

山田敏弘,2004b. 国語教師が知っておきたい日本語文法[M]. 東京:くろしお出版.

楊凱栄,2018. 中日受益表現と所有構造の対照研究[M]//楊凱栄. 中国語学・日中対照論考. 東京:白帝社:233-247.

省略语

O_i:间接宾语

O_d:直接宾语

V:动词

V_1:授予补助动词的前项动词

V_2:授予补助动词的后项动词

了$_1$:放在动词之后,表示动作的完了和实现

了$_2$:具有对确认事情的完成和新事件的发生的作用

了$_{1+2}$:兼顾"了$_1$"和"了$_2$"的作用,表示动作持续进行的状态

作者简介

姓名:赵蓉俊子

性别:女

单位:新潟大学

学历:博士研究生在读

研究方向:汉日对比语言学

通信地址:日本新潟県新潟市西区五十嵐2の町8050番地

邮政编码:950-2181

电子邮箱:syunko_alice@163.com

"连用"还是"连体"?
——关于「～に対して+NP」句式的探讨

Using an Adverbial Clause in an Attributive Position?:
An Analysis on the Structure of "~ni taisite+NP"

摘　要:本文以日语中的「～に対して+NP」句式为对象,并将该句式细分为「～に対して+A+N」与「～に対して+N1の+N2」两种进行考察。本文围绕在上述句式中使用复合格助词的连用形式这一现象进行了讨论,结论如下:①复合格助词与A或N1构成了短句;②N1是动名词,具有动词的词汇性语义,因此可以接续复合格助词的连用形式;③部分「～に対して+N1」小句中存在VP壳结构,其中含有不显著的机能动词,因此必须使用复合格助词的连用形式。

关键词:连用形式;连体形式;动名词;连体修饰

Abstract: The main aim of this paper is to argue why we can use an adverbial clause in an attributive position. For this purpose, I examine "~ni taisite+NP" structure in Japanese, dividing it into two types which are "~ni taisite+A+N" and "~ni taisite+N1 の + N2". I show that the compound case particle "~ni taisite" forms a phrase with A or N1 in the structure. I further show that N1 is a verbal noun, therefore an adverbial clause can be used to modify it. In some "~ni taisite+N1" phrases, there is a VP shell structure with an invisible light verb, which makes the position of the compound case particle not only attributive in morphology but also adverbial in syntax.

Keywords: attributive; adverbial; verb noun; attributive modifier

1　引言

　　作为在形态上有着严格词类区分的语言，日语中的"连体修饰"和"连用修饰"是一对互补的概念，前者用来修饰名词、代词等体词（日语称为「体言」），后者用来修饰动词、形容词、形容动词等谓词（日语称为「用言」），一般情况下两者不可相互对换①。连体与连用的区分，在日语的复合格助词（也有研究称为"后置词""复合辞"等）中也普遍存在。复合格助词与格助词类似，也存在"连体"与"连用"的区别。一般来说，修饰体词的时候，需要使用复合格助词的连体形式，而修饰谓词时则需要使用连用形式（鈴木，1972；杉本，2009；等等）。「に対する」「に対して」就是这样一对复合格助词。在例句（1）中，「暴行」是名词，因此需使用连体形式的「に対する」，而例句（2）中的「抗議した」是动词，因此需使用连用形式的「に対して」，例句（1）与例句（2）中的复合格助词（即画线部分）若互换，句子就会变得不合语法②。

　　（1）不良グループのA君に対する暴行は執拗に続いた。

（庵他，2001:16。下画线为笔者所加，以下同。）

　　（2）市民団体は知事の無責任な行動に対して抗議した。

（庵他，2001:14）

　　但是我们观察到，日语中也存在以连用形式的「に対して」接续名词短语的句子，如例句（3）所示。

　　（3）刺青に対して批判の方はコメントしないでください。

（「Yahoo！知恵袋」）

　　在例句（3）中，复合格助词所引导的短句「刺青に対して」接续名词短语「批判の方」，并且该复合格助词短句与句中的谓语，即「コメントしないでください」并不存在修饰关系，因为例句（3）的语义不是"请不要对文身进行评论"，而是"对文身持批评态度的人请

---

① 在汉语语言学研究中，一般更习惯用"定语修饰"和"状语修饰"来表述日语的"连体修饰"和"连用修饰"的概念。也有学者认为，"连体"和"连用"是日语语法系统中非常重要的组成部分，相关概念不可用汉语的术语来代替，保留"连体修饰"和"连用修饰"的概念有利于更好地把握日语的语法系统（彭广陆，2006）。本文对此不做深究，但由于本文所探讨的主要问题是状语修饰句修饰名词短语的现象，使用日语的术语能更好地表述问题的所在，因此本文将使用"连体"与"连用"的术语来表达相关概念。

② 「に対して」的连体修饰形式有两个，即「に対する」和「に対しての」。由于「に対する」的使用频率远高于「に対しての」（山田，2002:37），为了论述简练，本文将所讨论的连体修饰形式限于「に対する」，关于「に対しての」的探讨留待今后再议。

不要在此评论"，「刺青に対して」修饰的是「批判の方」。也就是说，例句(3)中的复合格助词明明修饰名词短语，却使用了连用形式。更有意思的是，如果把该连用形式改成连体形式，句子反而会不合语法。

　　本文将对例句(3)这类的句式进行探讨，着重解决3个问题：例句(3)是否是偶然的特例？为何例句(3)中可以使用连用形式的「に対して」？为何例句(3)中不可以使用连体形式的「に対する」，必须使用连用形式的「に対して」？希望通过对这些问题的探讨，能够对日语连体修饰句的结构和日语动名词的特征有更深入的了解。

2　用例的确认及特征归纳

　　首先我们需要确认上述例句(3)是否是偶然的、个别的特例。坂井(1992)详细描写了与「に対して」同现的谓词的特征，并列举了46个经常与其同现的动词(坂井，1992：144，147)，这些动词中既有和语单纯动词，又有サ变动词，还有复合动词①。我们利用日本国立国语研究所的『現代日本語書き言葉均衡コーパス』(BCCWJ)、『国語研日本語ウェブコーパス』(NWJC)、『YUKANG 日本語コーパス』，以及搜索引擎 Google，对上述46个动词的名词形式，即ます体连用形(サ变动词为词干，以下同)接续「に対して」的用例进行了检索。我们发现以连用形式的「に対して」来接续名词短语的现象，虽称不上数量多，但也绝非个别现象。以下是我们搜集到的部分具有代表性的例子。

　　(4)この場合議事の進行を一時中止すべしという御意見に対して賛成の方の御起
　　　　立を願います。

（『衆議院第007回予算委員会』）

　　(5)未練に対して反対の言葉って何なんでしょうか？

（「Yahoo！知恵袋」）

　　(6)人民議会の選挙は、予め決められた議席配分リストに対して賛成の場合はそのま
　　　　ま無記入で投票、反対の場合は「反対」の欄に印を書く、というものであった。

（『国語研日本語ウェブコーパス』）

---

① 坂井(1992)所列的46个动词具体如下：反論する、言い訳する、弁解する、批判する、答える、返事する、主張する、講義する、あいさつする、訴える、説得する、責める、どなりつける、呼びかける、話しかける、叫ぶ、請求する、忠告する、警告する、追及する、後悔する、憂慮する、反省する、要求する、忌みこもる、挑む、逆らう、反発する、干渉する、協力する、そむく、従う、たち向かう、抵抗する、反対する、賛成する、拒否する、無視する、反撃する、注意する、押し付ける、おびえる、同情する、謝る、傷つく、怒る。

（7）"LOVEなぁ聞けよ"となっているので、ここの"love"は恋人に対して呼びかけの言葉かもしれません。

（https://imi-nani.fenecilla.com › category）

（8）送ってもいないメールに対して抗議のメールは滅多にないと思いますが、「ご承知の通り、不審なメールには返信しないようする事は自己防衛」として、こちらのような相談サイトでは、Q&Aでは常識ですから。

（『国語研日本語ウェブコーパス』）

（9）はやぶさの帰還について、どこのTV局も生中継しなかったことに対して批判の大合唱だそうです(こちらの記事を参照)。

（『国語研日本語ウェブコーパス』）

（10）多くの方々から「日本維新の会」との合流に対して批判のコメントやメールも頂いている。

（『国語研日本語ウェブコーパス』）

（11）私のまわりでは時短営業に対して賛成意見の方が目立っています。

（https://richfield-bs.com/cp-bin/wordpress/2019/03/26/convenience/）

（12）以上三法律案は、審議の結果、本日質疑を終了し、討論に入りましたところ、日本社会党を代表して辻原委員より、三法案に対して反対の旨、また、民主社会党を代表して井堀委員より、所得税法及び租税特別措置法の改正案に対して反対、法人税法の改正案については賛成の旨、それぞれ意見が述べられました。

（『衆議院第038回予算委員会』）

从上述例句可以看出，「～に対して+NP」句式既存在于如例句(4)—(7)的带命令、请求、疑问、推测等语气的句子中，又存在于如例句(8)—(11)的一般陈述句中。例句(6)中的「～に対して」部分同时修饰后续的两个名词短语，即「賛成の場合」和「反対の場合」，例句(12)中的「～に対して」部分多个并列，其中「～に対して」部分还可以是其他形式的复合格助词。特别需要指出的是，在例句(13)中，复合格助词短句「排日問題に対して」既可以理解为修饰名词短语「反対の姿勢」，又可以理解为修饰句子的谓语「反対の姿勢を変更しなければ」，如果把这类在理解上存在两种可能的句子也计算在内的话，连用形式「～に対して」修饰名词句的语例数就更多了。

（13）換言すると、他地域からの共和党議員が、もし排日問題に対して反対の姿勢を変更しなければ、一九一二年のように共和党は分裂しかねず、肝心な選挙

の年においてそれが民主党に勝利をもたらすことは確実であった。

（蓑原俊洋『排日移民法と日米関係』）

　　除了复合格助词「～に対して」,以连用形式修饰名词短语的例子在日语中也不少见,以下是部分例句。

　　(14)会長の人間性からお伺いできるように過激な変化を業界にもたらして業界に革命をもたらすようなことには会長が<u>強く</u>反対の姿勢であることがよく分かりました。

（『国語研日本語ウェブコーパス』）

　　(15)そして、主治医の指示の下、あなた自身も体調の変化を日記に記して、どんな些細な事でも<u>医師に</u>言い忘れの無いようにして下さい。

（detail.chiebukuro.yahoo.co.jp/qa/question_detail/q1082914515）

　　(16)<u>校長先生、担任の先生と</u>相談の結果、地元の赤坂中学へ転入させてもらうことにする。

（穂積隆信『積木くずし』）

　　例句(14)—(16)中的「反対の姿勢」「言い忘れ」「相談の結果」都属于名词,但它们前面的修饰句是连用形式的「強く」「医者に」「校長先生、担任の先生と」,而不是「強い」「医者への」「校長先生、担任の先生との」等连体修饰的形式①。也就是说,以连用形式接续名词短语并不是复合格助词「に対して」独有的现象,对于例句(3)一类的句子,我们不能用特例来一言蔽之,需要进一步思考其存在的原因②。

　　在进入具体分析前,让我们总结一下本文将要分析的「～に対して+NP」句式的特征。根据所搜集的语例,我们发现这个句式有以下两点特征:第一,本次检索没有发现「に対して」后面出现单个名词的用例,均是两个(或以上)名词,中间以助词「の」来连接,因此我们可以将这类句式归纳为「～に対して+N1の+N2」。第二,「に対して」后接的大部分是日语中的汉语名词或是汉语名词的复合词,复合动词「呼びかける」也存在以ます体连用形「呼びかけ」接续「に対して」的用例。但本次检索中没有搜集到其他和语动词,特别是和语单纯动词的ます体连用形接续「に対して」的用例。由于「呼びかけ」也可以直接

---

① 例句(16)及例句(5)、例句(7)中使用连体修饰的形式,即「校長先生、担任の先生との相談の結果」「に対する反対の言葉」「に対する呼びかけの言葉」也符合语法,关于这个问题可参见本文第4.3节的论述。

② 类似例句(14)—(16)的句子,以往研究也有过探讨,具体可参见大岛(2010)、石立珣(2016)等,以及本文第3节的讨论。

接续「する」,以「呼びかけする」的形式出现,因此我们将「に対して」后接名词的特征归纳如下:N1是サ变动词的词干。

3　以往研究

与本文相关的以往研究可以分为4类:关于连体形式与连用形式间的互换现象的研究、关于日语复合格助词连体形式的研究、关于日语复合格助词「に対して」的研究、关于日语サ变动词词干修饰名词的研究。

从鈴木(1979)开始,就有不少学者对日语中连体修饰成分和连用修饰成分间的互换现象有过深入的探究,但大部分研究以形容词为主要研究对象,并以连体修饰向连用修饰的转换为主要切入点(奥津,1983,2007;矢澤,1993;等等)。本文的讨论对象是复合格助词,我们关注的重点是复合格助词明明处于连体的句法位置,却必须使用连用形式这一形态与句法语义的不一致性。本文所讨论的不是连体向连用的转换,而是不能使用连体只能使用连用的原因。馬小兵(2020)中的第十章讨论了日语「Nに対して」转换为「Nに対する」的成立和受限条件,其例句中的「Nに対して」均是句子谓语的修饰语,而在本文所讨论的例句中,「～に対して」部分并不修饰句子谓语,因此馬小兵(2020)的结论也无法解释本文所提出的现象。

杉本(2009)讨论了复合格助词的连体用法,其主要研究对象是「によって」的两种连体形式,即「によっての」和「による」,其关注的焦点是复合格助词的两种连体形式,即「て+の」和动词原形在使用上的不同。山田(2002)也讨论了复合格助词的连体形式的用法,其关注的焦点是连体用法与连用用法在使用条件上的不同,对例句(3)这样在连体位置上出现连用形式的现象未做讨论。

具体到复合格助词「に対して」,其相关研究大致可分为「に対して」语义及用法的描写研究(横田,2006等)、「に対して」与其他语义相近的复合格助词的比较研究(坂井,1992等)、「に対して」与相对应的中文介词的比较研究(馬小兵,2003等)。关于「に対して」和「に対する」的区别,于杨(2018)从语义和结构两个角度进行了讨论,发现「に対して」的功能和修饰范围都大于「に対する」,但本文所讨论的「に対して+N1の+N2」句式,于杨(2018)并未涉及。

我们在第2节观察到,相关例句中「に対して」所修饰的名词以サ变动词的词干为主,下面让我们将视点转到日语サ变动词词干修饰名词的研究上,对大島(2010)与石立珣(2016)分别进行考察。

首先是大岛(2010)，其第五章讨论了サ变动词词干(大岛称其为动名词句，日语为「動名詞節」)接续名词的现象，如下面的例句(17)。

(17)大学が医療機器を購入の際、賄賂の受け渡しが行われた。

（大島，2010:85）

上述例句与本文所关注的点非常类似，都是サ变动词词干修饰名词时，不以词的形式出现，而以句的形式出现的问题。但本文至少有两点与大岛(2010)不同：第一，大岛(2010)主要考察了包含动名词的名词修饰句内部出现格助词的情况，而本文则着重观察修饰名词的动名词，即其自身的修饰句是以连体形式出现还是以连用形式出现的问题；第二，大岛(2010)着重讨论了サ变动词词尾「する」显现和隐现的条件，但本文主要关注「する」虽然隐现却必须存在的原因。

石立珣(2016)也讨论了日语动名词VN(即サ变动词词干)的动词性和名词性并存的现象，并分别以"VNノN"、"VNだ"及"N1格助词VN+N2"的句式为对象，对日语动名词的连体用法和谓语用法进行了分析，归纳了日语动名词呈现名词性和动词性的句法条件及决定因素。石立珣(2016)主要研究了日语动名词在何种条件下呈现名词性，在何种条件下呈现动词性。而本文如前所述，更关注动名词在呈现名词性(即连体用法)的时候是否也同时具备动词性，以及该动词性必须存在的原因。此外，在与本文关联度最高的石立珣(2016)第三章，即关于"VNノN"句式的探讨中，其根据连体修饰中"内部关系"和"外部关系"的不同，将搜集的94150例"VNノN"语例分为疑似外部关系的"VNノN"与疑似内部关系的"VNノN"两类，前者占搜集语例的97%(石立珣，2016:60)。本文所讨论的例句不少属于石立珣(2016)分类中的少数派，即疑似内部关系的"VNノN"。但恰恰是这个少数派，让我们看到了日语的动名词不仅可以有动词性、名词性，还可以同时呈现动词性和名词性。在形态上呈现名词性的同时，内部蕴含动词性，这个动词性决定了形态上是名词的它必须与连用形式的修饰句同现。以下让我们对这个现象进行具体的分析。

4　考察

4.1　「～に対して+A+N」句式

在讨论「に対して」接续两个名词的句式之前，让我们先来观察其接续"形容词(或形容动词)+名词"的例子，即「～に対して+A+N」句式。请看以下两个句子：

(18)昭和四十八年度税制改正につきまして、生産第一主義から生活第一主義への

転換、税負担の不公平の是正、所得再配分の推進など多くの要請があったにもかかわらず、政府の税制改正案にその実現<u>に対する</u>積極的な姿勢が見られなかったのは、きわめて残念であります。

(『衆議院第071回本会議』)

(19)肉食女子が、恋愛<u>に対して</u>積極的な女性が多いというのは、診断からはっきりわかる事実ですが、それは、待つのが苦手だからです。

(『国語研日本語ウェブコーパス』)

例句(18)和例句(19)都是复合格助词后接"形容动词+名词"的句式,并且两个句子所使用的形容动词也完全一致。但例句(18)必须使用连体形式的「に対する」,而例句(19)必须使用连用形式的「に対して」,两者不能互换。这是为什么呢?仔细比较后,我们发现两个句子在语义上存在不同,例句(18)中的形容动词和名词构成了名词短语「積極的な姿勢」,这个名词短语再由复合格助词「に対する」所引导的短句来修饰,而在例句(19)中,复合格助词短句「恋愛に対して」修饰形容动词「積極的」,两者所形成的短句再修饰形容动词后面的名词「女性」,两者的区别如例句(18)'和例句(19)'的方括号所示。

(18)'[[その実現に対する][[積極的な]姿勢]]

(19)'[[[恋愛に対して]積極的な]女性]

也就是说,在例句(18)中,复合格助词修饰名词短语「積極的な姿勢」,而在例句(19)中,复合格助词修饰形容动词「積極的」,因此前者使用连体形式而后者使用连用形式。这个区别我们可以通过一个小测试来证明。

(20)a. ？？この姿勢は税制改正案の実現<u>に対する</u>積極的なものです。

　　b. この積極的な姿勢は税制改正案の実現<u>に対する</u>ものです。

(21)a. この女性は恋愛に対して積極的な人です。

　　b. *この積極的な女性は恋愛に対して人です。 [①]

通过例句(20)和例句(21)的测试,我们可以做出如下判断:例句(18)中的形容动词「積極的」和名词「姿勢」位于同一短句(日语称为「節」),而例句(19)中的形容动词「積極的」与名词「女性」分属两个不同的短句。例句(18)中的复合格助词修饰名词短语,所以使用了连体的形式;而例句(19)中的复合格助词修饰形容动词,所以使用了连用的形式。

---

① 本文中未标注出处的用例是笔者的作例,其语法性得到两名以上日语母语者的确认。本文中*表示不合语法,？表示不自然,？的个数表示不自然的程度,均为日语母语者的判断。

4.2　「～に対して+N1の+N2」句式

我们发现,在「～に対して+N1の+N2」句式中也存在两种类型。让我们先来看例句。

(22)私のまわりでは時短営業に対して賛成意見の方が目立っています。

［=例句(11)］

(23)公共交通を中心とした姫路市総合交通計画基本計画編(案)に対する皆さんの
　　意見を募集します。

(『広報ひめじ』2008年)

　　与第4.1节的观察类似,例句(22)和例句(23)虽然在句式上都是复合格助词接续两个名词的结构,但复合格助词与两个名词的关系并不相同。例句(22)中,复合格助词「に対して」修饰名词「賛成意見」,两者构成的短句再修饰后面的名词「方」,而例句(23)中的名词「皆さん」与「意見」先组成名词短语,这个名词短语再由复合格助词「に対する」所引导的短句来修饰。让我们同样用方括号来表示两者的不同。

(22)'[[[時短営業に対して]賛成意見の]方]

(23)'[[交通計画に対する][[皆さんの]意見]]

上述差异同样可以利用以下测试来证明。

(24)a. この方は時短営業に対して賛成意見です。

　　　b. *この賛成意見の方は時短営業に対して方です。

(25)a. ？この意見は交通計画に対する皆さんのものです。①

　　　b. (この)皆さんの意見は交通計画に対するものです。

　　在上述测试中,最关键的是例句(24)b的非语法性。它说明了在例句(22)[即例句(11)]中,复合格助词后续的两个名词并没有构成一个短语,而是分属不同的短句,这也是例句(22)不同于例句(23),使用复合格助词的连用形式「に対して」的关键原因。

　　在梳理完N1与N2的关系之后,我们接下来需要解决的问题是:为何N1明明是名词,却需要使用复合格助词的连用形式？让我们把观察的焦点放到N1上。

4.3　N1的动词性及N1与N2的关系

　　我们在第4.2节观察到,在「～に対して+N1の+N2」句式中,N1是サ变动词词干。关

---

① 关于例句(25)的语法性,日语母语者的判断如下:例句(25)a本身并无不自然,但作为例句(23)换个说法的形式的话,例句(25)b恰当而例句(25)a并不合适。这与本文的观点一致,即例句(23)中的两个名词「皆さん」与「意見」位于同一短句中。

于サ变动词的词尾,有的研究将其称为轻动词(英文为"light verb",Grimshaw & Mester,1988),也有研究将其称为功能动词(日语为「機能動詞」,村木,1991)①。称呼虽有不同,但以往研究普遍认为,サ变动词词干承担词汇语义(日语称为「語彙的意味」),词尾承担语法功能(日语为「文法的機能」)。也就是说,サ变动词词干与普通名词不同,具有动词的语义。基于这种观点,正如我们在第3节的讨论中所看到的,很多研究把サ变动词词干称作动名词(影山,1993)。本文在接下来的论述中也将使用动名词这一术语来表达相关概念。关于我们在第1节中提出的第二个问题,可以回答如下:在「〜に対して+N1の+N2」句式中,由于N1是动名词,具有动词的语义,所以可以接续复合格助词的连用形式。

大島(2010:91-92)指出动名词自身是动词,当「する」显现时就成为サ变动词,当「する」隐现[大島(2010)称其为"不显现"]时,若谓语功能被抑制就是名词,若谓语功能不被抑制就是动词。本文赞同上述观点,并想进一步对"谓语功能不被抑制"这点进行考察。也就是说,功能动词隐现时,什么时候它可以真的不存在,什么时候它虽然隐现但必须存在。

我们观察到,在「〜に対して+N1の+N2」句式中,有些既可以使用连用形式的「に対して」,又可以使用连体形式的「に対する」,而有些句子必须使用连用形式的「に対して」,不能使用连体形式的「に対する」。必须使用连用形式的句子中的N2大致可分为3类:第一类是「人」「方」等表示人的名词;第二类是「時」「際」等引导时间从句的名词;第三类是「場合」等引导条件从句的名词。让我们从表示人的名词开始,以例句(3)为例来考察其结构特点。

例句(3)中的N2「方」由「〜に対して+N1」部分(即「刺青に対して批判」)修饰,属于内部关系的连体修饰句,被修饰语「方」是连体修饰句的主语。关于这类连体修饰句的句法结构,比较主流的分析认为它是个提升结构(raising structure),被修饰名词从连体修饰句内部提升至现在的位置(三原、平岩,2006)。例句(3)的结构可以分析如下:

(26)[方ᵢが 刺青に対して 批判 (する)] 方ᵢ

在例句(26)所示的句法结构中,被修饰名词(N2)存在于连体修饰句中,并且是连体修饰句的外论元(external argument)。一般认为,动词的内论元(internal argument)位于动词句中,其题元角色(θ-role)由动词赋予,而动词的外论元位于动词句更上一层的小动

---

① 村木(1991)关于功能动词的定义比较广泛,「持つ」也被列为功能动词(村木,1991:269)。我们认为例句(3)—(12)中均存在隐现的功能动词,其中例句(11)是「持つ」,而其余例句中的功能动词是「する」。关于其存在原因,可参见后文的论述。

词(small verb)句中,其题元角色由小动词赋予(三原、平岩,2006:17-18)。如果把动名词及功能动词分析为这样一个VP壳(VP-shell)结构的话,功能动词恰恰就处于小动词的位置。在例句(26)中,N2的题元角色由隐现的功能动词「する」赋予,若缺失功能动词,N2将无法获得题元角色,句子就不能成立。因此在例句(3)中,虽然功能动词隐现,但它必须存在。我们认为,这也正是例句(3)不能使用连体形式的「に対する」,必须使用连用形式的「に対して」的原因。

当N2是引导时间从句或条件从句的名词时,由于时间从句和条件从句在句法上都位于动词句的上层,可以说它们必须以完整的动词句的存在为前提。基于上述VP壳结构,即完整的动词句是包含动词句VP和小动词句vP的双层结构来考虑的话,时间从句和条件从句的句法结构必须包含整个VP壳结构,即句法上位于小动词位置的功能动词必须存在,因此这些句子中的复合格助词也不能使用连体形式,只能使用连用形式。

总之,在部分「～に対して+N1の+N2」句式中,「～に対して+N1」所构成的连体修饰句中包含有隐现的功能动词。正因为该功能动词的存在,虽然形态上N1是名词,但修饰其的复合格助词不能使用连体形式,必须使用连用形式。

刚才我们提到,VP壳结构是个双层的动词结构,动词的内论元位于下层的VP中,由V赋予题元角色。假如这个论述正确的话,可以得出以下推论:当被修饰名词是连体修饰句中的内论元时,隐现的功能动词可以真正不存在。以下例句(27)证实了我们的推论。

(27)—「実演」とはなんですか?

　　　—映画などに対する反対の言葉でしょう。

(「Yahoo！知恵袋」)

例句(27)与例句(5)的结构和语义都很相似,两者一个使用了复合格助词的连用形式,一个使用了连体形式。考察连体修饰句的结构我们发现,在这两个例句中,动词「反対する」是非宾格动词(unaccusative verb),被修饰名词「言葉」与连体修饰句虽然也是内部关系,但与例句(3),即上述例句(26)的分析不同,被修饰名词「言葉」在连体修饰句中是内论元,其题元角色从VP,即动名词处获得,功能动词的存在不是必需的,于是我们观察到复合格助词的连体形式[如例句(27)]和连用形式[如例句(5)]并存的现象。

5　结语

本文对复合格助词的连用形式「に対して」接续名词短语的现象进行了探讨。具体考察了「～に対して+A+N」与「～に対して+N1の+N2」两种句式。我们发现,在这些句式

中使用复合格助词的连用形式的主要原因是:形式上「A+N」或「N1の+N2」构成了名词短语,但句法语义上 A 或 N1 先与复合格助词构成了短句,由该短句来修饰后面的名词。再进一步分析,在「～に対して+N1の+N2」句式中,由于 N1 是动名词,具备动词语义,所以可以用复合格助词的连用形式来修饰;又由于 N2 是连体修饰句的外论元,需要在连体修饰句中从(隐现的)功能动词处获得题元角色,或者「～に対して+N1」所构成的修饰句必须包含完整的动词句,即含有功能动词的 VP 壳结构,因此在部分「～に対して+N1の+N2」句式中,功能动词虽隐现但必须存在。由于该功能动词的存在,复合格助词的连体形式不合语法,必须使用其连用形式。

　　最后需要说明的是,本文主要从句法的视角对「～に対して+N1の+N2」句式进行了讨论。正如以往研究所统计的,这类句式本身就属于少数派,其生产性并不高。我们认为,在这类句式中,功能动词的隐现不是任意的,应该也需要条件。这个条件到底是什么,或许需要从句法学以外更广的视角来进行探讨。关于这些条件的探讨,以及关于「に対して」以外的连用形式接续动名词连体修饰句的情况,都将是我们今后研究的课题。

参考文献

马小兵,2020. 日语复合格助词研究[M]. 北京:北京大学出版社.

于杨,2018. 同源复合助词连用与连体修饰用法差异:以「に対して」和「に対する」为例[J]. 日语学习与研究(4):26-33.

庵功雄,高梨信乃,中西久実子,他,2001. 中上級を教える人のための日本語文法ハンドブック[M]. 東京:スリーエーネットワーク.

大島資生,2010. 日本語連体修飾構造の研究[M]. 東京:ひつじ書房.

奥津敬一郎,1983. 変化動詞文における形容詞移動[M]//渡辺実. 副用語の研究. 東京:明治書院:317-339.

奥津敬一郎,2007. 連体即連用?:日本語の基本構造と諸相[M]. 東京:ひつじ書房.

影山太郎,1993. 文法と語形成[M]. 東京:ひつじ書房.

坂井厚子,1992.「について」「に対して」の意味用法をめぐって[J]. 信州大学教養部紀要(26):139-152.

石立珣,2016. 日本語動名詞の文法的特徴に関する研究:動名詞の連体用法と述語用語を中心に[D]. 北京:北京外国语大学.

杉本武,2009. 複合格助詞の連体用法について[R]. 文部科学省科学研究費補助金特定領域研究「日本語コーパス」平成20年度研究成果報告書:166-182.

鈴木重幸,1972. 日本語文法・形態論[M]. 東京:むぎ書房.

鈴木康之,1979. 規定語と他の文の成分との移行関係[M]//言語学研究会. 言語の研究. 東京:むぎ書房:315-348.

馬小兵,2003. 中国語の介詞"对"と日本語の複合格助詞「に対して」[J]. 文学部紀要16(2):1-14.

彭広陸,2006.「連体」と「連用」について:日本語教育における新しい文法体系の構築のために[J]. ことばの科学(11):327-339.

三原健一,平岩健,2006. 新日本語の統語構造:ミニマリストプログラムとその応用[M]. 東京:松柏社.

村木新次郎,1991. 日本語動詞の諸相[M]. 東京:ひつじ書房.

矢澤真人,1993. 副詞句と名詞句との意味連関をめぐって[J]. 国文学解釈と鑑賞(1):135-144.

山田敏弘,2002. 格助詞および複合格助詞の連体用法について[J]. 岐阜大学国語国文学(29):27-43.

横田淳子,2006.「に対して」の意味と用法[J]. 東京外国語大学留学生日本語教育センター論集(32):19-31.

GRIMSHAW J, MESTER A, 1988. Light verbs and θ-marking[J]. Linguistic inquiry(2):205-232.

作者简介

姓名:张超

性别:女

单位:上海海事大学外国语学院

学历:博士研究生

职称:副教授

研究方向:日语语言学

通信地址:上海市浦东新区临港新城海港大道1550号上海海事大学外国语学院

邮政编码:201306

电子邮箱:chaozhang@shmtu.edu.cn

"应该"的情态义及其日语对应形态*

The Modal Meaning of "Yinggai" and Its Japanese Correspondence

朱益倩　　徐英锦

摘　要: 汉语情态词"应该"分为表达道义情态的"应该1"和表达认识情态的"应该2"。本文采用由北京日本学研究中心开发的《中日对译语料库》,以其中20世纪80年代小说为对象考察汉语情态词"应该"在日语中的表达方式。考察发现,表达道义情态的"应该1"与日语的「べきだ」「なければならない」「ほうがいい」「ことだ」「ものだ」「のだ」等有对应关系,表达认识情态的"应该2"与「はずだ」「だろう」「に違いない」等有对应关系。

关键词: 多义情态词;"应该1";"应该2";语料库;日译形态

Abstract: The Chinese modality word "yinggai" can be divided into "yinggai 1" which expresses deontic modality and "yinggai 2" which expresses epistemic modality. This article uses the "Chinese-Japanese Translation Corpus" developed by the Beijing Japanese Studies Research Center, and uses novels in the 1980s as the object to investigate the expression of the Chinese modal word "yinggai" in Japanese. It is found that the deontic morality "yinggai 1" correspond to the Japanese "bekida", "nakerebanaranai", "hougaii", "kotoda", "monoda", and "noda". And "yinggai 2" has a corresponding relationship with "hazuda", "darou", and "nichigainai".

Keywords: polysemous modal words; "yinggai 1"; "yinggai 2"; corpus; form of Japanese translation

---

* 本文以朱益倩、徐英锦在《海外文摘》2021年第15期上发表的《多义情态词"应该"的日译形态考察》为基础进行研究。

1　引言

　　"应该"是汉语情态范畴的表达方式之一。其语义可解释为：表示情理上必须如此，估计情况肯定如此。吕叔湘（1980）、彭利贞（2007）[1]、徐晶凝（2008）将前者称为道义情态，后者称为认识情态。日语也有情态范畴，也可分为道义情态[2]和认识情态。日语中表达道义情态的语言形式有「べきだ」「なければならない」「ことだ」「ものだ」等形态，表达说话人的评价、判断。表达认识情态的语言形式有「はずだ」「だろう」「に違いない」等形态，表达说话人对命题的认识。"应该"作为典型的多义情态词受到了广泛的关注，其多义性给以汉语为母语的日语学习者增加了学习难度。初中级日语学习者多将"应该"与「べきだ」「はずだ」相对应，而忽略了其他日语情态形式。通过调查，笔者发现"应该"与日语的认识情态也有很好的对应关系。因此，本文采用由北京日本学研究中心制作的《中日对译语料库》，将其中的20世纪80年代中国小说及其日译作品作为例文出处，考察"应该"与其日译形态的对应关系，愿能为日语学习者提供新的思路。

2　中日情态范畴及分类

　　有关情态的定义，各家有所不同。在语言学领域主要有3种定义：①说话人的主观态度与观点在语法上的表现（Palmer，1986）；②说话人对句子所表达的命题或题所描写的情境的观点（Lyons，1977）；③说话人对事件的现实性状态表达的主观态度（彭利贞，2007）。可见，作为一个语义范畴，情态侧重于表达说话人的主观态度。

　　日、汉语对情态的分类借鉴印欧语的理论。Palmer（1986）从语言类型学角度将情态分为道义情态、认识情态、能动情态3类，其分类一直被后来的研究者所沿用。日语中的情态分类大致可分为2个角度来探讨：一是从说话人对事件的主观认识；二是从说话人对听话人所提出的命令、劝诱等意志性表达。如仁田（1991）、日本語記述文法研究会（2010）等都从这两个角度出发进行情态的下位分类。

　　有关汉语的情态分类，本文主要采用彭利贞（2007）的分类框架，把情态分为动力情态、道义情态和认识情态3个小类。道义情态是指"表达说话人对事件成真的可能性与必

---

[1]　彭利贞（2007）认为"应该1"表示说话人对听话人发出义务，要求听说人使之成为事实；"应该2"表示说话人从主观上推断事件有较大的可能性。
[2]　日语中称为「評価のモダリティ」（高梨，2010），虽不完全等于汉语中的"道义情态"，但语义相似。

然性的观点或态度,它与许可、必要、承诺等相关",认识情态则是指"表达说话人对命题为真的可能性与必然性的看法或态度,或者说,它表达说话人对一个情境出现的可能性的判断。它涉及认识上的可能性和必然性"。

3 "应该"的情态意义和区分标准

3.1 "应该"的情态意义

吕叔湘(1980)、《现代汉语词典》(第7版,2016:1569)对"应该"的解释为:"助动词。表示理所当然;估计情况必然如此。"洪心衡(1957)认为"应该"有2种含义:一是表示情理或事实上应该怎么样的;二是表示推测。彭利贞(2007)认为"应该"有道义情态"义务"和认识情态"盖然"即说话人从主观上推断命题成真有较大可能性这2种意义。

根据以上的论述,可明确"应该"的意义。一是作为道义情态,表示理所当然、有义务做某事。通过例句分析,发现其还表示说话人的希望、忠告、评价性的判断①等。二是作为认识情态,表示推测事件有可能发生。因此,本文将"应该"分为"应该1"(道义情态)和"应该2"(认识情态):"应该1"表示义务及说话人的评价性判断、要求、希望、忠告等;"应该2"表示说话人的推断(见表1)。比如:

(1)下一代应该出生和生活在文明、科学、健康的环境里边。

(王蒙《活动变人形》,下文用《活》表示)

(2)你应该好好想一想。你辜负了我们对你的希望。

(戴厚英《人啊,人》,下文用《人》表示)

(3)按照公认的标准,这位先生显然应该算是属于"资产阶级"的。

(《活》)

例句(1)和例句(2)中的"应该"为"应该1",表示说话人的希望、忠告。例句(3)中的"应该"为"应该2",表示说话人基于某一线索而做出的推断。

---

① 本文将评价性判断这一意义分为对命题成立的妥当性所做出的判断(本文称为"妥当判断")及对命题成立的必要性所做出的判断(本文称为"必要判断")。

表1　"应该1"和"应该2"的情态意义

所属情态	情态意义
道义情态(应该1)	评价性判断、要求、希望、忠告、命令、义务等
认识情态(应该2)	线索推断、自身断定、证据性推断[①]

3.2　"应该"的情态意义区分标准

本文在陈嘉嘉(2006)、王伟民(2020)的基础上,将"应该1"和"应该2"的句法语义特征做以下归纳。

"应该1"的句法语义特征包含以下8种。

1. "应该+吗"的形式表示质问,单独使用"应该"回答时,表示说话人的判断。

(4)"应该吗?"她问,好像又冷又苦地笑了笑。我没看见,但感觉到了。"应该。不论怎么说,他是我们的老同学,又是憾憾的爸爸。"

(《人》)

2. "是+应该",表达说话人的要求。"就+应该+是"的形式强调说话人的肯定倾向。

(5)我是应该好好整整自己,可是奚流呢? 游若水呢?

(《人》)

(6)生活本来就应该是这个样子。

(《人》)

3. "不+应该"的形式表示说话人的劝阻。

(7)他们脸上已经显出了这样的表情:有这样好的太太还胡闹,太不应该了!

(《活》)

4. "应不应该"的形式表示强调。

(8)我们这一辈人,应不应该清理和纠正自己的问题呢? 不纠正它、清理它,又把它留给谁呢?

(鲁彦周《天云山传奇》)

---

① 仁田(1991)将语气分为"发话传递性语气"和"命题指向性语气"。而"判断性语气"作为"命题指向性语气"的下位分类,表达形式可分为4种:表示说者的断定或推量作用的形式(本文称为"自身断定");表示推量的可信程度的形式(本文称为"证据性推断");表示在一定征兆下的推断的形式(本文称为"线索推断");有关推论方式的表达形式。

5. "更/最+应该"的形式表达说话人对现实情况的主观判断。

(9)他把这个奇迹归功于他隐约感到了的中国大地上的革命浪潮的萌动。也许<u>更应该</u>归功于死神。

(《活》)

6. "'似乎、大约'等推测副词+'应该'"的形式表达说话人基于情理所做出的肯定性推断。

(10)倪藻点了点头,又微笑了,他<u>似乎应该</u>说点什么:"那毕竟是过去的事了……全乱了套了……"

(《活》)

7. "应该+怎么/怎样"的形式表示询问性质、原因、状况、方式等意思,带有说话人希望得到对方回应的语义。

(11)"你看,我到底<u>应该怎么</u>办呢?"她又问我。

(《人》)

8. 在一些中性语境中,其他影响因素相同,"第一、二人称+应该+自主动词①"的形式表示说话人对自身或对方提出的要求。

(12)也许,<u>我应该说</u>:"去吧,孩子!妈妈不愿意你为妈妈牺牲!"

(《人》)

"应该2"的句法语义特征有以下3种。

1. "应该+算是"的形式表示猜测性的估计。

(13)按照公认的标准,这位先生显然<u>应该算是</u>属于"资产阶级"的。

(《活》)

2. "应该+吧②"的形式表示说话人对命题的推断及寻求听话人的确认。

(14)结婚好几年了,我第一回怯生生地在信上表达我对你的思念、挂牵,也许那总<u>应该算是</u>爱的萌芽<u>吧</u>。

(《活》)

---

① 马庆株(1992)在《汉语动词和动词性结构》中将动词分为自主动词和非自主动词,自主动词有"说、改造、承认"等,非自主动词有"懂、知道、是"等。

② 徐晶凝(2008)认为当"吧"用于陈述句句末的时候表示说话人一方面自己对命题做出推断,另一方面又主动将最终的判断权交给听话人,即不要求听话人接受自己的话,而是将自己的推断交由听话人来确认。

3. 在一些中性语境中,其他影响因素相同,"第三人称+应该+非自主动词"的形式表示推测性判断。

(15)当铺的伙计怎么没说什么呢？ 他<u>应该</u>认识他们一家的呀！

(《活》)

通过对"应该1"和"应该2"的句法语义特征分析,我们可以归纳两者的不同点。第一,"应该+吗"的形式表示质问,并且因"应该1"带有判断、忠告等语义,被认为可以单独用来回答问题,表示说话人的判断,"应该2"则无此用法。第二,"应该1"前后都能接"是",接在前面表示说话人强调事实必须如此,而接在后面表示说话人的肯定倾向,"应该2"只能后接"是",并且通常会加上"吧"等表示推测的词。第三,"应该1"的用法接近动词,前面可以接续副词来修饰,"应该2"的用法接近副词①,所以"似乎、大约"等推测副词及"更、最"等程度副词只能与"应该1"搭配。第四,"应该1"可以加上"怎么、怎样"等疑问代词,表示说话人希望得到对方的回应,寻求解决的方法。第五,在中性语境中,"应该1"后加自主动词表示说话人的要求,"应该2"后加非自主动词表示推测性判断。

本文对《中日对译语料库》中20世纪80年代小说的日语译文进行搜索,共搜集到299例句子。根据"应该1"和"应该2"的判定标准,本文对299例句子进行分类,其中"应该1"有279例,约占例句总数的93.3%。"应该2"有20例,约占例句总数的6.7%。具体结果如表2所示。

表2　"应该1"与"应该2"的相关例句数

单位:例

"应该"的类型	情态意义	例句数	总计
应该1	妥当判断	78	279
	必要判断	89	
	要求	47	
	希望	22	
	忠告	26	
	命令	7	
	义务	4	
	强调	4	
	寻求回应	2	

---

① 张谊生(2000)在《现代汉语副词研究》中区分了助动词和副词:凡是不能单独充当基式谓语,一般不受程度副词修饰,又不能用"×不×"方式提问题的是副词。

续　表

"应该"的类型	情态意义	例句数	总计
应该2	线索推断	13	20
	自身断定	6	
	证据性推断	1	

4　"应该1"的日译形态

在关于"应该1"的279例中，有对应形态的例子共244例，约占"应该1"例子总数的87.5%，无对应形态的例子共35例，约占"应该1"例子总数的12.5%。本节从"应该1"在例句中所表达的情态意义出发，将其对应的日语形态进行归类，结果如表3所示。

表3　"应该1"对应的日译形态及情态意义

单位：例

应该的类型	情态意义	对应形态	例句数
应该1（道义情态）	妥当判断	べきだ	45
		なければならない类	9
		するほうがいい类	10
		ものだ	1
		してください类	1
	必要判断	べきだ	44
		なければならない类	23
		するほうがいい类	2
		ものだ	1
		当然だ类	9
	要求	べきだ	24
		なければならない类	11
		するほうがいい类	2
		ことだ	1
		してください类	4

续　表

应该的类型	情态意义	对应形态	例句数
应该1(道义情态)	希望	べきだ	8
		なければならない类	3
		するほうがいい类	1
		してください类	5
		当然だ类	3
	忠告	べきだ	9
		なければならない类	6
		するほうがいい类	3
		ことだ	1
		してください类	2
	命令	べきだ	1
		なければならない类	2
		してください类	3
	义务	べきだ	3
		なければならない类	1
	强调	のだ	4
	寻求回应	べきだ	1
		するほうがいい类	1
	—	无对应	35

注:「なければならない」类主要有「なければならない」「てはいけない」「ねばならない」「なくてはいけない」等形态;「するほうがいい」类主要有「するほうがいい」「すればいい」「したらいい」等形态;「してください」类主要有「してください」「しなさい」「し給え」「してほしい」「しよう」等形态;「当然だ」类主要有「当たり前だ」「必要だ」等形态。

4.1　与「べきだ」对应的情况

把"应该1"翻译成「べきだ」的例子最多,共135例,约占"应该1"有对应形态例子的55.3%。例如:

(16)他把这个奇迹归功于他隐约感到了的中国大地上的革命浪潮的萌动。也许更

应该归功于死神。

（《活》）

この奇蹟は、中国の大地に微かに彼が感じとっていた革命の兆しのお陰にちがいない。いや、死神にこそもっと感謝すべきかと彼は思う。

「べきだ」的基本意义有以下2点：表示该事态在伦理上、道德上是理所当然的；表达说话人对实际情况妥当的评价(日本語記述文法会,2003:106)。

4.2　与「なければならない」类对应的情况

与此类的例句共55例,约占"应该1"有对应形态例子的22.5%。

(17)男孩子应该玩手枪、步枪和机关枪,不但有声响,而且可以喷火。

（《活》）

男の子はピストルや銃、機関銃も遊ばなくては。音が出て火も吹く奴だよ。

(18)接连两天都是娘和姐姐做家务,今天她应该多做一些了。

（《活》）

二日つづけて母と姉に任せた家事を今日は自分が引き受けなくては。

(19)可是这种制约和改造应该是合理的,并且应该成为人们的自觉要求和行动。

（《人》）

しかし、その制約と改造は合理的でなければならない。そして人びとの自覚的要求、行動になるのでなければならない。

「なければならない」是道义情态的另一典型代表,其基本语义为不允许不实现某事态或行为。当事态、行为人为控制性强时,表示针对事态的"必要性""妥当性""规范性"进行行为选择;当事态、行为人为控制性弱时,基于"必要性""妥当性"对于事态给予"评价"(王晓华,2011)。

4.3　与「するほうがいい」类对应的情况

与此类对应的例句共19例,约占"应该1"有对应形态例子的8.8%。

(20)我不知道应该怎样安慰这个孩子。

（《人》）

この子をどう慰めたらいいのか分からない。

(21)这时候,我想起了我应该这样说。

（《人》）

そのとき、こう言って<u>やればいい</u>のだと思いついた。

(22)张奇林在心里对自己说："对庞其杉这样的人，还是<u>应该</u>直截了当地同他谈论他的专业。"

（刘心武《钟鼓楼》）

張奇林は急に思いついた。この男とは、その専門について話した<u>ほうがいい</u>かもしれない。

根据吴大纲(2007)，「するほうがいい」类的主要用法有4种：满足目的的条件；表示推荐或许可；表示希望；(以过去式)假定与过去的实际相反，表示遗憾的心情。「ほうがいい」还有"推进、促进""说话人认为应该这样做""对事态的肯定评价"等用法。

4.4　与「ことだ」「ものだ」类对应的情况

与「ことだ」「ものだ」类对应的例句共4例，约占"应该1"有对应形态例子的1.6%。

(23)我看不要去管别人放过不放过你。你自己<u>应该</u>抓住自己好好整一整。

（《人》）

他人が君を許すかどうかなんて、実はどうでもいいんだ。肝心なのは君自身が自分をやっつける<u>ことなんだ</u>よ。

(24)现在，就<u>更应该</u>多恩着点，要让他死心塌地地回过头来。

（《活》）

今は温かく労って真から彼を立ち直らせる<u>ことだ</u>。

(25)应该磊落大方，<u>不应该</u>鼠头鼠脑、畏畏缩缩、羞羞答答。

（《活》）

モジモジ、イジイジする<u>もんじゃない</u>……

根据王晓华(2011)，「ものだ」主要是基于事物的"本质、本性"对事态的必要妥当性进行判断，表达说话者、叙述者对于当前事态的义务性判断、评价性态度，也表示"感动、吃惊、回忆"之意。「ことだ」的情态义主要有"义务判断、评价性态度、忠告、命令、后悔"等。

4.5　与「当然だ」类对应的情况

与「当然だ」类对应的例句共12例，约占"应该1"有对应形态例子的4.9%。

(26)题目上何荆夫放在前面，<u>我应该</u>先写何荆夫才对。

（《人》）

题是何荊夫のほうが前にある。何荊夫のことを先に書くのが<u>当たり前だ</u>。

(27)儿童而且<u>应该</u>有自己的交通工具,<u>应该</u>有儿童驾驶儿童乘坐的火车和电车。

(《活》)

子供の運転する子供のための汽車や電車なども<u>必要だ</u>。

4.6　与「してください」类对应的情况

关于此类是否列入情态系统,学者各抒己见。本文认为宫崎他(2002)的"命题·请求情态"能够反映出此类的特点,故将此类单独提出来讨论。此类共15例,约占"应该1"有对应形态例子的6.1%。

(28)他希望他也相信下一代将生活得更加文明、高尚、善良、幸福。起码他们<u>应该</u>生活得更加健康和合理。

(《活》)

次の世代がより文明的な、高尚な、善良で幸福な生活を送るように願い、それを信じていた。少なくとも彼等にはよりヘルシーにリーズナブルに生き<u>てほしい</u>。

(29)甚至见到生人<u>应该</u>面带笑容,见到认识的人<u>应该</u>主动去问候。

(《活》)

初対面の方にはニッコリ笑い、顔見知りの方には進んでご挨拶<u>しなさい</u>。

(30)冬天睡觉的时候也<u>应该</u>开窗户,天好的时候<u>应该</u>到户外做日光浴啦。

(《活》)

冬でも寝る時は窓をあけ<u>なさい</u>。お天気の時は戸外へ出て日光浴すべきだ。

4.7　与说明情态「のだ」对应的情况

与「のだ」(包括其变音「んだ」等形式)相对应的例子有4例,约占"应该1"有对应形态例子的1.6%。

(31)他一时竟口吃起来:"你你你怎么这样不冷静! 你冷冷冷静一点! 你<u>应该</u>懂得,文学创作并不像你想象的那么简单……"

(刘心武《钟鼓楼》)

「き、き、きみ、もう少し冷静になりたまえ。れ、れ、冷静になるんだ。文学の創作というものはね、君が考えるように甘くない<u>ん</u>ですよ。」

关于以「のだ」为典型形态的说明情态,研究者们持有不同态度。本文采用益冈(1991)、日本语记述文法研究会(2010)的情态分类,将「のだ」作为说明情态来讨论。根

据寺村(1984),「のだ」表示对已发生事件原因的说明或向对方的解释①。在例句中更显示出说话人对所论观点的强调。

4.8　非对应翻译的情况

"非对应翻译的情况"即译者为了照顾译文上下文的流畅,放弃词语的一一对应的翻译方法。这种情况找不出对应的译词。例如:

(32)他们脸上已经显出了这样的表情:有这样好的太太还胡闹,<u>太不应该了</u>!

(《活》)

こんな奥さんがいながらデタラメやるとは怪しからん！みんなの顔にそんな表情が浮かんでいた。

(33)她<u>应该</u>像二十几年前的那个孙悦那样:兴奋、自然地站在我面前,滔滔不绝地对我叙说。

(《人》)

二十余年前のあの孫悦のように、元気いっぱいに、なんのわだかまりもなくおれの前に立ち、滔々と語りかけてくる。

(34)我查查它的出处,实在想不出我为什么<u>应该</u>戴上这顶帽子。

(《人》)

その語源を調べてみたが、おれがどうしてそんなレッテルを張られるのか、わけが分からない。

5　"应该2"的日译形态

关于"应该2"的20个例句中,有对应形态的例句共17例,占"应该2"例句总数的85%;无对应形态的例句共3例,占"应该2"例句总数的15%。本节从"应该2"在例句中所表达的情态意义出发,将其对应的日语形态进行归类,结果如表4所示。

---

① 原文为:「～ノダを誘発するのは、ある状況を認識して、それを理解しよう、あるいは相手に理解させようという気持ちである。」

表4 "应该2"对应的日译形态及情态意义

单位:例

应该的类型	情态意义	对应形态	例句数
应该2(认识情态)	线索推断	はずだ	10
	自身断定	だろう	2
		べきだ	3
		なければならない类	1
	证据性推断	に違いない	1
	无对应	—	3

据考察,"应该2"对应的认识情态有「はずだ」「だろう」「に違いない」。其中对应「はずだ」形态的例句共10例,约占"应该2"有对应形态例子的58.8%。对应「だろう」形态的例句共2例,约占"应该2"有对应形态例子的11.8%。对应「に違いない」形态的例句共1例,约占"应该2"有对应形态例子的5.9%。此外,本文发现"应该2"与我们一般所认为的道义情态标记「べきだ」和「なければならない」类有对应关系。对应「べきだ」形态的例句共3例,约占"应该2"有对应形态例子的17.6%。对应「なければならない」类形态的例句共1例,约占5.9%。以下是具体例句:

(35)按照公认的标准,这位先生显然<u>应该算</u>是属于"资产阶级"的。

(《活》)

中国お家芸の物差しで計ると、氏はあきらかに「ブルジョアジー」に属する<u>はずなのだ</u>。

(36)结婚好几年了,我第一回怯生生地在信上表达我对你的思念、挂牵,也许那总<u>应该算</u>是爱的萌芽吧。

(《活》)

結婚して何年もたってから初めておずおずと手紙に自分の思いを書き記した。ともかくあれは愛の芽生えといえる<u>だろう</u>。

(37)这说明,用铁耙挡住鬼子汽车退路的计谋竟是我奶奶这个女流想出来的。我奶奶也<u>应该</u>是抗日的先锋,民族的英雄。

(莫言《红高粱》)

というのも、鉄のまぐわで鬼子の自動車の退路をはばむ計略がわたしの祖母、つまり一人の女の発案だった、ということがわかったからだ。祖母も抗

日の前衛、民族の英雄であった<u>にちがいない</u>。

「はずだ」「だろう」作为典型的认识情态,占比较大。益冈(1991)认为「はずだ」是表示判断的一种语法形态,表示说话人根据某一线索推断出的结果[①]。仁田(1991)认为「だろう」表示说者的断定或推量作用,「に違いない」表示推量的可信程度[②]。而关于「べきだ」和「なければならない」也有前人研究指出,二者有用于表达认识情态意义的情况(森山,1997;谭嘉诚,2021)。它们表达的是一种对命题必然成立所做出的推断。

6　结语

汉语"应该"的意思用法很广泛,在意义和句法功能等某一个方面也能进行很多的研究。本文主要是研究与"应该"对应的日语情态形式。通过研究可知:"应该1"对应「べきだ」时表达评价性判断、要求、希望、忠告、命令、义务、寻求回应等意义;对应「なければならない」类时表达评价性判断、要求、希望、忠告、命令、义务等意义;对应「するほうがいい」类时表达评价性判断、要求、希望、忠告、寻求回应等意义;对应「ことだ」「ものだ」类时表达评价性判断、要求、忠告等意义;对应「当然だ」类时表达评价性判断里的必要判断及希望等意义;对应「のだ」时表达说话人对所论观点的强调之意。

"应该2"对应「はずだ」表达根据某一线索推断出的结果,对应「だろう」表达说话人的断定或推量作用,对应「に違いない」表达推量的可信程度,对应「べきだ」和「なければならない」类时表达说话人的推断对命题必然成立。

最后,无具体对应形式的例句中的"应该"多为表达说话人主观判断或自身意志的句子。通过动词的命令形等活用形式或上下文呼应的方式达到与"应该"相同的情态意义。

---

① 原文为:「判断の様式をあらわすタイプの一つは「はずだ」である。「はずだ」は判断の様式のなかでも特に、根拠に基づく推論であることを表すものである。何らかの手がかりから推論的に推論された結果を表現するものである。」

② 原文为:「話し手の把握・推し量り作用を表すものは、言表事態をめぐっての発話時における話し手の把握・推し量り作用を表したものである。『スルースルダロウ・スルマイ』といった形式の対立によって表される。」「推し量りの確からしさを表したものは、推し量られた内容である言表事態がどれ位の確からしさをもって成り立つのかを表したものである。『(スル)ニチガイナイ』や『(スル)カモシレナイ』がその代表的な表現形式である。」

参考文献

陈嘉嘉,2006. "应该"的多视角研究[D]. 长沙:湖南师范大学.

洪心衡,1957. 能愿动词、趋向动词、判断词[M]. 上海:新知识出版社.

吕叔湘,1980. 现代汉语八百词[M]. 北京:商务印书馆.

马庆株,1992. 汉语动词和动词性结构[M]. 北京:北京语言学院出版社.

彭利贞,2007. 现代汉语情态研究[M]. 北京:中国社会科学出版社.

谭嘉诚,2021. 道义情态的日汉对比研究[D]. 大连:大连理工大学.

王伟民,2020. 述宾还是状中[D]. 上海:上海师范大学.

王晓华,2011. 现代日汉情态对比研究[D]. 上海:上海外国语大学.

吴大纲,2007. 日语语法:句法与篇章法[M]. 上海:上海外语教育出版社.

徐晶凝,2008. 现代汉语话语情态研究[M]. 北京:昆仑出版社.

张谊生,2000. 现代汉语副词研究[M]. 上海:学林出版社.

中国社会科学院语言研究所词典编辑室,2016. 现代汉语词典[M]. 7版. 北京:商务印书馆.

朱益倩,徐英锦,2021. 多义情态词"应该"的日译形态考察[J]. 海外文摘(15):21-22.

高梨信乃,2010. 評価のモダリティ:現代日本語における記述的研究[M]. 東京:くろしお出版.

寺村秀夫,1984. 日本語のシンタクスと意味[M]. 東京:くろしお出版.

仁田義雄,1991. 日本語のモダリティ人称[M]. 東京:ひつじ書房.

日本語記述文法研究会,2003. 現代日本語文法4:第8部 モダリティ[M]. 東京:くろしお出版.

日本語記述文法研究会,2010. 現代日本語文法1:第1部 総論 第2部 形態論 総索引[M]. 東京:くろしお出版.

益岡隆志,1991. モダリティの文法[M]. 東京:くろしお出版.

森山卓郎,1997. 日本語における事態選択形式:「義務」「必要」「許可」などのムード形式の意味構造[J]. 国語学(188):123-110.

宮崎和人,仁田義雄,益岡隆志,他,2002. モダリティ[M]. 東京:くろしお出版.

LYONS J, 1977. Semantics[M]. Cambridge:Cambridge University Press.

PALMER F R, 1986. Mood and modality[M]. Cambridge:Cambridge University Press.

作者简介

姓名：朱益倩

性别：女

单位：延边大学外国语学院

学历：硕士研究生在读

研究方向：日语语言学

通信地址：吉林省延边朝鲜族自治州延吉市公园街 977 号

邮政编码：136200

电子邮箱：yiqian200524@163.com

姓名：徐英锦

性别：女

单位：延边大学外国语学院

学历：博士研究生

职称：副教授

研究方向：日语语言学、句法学

通信地址：吉林省延边朝鲜族自治州延吉市公园街 977 号

邮政编码：136200

电子邮箱：3248171261@qq.com

翻译研究

语篇视角下政治文献排比句式日译研究[*]

Parallelism's Japanese Translation of Political Literature from the Discourse Perspective

展 蕾

摘 要: 本文以中国共产党第十九次全国代表大会报告的排比句式及其日译为研究对象,通过平行语料库的构建和例句分析的方法,以语篇属性和全译方法论为切入点,总结了5种排比结构常用的日译策略,为后续政治文献的日译提供参考和借鉴。

关键词: 排比句式;政治文献;日译;语篇属性

Abstract: This article takes the parallelism structure and the Japanese translation of the report of the 19th National Congress of the Communist Party of China as the research object. Through the construction of parallel corpora and the analysis of example sentences, the discourse attribute and the methodology of full translation are used as the starting point. The 5 kinds of Japanese translation strategies, which are commonly used in parallelism structure, provides reference and reference for the subsequent Japanese translation of political literature.

Keywords: parallelism; political literature; Japanese translation; discourse attribute

1 引言

排比结构因其句式统一、内容多具有同主题性,具有联句成篇、前后语篇相互呼应的

---

* 本文系天津市哲学社会科学规划重点委托项目"习近平著述及讲话日译策略研究"(项目编号: TJWYZDWT1801-04)的阶段性研究成果。

作用。在文章中使用排比句式可达到强化语篇主旨的效果,使得语篇气势磅礴且深入人心。时政文章涉及大量国家大政方针,其内容涉及面广,涵盖面宽,信息量大,因而汉语中常有大段的长句,这些长句大多平行排列,一气呵成,具有以意驭句的特点鲜明(贾文波,2004)。中国共产党第十九次全国代表大会报告语言特征鲜明,话语风格突出,同样使用了很多广义或狭义上的排比结构。

语篇既是相对于语法单位如句子等而存在的话语单位,本身又涵盖小句、句子等下属单位,而且有时在形式上与句子和语段等合二为一,语篇也可谓是翻译的基本单位之一(司显柱,2001)。翻译作为言语交际的一种形式,语篇属性对于翻译具有启发和借鉴意义。译者为保证译文的流畅度和避免行文重复,往往会从谋篇布局上采取适当的翻译策略,以使译文同原文在句子结构和语气上尽可能地保持一致。

目前关于中国共产党第十九次全国代表大会报告翻译的研究大多集中在特色词汇、术语等词语的翻译策略上,而且日译研究也同样以日语同形词、熟语的翻译研究居多,关于排比句式的翻译研究则较少。本文以排比句式的日译为研究对象,以语篇的属性为切入点,重点考察排比句式翻译策略的选择,以及其翻译修辞效果和语篇功能的实现度。

2 文献综述

排比修辞是一种积极修辞格,排比句是同范围、同性质的事象用结构相似的句法逐一表出的句式结构(陈望道,2008)。英语和日语中也有类似于排比的修辞法及相关研究,英语相对应的修辞格为"parallelism",日语中的「反復」「並列」「くりかえし」「パラレリズム」「対句法」等修辞技巧也和汉语的排比修辞相类似。

笔者以国内学术文献检索平台知网为对象,以"排比"为关键词进行检索,对所得结果进行梳理后发现,关于排比的相关研究大致可分为以下3类。

第一类是从汉语的角度分析研究排比的构成、修辞特点和语篇功能。例如,李胜梅(2005)将排比作为一个整体放在语篇中来考察"排比块"的功能,通过例句分析了排比块的造句功能、谋篇功能、语篇位置、连用情况、表义传情效果等。张春泉(2007)结合具体的中文语篇,分析了排比的修辞功能,指出排比可以形成语境,便于表达者和接受者互动,促成双方的认同,更有助于加强语势。

第二类是英汉排比的对比研究。此类研究多从对比语言学和对比修辞的角度分析两种语言在使用排比修辞时的异同。李国南(2000)对英汉排比的形式和项数进行了对比分析。黄慧敏(2001)以英汉排比的修辞性话语特征为基础,对英汉排比的"壮文势、广

语义"的话语特征进行赏析,通过分析排比的内部结构,揭示了语势特征的内在关系。

第三类是排比的翻译研究。此类研究是以排比的对比研究为基础的翻译实践研究。例如,王小萍(2008)以政治语篇为对象,从语篇层面对排比进行了探讨,并且结合汉英翻译实例分析后指出,排比翻译可以在译语中再现排比的审美效果及语篇功能。李国庆(2006)以功能语法为理论框架,以城市宣传广告为例,从语境的角度分析、探讨了英汉排比修辞格的定义、功能,以及如何为广告语篇体裁的社会目的服务,并从语言三大元功能的角度,分析和探讨了直译的定义,以及直译策略在广告语篇的排比修辞语码转换中的可行性和理想性。

笔者以日本学术文献检索平台 CiNii(日本综合学术信息数据库)为工具,以「反復」「並列」「パラレリズム」「対句」「並行体」「平行体」等为关键词进行检索梳理后发现,有关日语的排比修辞研究大致可以分为以下2类,但未发现排比的翻译研究。

第一类是从修辞特点的角度分析日语语言中的排比现象。该类研究所用素材多为日本的诗歌等文学本文。塩田(2004)将反复和省略的修辞法进行了对比分析。岡村(1952)具体分析了日本作家纪贯之的文章和其中所用的对句修辞法。霜崎(2003)则分析了福泽谕吉的《西洋事情》中所用的对句手法及其修辞效果。

第二类是从语法的角度剖析日语排比句式的构成。中俣(2019)分析了日语名词句并列结构的句法构造。京(2013,2014)分别考察了日语并列助词「たり」和「なり」在构成排比句法时起的句法功能。

3　研究问题及目的所在

关于排比的研究,汉语修辞角度的成果虽然丰硕,但从上述文献综述可知,针对排比的翻译仍存在进一步分析、挖掘之处。

第一,排比翻译研究语种分布不均。从本次调查搜集的文献来看,有关排比的翻译研究多以汉英语间的转换为对象,对于汉日语间的相关研究近乎缺失。

第二,研究中依托的理论较为单一。从文献综述可知,既有研究多依托功能对等、目的论等翻译策略进行分析,视点多局限在直译、意译、归化、异化等策略的运用上。

第三,对排比的语篇功能关注不足。从文献综述可知,既有研究对排比的语篇修辞功能介绍较多,但是对于排比翻译在文本中的衔接和连贯等篇章功能缺乏关注。

第四,排比翻译研究所用语料单一。从文献综述可知,既有研究所用素材多为文学作品和广告文等,对于政治文献中的排比翻译研究缺少关注或发掘不足。

　　针对以上问题,本文将以习近平在中国共产党第十九次全国代表大会上所作的报告及其日译本为素材,以语篇属性在译文中的再现为切入点开展研究,拟阐明以下内容:一是排比日译文中的语篇属性的再现度;二是厘清译者为再现该语篇属性而采取的翻译方法,以便为政治文献排比句式的日译提供参考。

　　王希杰(1983)将排比定义为3个以上结构相同或相似、意义相关、语气一致的词组或句子。李胜梅(2006)根据各排比项的语法性质,将排比分为词的排比、词组排比、分句排比、句子排比、句群排比、段落排比等。从排比板块所具有的造句功能和谋篇功能看,排比块可以在句内充当主语、谓语、宾语、定语、状语、补语等成分,也可以构成复句、语段甚至整个语篇。

　　本文综合借鉴王希杰(1983)、李胜梅(2006)的上述排比定义,从语篇的属性考察排比句式翻译时所采取的翻译策略,以及在选择该翻译单位时起到的语篇功能效果,重点考察排比句群的日译语篇功能的实现程度。

　　在考察时,本文以中国共产党第十九次全国代表大会报告原文和日译文为素材自建中日平行语料库,基于上述定义人工筛选出词汇排比、句子排比和句群排比三大类排比结构共计68处。对于这68处排比结构,结合全译方法论和篇章属性,从微观和宏观层面分析汉日排比的翻译。

4　语篇视角下的排比日译法

　　目前,学界普遍认为语篇具有衔接性、连贯性、意图性、可接受性、情景性、信息性和互文性(de Beaugrande & Dressler,1981),各属性广泛并存于各类语篇之中。本文的研究对象属于政治语篇,其情景性和排比句式的互文性不太明显,因此情景性和互文性不在本文的考察范围之内。排比作为语篇衔接的方式之一,译者需要译出原文的语篇衔接力。因此,本文从宏观层面的语篇属性切入,在微观层面结合黄忠廉(2004)提出的对译、增译、减译、转译、换译、分译和合译这7种全译翻译策略,分析译文如何更好地再现排比的修辞效果和语篇功能。

4.1　衔接性换译

　　衔接指的是语篇表层各构成成分之间得以保持有序排列和连接的各种手段和方法,通过关联词语和其他语法手段实现语际组合的语篇组织形式。衔接在组织形式上属于语篇的表层结构,语篇的形成既包括有形的联结手段又包括无形的联结手段。衔接关系

可以分为语法衔接和词汇衔接，换译中的词类换译和句类换译有助于译文语篇衔接性的再现。

调查发现，在中国共产党第十九次全国代表大会报告原文中，共有3处使用了衔接性换译的翻译策略。

(1)原文：<u>青年一代有理想、有本领、有担当，国家就有前途，民族就有希望</u>。

　　译文：<u>青年の世代が理想をもち、能力を磨き、責任を担えば、国には前途が開け、民族には希望が生まれる</u>。

例句(1)中"青年一代有……国家就有……民族就有……"是以"有……"为提挈语而构成的排比结构，该排比句的提挈语"有……"没有机械地重复译成「ある」，而是将原文出现了5次的"有"换译成5个不同的动词，避免重复性翻译造成的短句排比结构的累赘。

另外，原文内部语义关系呈现的是条件关系，因此译者在翻译该语篇时，对于原文的逻辑关系使用了「担えば」这种条件句以实现译文语篇的语法衔接。通过句类换译的方法将原文排比句换译为条件复句，显化原文内部的条件逻辑关系，完善了译文语篇的衔接性，通过重复和省略翻译提挈语的方法译出语篇的衔接力。

(2)原文：在<u>幼有所育、学有所教、劳有所得、病有所医、老有所养、住有所居、弱有所扶</u>上不断取得新进展……

　　译文：<u>育児・教育・所得・医療・養老・住居・救済</u>の面で絶えず新たな進展をもたらし……

例句(2)中连续使用了7个"……有所……"结构的四字格。为了避免译文重复冗长，给译文读者造成负担，译者通过换译法将四字格换译成7个名词，并统一使用概括性词语「……の面で」一词。这种处理，既不影响译文意义的表达，又通过7个名词的并列，保证了排比修辞效果，再现了译文信息的传递效果，增强了政治文献译本的可读性和译文整体衔接的紧密性。

4.2　意图性加译

意图性是语篇使用者的话语态度和目的。排比句群的翻译体现了语篇的意图性，在面对具体排比句群的翻译时，译者要在充分理解作者使用排比的意图基础上，解构原文，根据目的语语境和受众需求重构译文。

调查发现，在中国共产党第十九次全国代表大会报告原文中，仅有2处采取了意图性加译的翻译策略。

(3)原文：新时代中国特色社会主义思想，<u>明确</u>坚持和发展中国特色社会主义，总任

务是……<u>明确</u>中国特色社会主义最本质的特征是……

译文:「新時代の中国の特色ある社会主義」思想は、<u>以下の八つの点を明確にし</u><u>ている</u>。今中国の特色ある社会主義を堅持し発展させる上での総任務は……<u>ことであると明確にしている</u>。……中国の特色ある社会主義の最も本質的な特徴は……<u>であると明確にし</u>……

例句(3)原文中连续使用了8个"明确",作者意在深化听众对新时代中国特色社会主义思想的认识,强化8项"明确"内容,增强语势,充分体现了政治文本的唤起听众共鸣、向听众传达旨意的语篇特点。译文根据原文逐一对照翻译成「……と明確にする」,通过对译法准确向译文读者传达原文的主旨思想。

在日语句群中,中心句在意义上居于主导地位,因而具有文脉的统摄功能(李远喜,2001)。译者为凸显原作的交际意图,更好地传递该语篇的主旨意图,在句首加译了「以下の八つの点を明確にしている」,以便和前一小句共同组成该段译文句群的中心句,开篇点明篇章主旨,交代了本段的意图,使读者迅速了解原文主旨,本文将其称之为意图性增译法。在整个排比段篇章构成上,为了实现原文排比语篇的交际效果,日译文忠实性地再现这一原文的组篇和翻译方式,保证了信息和修辞效果层面的篇际连贯性。

4.3　信息性对译

信息性是语篇信息传递已知或预期程度及识解程度。语篇的信息性这一属性多反映在翻译文本、翻译内容和翻译策略的选择上。在政治文本中,排比语篇使用较多的翻译策略是直译。译文的小句乃至整个句群的翻译都和原文语篇的结构形式相呼应,充分再现原文的信息。另外一种常见的策略是注重意义的等值重组译文结构,译文语篇结构的排比修辞特征与原文修辞特征没有逐一复现,但在语篇信息的传递上是完整的再现。

排比与上下文在语义和形式上联系密切,重现这种联系是建构衔接自然、语义连贯的译语语篇的关键。因此,为实现语篇的信息功能,全文排比的翻译共有51处使用信息性对译的翻译策略,本文根据语篇信息的传达情况,将其分为形式化对译和非形式化对译2种翻译策略。

(4)原文:历史只会眷顾<u>坚定者、奋进者、搏击者</u>,而不会等待<u>犹豫者、懈怠者、畏</u><u>难者</u>。

译文:歴史は、<u>確固として果敢に奮闘する者</u>だけを待ってくれるのであり、<u>躊</u><u>躇したり怠けたり怯んだりする者</u>を待ってくれない。

例(4)原文的主体框架是2组小句的对偶,2个小句是由做定语的词汇排比构成的。

对于第一组排比词"坚定者、奋进者、搏击者",译文使用了2个同义副词「確固」和「果敢」修饰「奮闘する者」。对于第二组排比词"犹豫者、懈怠者、畏难者",译文则使用了表示列举的「……たり……」句式,通过3组词汇共同译出。这2处排比的翻译,前一处是非形式化对译,后一处是形式化对译。

　　观察上述非形式化对译可知,译文语篇保持了和原文形式相同的对偶形式,但在排比的形式上没有进行一一对应,而是将功能对等作为翻译策略。这种策略在保证语篇交际信息性的基础上,避免了译文过于重复和冗长。观察上述形式化对译可知,该处理方式保证了译文和相对应的原文在形式效果上的一致性和语义层面的完整性。

　　(5)原文:坚持<u>说实话、谋实事、出实招、求实效</u>。

　　　　译文:<u>真実を語り、実のある仕事に努め、現実的な措置を講じ、実効を求めることを堅持し</u>。

　　例句(5)排比句的提挈语"实"字连续使用了4次,起到了很好的强调作用。译者以提挈语"实"字为核心,将"实话、实事、实招、实效"这4个名词译作了日语的「真実、実のある仕事、現実的な措置、実効」,通过形式化直译实现了译文排比效果,保证了语篇信息的完整性。

　　例句(5)的翻译策略选择说明,以中日两国最能体现共有性文化内涵的汉字作为再现排比效果的切入点,是译者在处理此类翻译时的一种选择。语篇信息性是译文忠实性准则的再现,译者可以通过不遗漏主要信息、补偿合理性信息或适当省略重复性信息完成对语篇信息的再现程度。

　　(6)原文:努力实现<u>政策沟通、设施联通、贸易畅通、资金融通、民心相通</u>。

　　　　译文:<u>政策面の疎通、インフラの相互連結、貿易の円滑化、資金の融通、民心の通い合い</u>の実現に努め。

　　例句(6)是由连续5个四字格短语组成的宾语排比,并且原文均以相同的汉字"通"字为提挈语,译者为确保实现修辞效果和语义传达的完整性,采取了与例句(5)相似的翻译策略,使用中日两国共有的汉字"通"字。但是,在翻译"设施联通"和"贸易畅通"这2个词时,因为未能找到对应的包含"通"字的日语汉字词,译者采取语音对译的方法将"通"字的其中一个发音「つ」作为译文修辞效果实现手段。从处理结果来看,虽然在表记形式上未达到统一,但在音声方面实现了修辞效果,使译文读起来同样铿锵有力、深入人心。

　　(7)原文:坚持反腐败<u>无禁区、全覆盖、零容忍</u>,坚定不移"<u>打虎</u>""<u>拍蝇</u>""<u>猎狐</u>"。

　　　　译文:反腐敗において「<u>聖域なし・全面カバー・ゼロ容認</u>」を堅持し、揺るぐことなく「<u>トラ退治</u>」「<u>ハエ叩き</u>」「<u>キツネ狩り</u>」を進めたことで。

例句(7)中采取了信息性对译法,将"无禁区、全覆盖、零容忍"的表达和隐喻性动宾短语"打虎""拍蝇""猎狐"按照字面意思逐一译出。这种方法能忠实传达出原文信息的内涵,译文采用"异化"的翻译策略,能最大限度地保留原文的文化色彩和语境意义,增强传播效果。

4.4　连贯性减译法

语篇的连贯性是评估译文翻译质量的重要因素之一,一个易于读者理解的语篇均具有连贯性。连贯是语篇深层语义和功能的连接关系,指译文读者可以通过逻辑推理达到语义的连贯性,这是篇章的无形网络。

调查发现,在中国共产党第十九次全国代表大会报告译文中,共有10处的排比结构采用连贯性减译的翻译策略,使译文语篇保持了简洁和连贯。

(8)原文:实行<u>更加积极、更加开放、更加有效</u>的人才政策,以<u>识才的慧眼、爱才的诚意、用才的胆识、容才的雅量、聚才的良方</u>……<u>努力形成人人渴望成才、人人努力成才、人人皆可成才、人人尽展其才</u>的良好局面,让各类人才的创造活力竞相迸发、聪明才智充分涌流。

译文:<u>より積極的、より開放的、より効果的</u>な人材政策を実行し、<u>人材を見極める慧眼、人材を大切にする誠意、人材を用いる知勇、人材を包容する度量、人材を集める良策</u>によって……<u>誰もが有能な人材になることを切に願い、全力で目指し、実現でき、誰もが自身の才能を存分に発揮できる良好な状況の形成に努め</u>、各種人材の創造的活力がどんどん引き出され、英知・才能が十分に湧き出るようにする。

例句(8)的整个篇章使用了3处排比,并且该段文字的主题紧紧围绕人才政策展开。为了使篇章保持连贯和顺畅,第一处排比句连续使用3个"更加"作人才政策的定语,译文也为了保持语篇的一致性,均将其逐一直译成「より……」的形式,通过这种明确的语义手段的使用完成排比形式的再现。第二处排比是"V+才的+N"形成的谓语排比结构,译文也为了保持语篇的连贯性,译为「人材+V+N」的排比形式,属于再现原文信息的形式化直译。

第三处排比句式比较特殊,共4个小句,其中"人人"是这4个小句共同的提挈语,整体构成了定语排比。译文使用连贯性减译法,对原文结构进行了结构性简化。对于原文所蕴含的信息差异,则通过变换后接动词进行表述。这种处理方式,在确保表达通顺和语义连贯的基础上,避免了因排比句式过度忠实再现而造成的译文烦琐、累赘。

(9)原文:不断推出<u>讴歌党、讴歌祖国、讴歌人民、讴歌英雄</u>的精品力作。

　　译文:<u>党・祖国・人民・英雄</u>を称える名作・力作を次々と生み出す必要がある。

　　篇章要在语言形式上符合语法规范,在意义上保持语义的连贯自如,在交流中保持整体意义的连贯。连贯性是语篇各知识元素活化并使概念形成连接,进而实现识解的各种手段和方法,其中省略提挈语可以在确保文章表义完整性的基础上达到语篇的连贯性。例句(9)中连续使用了4个“讴歌”,译文中则将其进行了归并,统一整合译成一个动词「称える」,通过这种减译法使得译文连贯自如、简洁明了。

4.5　可接受性合译法

　　可接受性一般是从读者的角度对译文进行评析,译者在进行翻译时从读者的角度出发,使得译文的内容和语法等尽可能地向目的语思维方式等靠近。

　　调查发现,在中国共产党第十九次全国代表大会报告译文中共有2处采用可接受性合译法。

　　(10)原文:<u>坚持</u>德才兼备、以德为先,<u>坚持</u>五湖四海、任人唯贤,<u>坚持</u>事业为上、公道正派。

　　　　译文:幹部の選抜・登用において才徳の兼備と徳の優先を<u>堅持</u>し、各地・各方面から優れた者を取り立てることを<u>堅持</u>し、事業にふさわしい者を公明正大に選ぶことを<u>堅持</u>し。

　　例句(10)是以“坚持”为提挈语的分句排比,3个分句的宾语均由2个并列的四字格组成。因未有形式和语义完全对应的日语四字熟语,译者采取将2个并列的四字熟语的语义合并翻译的方法,使得四字熟语通俗易懂,易于被读者接受。

　　(11)原文:努力实现<u>更高质量、更有效率、更加公平、更可持续</u>的发展。

　　　　译文:質・効率のより高い、より公平で持続可能な発展をがんばって実現しよう。

　　例句(11)连续使用了4个以“更”为提挈语的四字格,共同修饰“发展”一词。译者没有逐一将4个连续使用“更”字的排比结构逐一译出,而是根据原文的语义,将四字结构两两合译,译为「より高い、より公平で」,让读者阅读时一目了然,使译文简洁易懂。

5　结语

　　本文以中国共产党第十九次全国代表大会报告的原文和日译文为素材自建平行语料库,以其中的68处排比结构为切入点,结合5种语篇属性和全译法翻译策略进行了统

计和分析。

　　研究发现:在语篇意图性方面,排比译文采用增添主题句的加译法,以明确原文的主题意图,起到了统摄下文排比语篇的作用;在语篇信息性层面,排比译文通过对译法来确保译文信息传达的完整性;在语篇连贯性层面,译文为保证顺畅和符合日语语篇的组织形式,采取减译的翻译策略;在语篇的衔接层面,译文通过词汇和语法换译,使用凸显原文逻辑关系的衔接手段增强译文的可理解性,进而保证了译文整个排比语篇实现语篇的衔接功能;在语篇的可接受性层面,译文采取相应的合译法,为读者减少阅读障碍,避免译文的冗长。

　　本文通过举例分析了语篇属性对排比翻译的借鉴作用,进而为排比翻译提供翻译技巧层面的指导,具有一定的借鉴意义。本文虽然是从单一的语篇属性出发进行的分析,但例文的产生是多种语篇属性共同作用的结果。若要译出质量较高的排比译文,要采取合适的翻译策略,综合呈现多种语篇属性,完成对译文功能的对等性传递,为读者呈现出阅读体验较佳的译文。本文今后将从多种语篇属性的综合表现层面对译文进行进一步的考察。

参考文献

陈望道,2008. 修辞学发凡[M]. 上海:复旦大学出版社.

贾文波,2004. 应用功能翻译论[M]. 北京:中国对外翻译出版公司.

胡壮麟,1994. 语篇的衔接与连贯[M]. 上海:上海外语教育出版社.

黄慧敏,2001. 英汉排比"语势美"特征的形成与赏析[J]. 外语与外语教学(3):11-13.

黄国文,1988. 语篇分析概要[M]. 长沙:湖南教育出版社.

黄忠廉,2004. 论全译的中枢单位[J]. 外语学刊(4):73-77.

李国南,2000. "Parallelism"与"排比"辨异[J]. 外语教学(2):78-82.

李国庆,2006. 从一则广告口号语篇看排比修辞格的功能与翻译策略[J]. 外语教学(6):89-93.

李胜梅,2005. 排比的篇章特点[J]. 南昌大学学报(人文社会科学版)(5):127-133.

李胜梅,2006. 修辞结构成分与语篇结构类型[M]. 北京:文化艺术出版社.

李远喜,2001. 日语句群中心句的文脉展开功能[J]. 解放军外国语学院学报(4):35-37.

罗选民,1992. 论翻译的转换单位[J]. 外语教学与研究(4):32-37,80.

司显柱,2001. 对近二十年中国译学界对翻译单位命题研究的述评[J]. 外语学刊(1):96-110.

司显柱,2016. 功能语言学与翻译研究:翻译质量评估模式建构[M]. 北京:外语教学与研究出版社.

王希杰,1983. 汉语修辞学[M]. 北京:北京出版社.

王小萍,2008. 政治文献中排比的语篇功能及其翻译[J]. 中国电力教育(13):257-259.

习近平,2017. 决胜全面建成小康社会夺取新时代中国特色社会主义伟大胜利[M]. 北京:人民出版社.

习近平,2018. 小康社会の全面的の決戦に勝利し、新時代の中国の特色ある社会主義の偉大な勝利を勝ち取ろう[M]. 北京:外文出版社.

张春泉,2007.《孟子》中排比问的修辞效用[J]. 修辞学习(3):51-52.

张德禄,刘汝山,2000. 语篇连贯与衔接理论的应用及发展[M]. 上海:上海外语教育出版社.

岡村務,1952. 対句法の本質と背景:紀貫之の文体を中心に[J]. 国文学研究(7):18-28.

京健治,2013. 動詞作用の並列表現形式の推移:「たり」形式への収斂[J]. 語文研究(116):1-18.

京健治,2014. 並列助詞「なり」成立の経緯再考[J]. 岡大国文論稿(3):76-88.

塩田英子,2004. 反復と省略のレトリック:関連性理論からのアプローチ[C]//石黒昭博,山内信幸. 言語研究の接点:理論と記述. 東京:英宝社:181-192.

霜崎實,2003.「西洋事情」における対句表現の使用とその修辞的効果[J]. 慶応義塾大学語学視聴覚教育研究室紀要(36):25-57.

中俣尚己,2019. 日本語名詞句並列表現の構造[J]. 京都教育大学紀要(135):49-63.

DE BEAUGRANDE R,DRESSLER,1981. Introduction to text linguistics[M]. London:Longman.

作者简介

姓名:展蕾

性别:女

单位:天津外国语大学

学历:博士研究生

研究方向:中央文献对外翻译研究

通信地址:天津市河西区马场道117号天津外国语大学

邮政编码:300204

电子邮箱:18511710711@163.com

日语被修饰语的深层格与连体修饰节的翻译模式选择

——以「伝達」类动词为例*

Impact of Antecedent's Thematic Role on Translation Methods Selection for Japanese Attributive Clauses: Take Communication Verbs as an Example

谷文诗

摘　要：翻译网站在人们的日常生活中发挥着越来越重要的作用,然而翻译网站在翻译日语连体修饰结构,尤其是含有三价动词(如「伝達」类动词)的日语"内关系连体修饰节+被修饰语"结构时,常常会得出不自然的汉语译文。针对此类现象,本文对被修饰语与连体修饰节内动词的深层格关系进行了分析,并对比了汉语与日语中「伝達」类动词,以及其他三价动词配位方式的差异,最终得出2点结论:①当日语句中的被修饰语与连体修饰节内动词的深层格为与事格时,翻译为汉语后,连体修饰节内需补充填位代词;②当日语连体修饰节内动词所对应的汉语动词为"给予—取得双向性"三价动词时,日语句翻译为汉语后,连体修饰节内需补充出"给""向"等介词表示方向。本文得出的翻译模式及其适用条件对于今后日语连体修饰结构的自然语言处理问题有借鉴意义。

关键词:日语连体修饰结构;配价语法;深层格;日汉翻译

Abstract: Translation websites are playing an increasingly important role nowadays, leading to an emergent demand of accurate translation. However, unnatural translations always exist on Japanese noun-modifying clause construction, especially for "inner relation

---

* 本文系北京市社会科学基金项目"面向神经网络机器翻译的日语连体修饰结构汉译模式研究"(项目编号:20YYC016)的阶段性研究成果。

(uchi no kankei)" noun-modifying clause construction that contains trivalent verbs (such as "communication verbs"). In this paper, we comprehensively analyze the semantic relations between the head noun and the dependent clause. With the comparison between the valency structure of "communication verbs" and other trivalent verbs in Chinese and Japanese, we propose two main contributions on translating the noun-modifying clause construction from Japanese to Chinese: (a) if the thematic relation between the head noun and the dependent clause is the case of "dative", the resumptive pronoun needs to be supplemented into the noun-modifying clause; (b) if the trivalent verb of the noun-modifying clause contains the double meaning of "give" and "receive" in Chinese, the prepositions (such as "gei" and "xiang") need to be supplemented into the noun-modifying clause to indicate the direction of action. The translation model and its applicable conditions indicated in this paper can provide a certain reference for natural language processing of Japanese noun-modifying clause construction in the future.

Keywords: Japanese noun modification construction; valency structure; semantic relations; Japanese-Chinese translation

1　引言

利用翻译网站①翻译例句(1)a、(1)b、(2)a、(2)b,分别可得到译文(1)a'、(1)a"、(1)b'、(1)b"、(2)a'、(2)a"、(2)b'、(2)b"。

(1)a. 記者に事件の詳細を告げた警察は偽物です。

（作例）

(1)b. 子供に離婚の事実を告げた親は別居状態だ。

（作例）

(2)a. 警察が事件の詳細を告げた記者は偽物です。

（作例）

(2)b. 親が離婚の事実を告げた子供は家出した。

（作例）

---

① 本文中使用的翻译网站为"网易有道"及"谷歌翻译"。
　网易有道:https://fanyi.youdao.com/。
　谷歌翻译:https://translate.google.co.jp/。

（1）a'. <u>告诉记者事件详情的警察</u>是假的。

（网易有道20211113）

（1）a". <u>告诉记者案情详情的警察</u>是假的。

（谷歌翻译20211113）

（1）b'. <u>告诉子女离婚事实的父母</u>处于分居状态。

（网易有道20211113）

（1）b". <u>告诉孩子离婚的父母</u>分居了。

（谷歌翻译20211113）

（2）a'. ? <u>警察告知事件详情的记者</u>是假的。

（网易有道20211113）

（2）a". ? <u>警方提供案情详情的那个记者</u>是假的。

（谷歌翻译20211113）

（2）b'. <u>父母告诉孩子离婚的事实</u>后，孩子就离家出走了。

（网易有道20211113）

（2）b". ? <u>孩子的父母告诉他离婚了</u>，离开了家。

（谷歌翻译20211113）

　　上述译文的质量呈现出2种状态：例句（1）a与例句（1）b的4个译文均较为自然；例句（2）a与例句（2）b的4个译文除译文（2）b'外皆不自然，甚至还出现了误译。

　　（1）a、（1）b、（2）a、（2）b这4个例句的句型相同，主语部分均为日语"连体修饰节（「連体修飾節」）+被修饰语（「被修飾語」）"结构，并且连体修饰节内的动词同为「告げる」，但被修饰语在连体修饰节中承担的深层格（「深層格」）存在差异。在例句（1）a和例句（1）b中，被修饰语「警察」「親」与连体修饰节内的动词「告げる」间的表层格（「表層格」）同为「ガ」格，深层格均为施事格（「主格」）。在例句（2）a和例句（2）b中，被修饰语「記者」「子供」与连体修饰节内的动词「告げる」间的表层格同为「ニ」格，深层格均为与事格（「与格」）。据此可推测出译文质量出现差异可能与被修饰语在连体修饰节中的深层格有关。

　　本文将从日语被修饰语与连体修饰节中动词的深层格关系这一点入手，以日语「伝達」类动词为例，探讨翻译网站在翻译含有「伝達」类动词的连体修饰节时译文质量出现差异的原因，分析此类日语连体修饰节应选择怎样的翻译模式，各翻译模式分别有怎样的适用条件，该翻译模式又能否推广至含有其他三价动词的日语"连体修饰节+被修饰语"结构。

2 「伝達」类动词的结合价

2.1 研究对象

本文的研究对象为含有「伝達」类动词的日语"连体修饰节+被修饰语"结构,并且连体修饰节为内关系连体修饰节(「内の関係連体修飾節」)。

其中,日语「伝達」类动词需满足以下3点要求:

①动词语义为"传达信息"。

②动词可支配人物语数量为3,分别是信息传递方、信息内容、信息接收方。

③信息传递方、信息内容、信息接收方与动词的深层格关系分别为施事格(「主格」)、受事格(「対象格」)、与事格(「与格」)。

满足此要求的日语「伝達」类动词包括「告げる」「知らせる」「伝える」「訴える」「話す」「言う」「伝達する」「命ずる」等。

连体修饰节为内关系连体修饰节,即被修饰语与连体修饰节内的动词之间存在格关系。如例句(3)a—(3)c所示:在例句(3)a中,被修饰语「男」与连体修饰节内的动词「焼く」的深层格关系为施事格,属于本文研究对象的内关系连体修饰节;在例句(3)b和例句(3)c中,被修饰语「後」「風習」与连体修饰节内的动词「出る」「入墨をする」之间无格关系,是外关系连体修饰节(「外の関係連体修飾節」),不属于本文的研究对象。

(3)a. サンマを焼く男

(寺村,1992:192)

(3)b. ある精神病院の門を出た後

(寺村,1992:289)

(3)c. 手に虫蛇の模様の入墨をする風習

(寺村,1992:280)

2.2 「伝達」类动词的结合价

テニエール(1966:109-111)指出:动词是动词短句的支配部分,人物语和情景语是动词的直接从属成分,动词所能支配的人物语的数目,就是动词的价;在动词短句中,动词可支配的人物语不需要全部出现,即动词无须达到饱和状态,有些价可以出现空缺;人物语按照其所承担的语义角色,可分为第一人物语(prime actant)、第二人物语(second actant)、第三人物语(tiers actant),其中第二人物语的深层格为施事,第二人物语的深层格为受事,第三人物语的深层格为与事。本文将以施事格、受事格、与事格分别指代第一人物语、第二人物语、第三人物语。

　　日语中的「伝達」类动词,如例句(4)所示,可支配3个人物语,即结合价为3。当连体修饰节内的动词为「伝達」类动词时,被修饰语可为3个人物语中的任意一个。

　　(4)a. 事務所にもどった直は電話で簡単に事情を木村に告げた。

(BCCWJ①:三浦朱門『ささやかな不仕合わせ』)

　　(4)b. <u>木村に事情を告げた</u>直は僕の弟だ。

［依据例句(4)a所作例句］

　　(4)c. <u>直が木村に告げた</u>事情は真実ではない。

［依据例句(4)a所作例句］

　　(4)d. <u>直が事情を告げた</u>木村は行方不明になった。

［依据例句(4)a所作例句］

　　例句(4)b—(4)d均为例句(4)a变形而来的日语"连体修饰节+被修饰语"结构。其中例句(4)b的被修饰语「直」与连体修饰节内的动词「告げる」的深层格关系为施事格,例句(4)c的被修饰语「事情」与连体修饰节内的动词「告げる」的深层格关系为受事格,例句(4)d的被修饰语「木村」与连体修饰节内的动词「告げる」的深层格关系为与事格(见图1)。

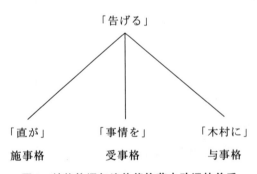

图1　被修饰语与连体修饰节内动词的关系

---

① BCCWJ即『現代日本語書き言葉均衡コーパス』,https://chunagon.ninjal.ac.jp/。

3　被修饰语的深层格与连体修饰节翻译模式之间的关系

3.1　含有「伝達」类动词的日语"连体修饰节+被修饰语"结构的翻译模式

　　日语「伝達」类动词的3个人物语之间存在"传递方→信息→接收方"这样的关系，其中施事格对应传递方，受事格对应信息，与事格对应接收方。

（5）a. <u>記者に事件の詳細を告げたあの警察</u>は偽物です。(「受け手」に「情報」を告げた「送り手」)

（作例）

（5）b. <u>告诉了记者案件细节的那位警察</u>是假冒的。(告诉"接收方""信息"的"传递方")

（笔者译）

（6）a. やがて、<u>野球中継の始まりを知らせる音楽</u>が聞こえてくる。[(「受け手」に)① 「情報」を告げた「送り手」]

（小川洋子『博士の愛した数式』②）

（6）b. 不久传出<u>告知棒球赛转播开始的音乐声</u>。[告知("接收方")"信息"的"传递方"]

（小川洋子著，李建云译《博士的爱情算式》③）

（7）a. <u>警察が記者に告げた事件の詳細</u>は真実ではない。(「送り手」が「受け手」に告げた「情報」)

（作例）

（7）b. <u>警察告诉记者的案件细节</u>不是真的。("传递方"告诉"接收方"的"信息")

（笔者译）

（8）a. <u>木更津が教えてくれた『蒼き鴉の夜』の一節</u>だ。[「送り手」が(「受け手」に)告げた「情報」]

（麻耶雄嵩『翼のある闇』④）

---

① 括号中的内容表示被省略。

② 小川洋子：『博士の愛した数式』，新潮社2005年版。

③ 小川洋子著，李建云译：《博士的爱情算式》，杭州文艺出版社2018年版。

④ 麻耶雄嵩：『翼ある闇』，講談社1996年版。

（8）b. 这是<u>木更津告诉过我的《苍鸦之夜》中的一节</u>。["传递方"告诉（"接收方"）的 "信息"]

（麻耶雄嵩著,张舟译《有翼之暗》①）

（9）a. <u>警察が事件の詳細を告げたあの記者</u>は偽物です。(「送り手」が「情報」を告げ た「受け手」)

（作例）

（9）b. ? <u>警察告诉了案件细节的那位记者</u>是假冒的。("传递方"告诉"信息"的"接 收方"）

（笔者译）

（10）a. <u>オードリーが最初に結婚を知らせた相手</u>は、母親以外ではウィーンにいる 祖母だった。(「送り手」が「情報」を告げた「受け手」)

（BCCWJ:アレグザンダー・ウォーカー著,斎藤静代訳『オードリー』）

（10）b. ? <u>奥黛丽最先告知自己婚讯的人</u>,除母亲外,还有住在维也纳的祖母。("传递 方"告诉"信息"的"接收方"）

（笔者译）

如例句（5）a—（10）b所示,当日语被修饰语与连体修饰节中的「伝達」类动词的深层 格关系为施事格[例句（5）a和例句（6）a]或受事格[例句（7）a和例句（8）a]时,可以直译为 汉语的"连体修饰节+被修饰语"结构[译文（5）b—（8）b];当被修饰语的深层格为与事格 [例句（9）a和例句（10）a]时,不可以直译为汉语的"连体修饰节+被修饰语"结构[译文（9）b 和译文（10）b]。

这表示被修饰语在连体修饰节中的深层格会直接影响到"连体修饰节+被修饰语"结 构的翻译模式选择②:当被修饰语的深层格为与事格时,无论连体修饰节长度如何,均不 可直译为汉语的"修饰语+中心语"结构。

翻译网站得出的译文（2）a'和译文（2）a"之所以不是自然的汉语,就是因为忽视了原 文（2）a的被修饰语的深层格为与事格,采取了与被修饰语深层格为施事格的例句（1）a和 例句（1）b相同的翻译策略。

井上（1976:188）在Keenan & Comrie（1977:63—99）提出的关系从句中的名词短语可

---

① 麻耶雄嵩著,张舟译:《有翼之暗》,新星出版社2014年版。
② 本文暂不讨论连体修饰节长度对其翻译模式的选择,文中讨论的均为理论上可以直译的较短的日语 连体修饰节。

及性等级序列的基础上,提出了日语连体修饰节[①]中的名词短语可及性等级序列,指出当被修饰语与连体修饰节的深层格关系为理由格(「理由格」)及其之前的各格时,日语连体修饰节可以成立。

主格≥直接目的格[②]≥间接目的格[③]≥位置格「に」≥位置格「を」≥目標格「に」または「へ」≥位置格「で」≥助格「で」≥基準格「で」≥奪格≥所有格≥起点格≥随格≥理由格≥比較格

（井上,1976:188）

而汉语连体修饰节中的名词短语可及性等级序列限制则更加严格,上述引文中的与事格(「間接目的格」)、所有格(「所有格」)、源点格(「起点格」)、伴随格(「随格」)、比较格(「比較格」)皆不能成立,如例句(11)—(25)所示。

(11)a. 莫大な奨学金を寄付した佐藤氏(主格)[④]

（井上,1976:175）

(11)b. 捐赠了巨额奖学金的佐藤

（笔者译）

(12)a. ジュンが打電したニュース(対象格)

（井上,1976:169）

(12)b. 约翰利用电报发送的新闻

（笔者译）

(13)a. 彼が援助を求めた人々(与格)

（井上,1976:169）

(13)b. ？他寻求帮助的那些人

（笔者译）

(13)b. 他向其寻求帮助的那些人

（笔者译）

---

① 此处的连体修饰节指内关系连体修饰节。
② 本文中称为"受事格",即「対象格」。
③ 本文中称为"与事格",即「与格」。
④ 例句中的深层格类型、下画线、问号均为笔者标注。

（14）a. お寺がたくさんある町（位置格「に」）

（井上，1976：169）

（14）b. 有很多寺庙的小镇

（笔者译）

（15）a. 私が出た大学（位置格「を」）

（斎藤，2002：56）

（15）b. 我毕业的大学

（笔者译）

（16）a. ジョンが車でかけつけた駅（目標格）

（井上，1976：171）

（16）b. 约翰驱车前往的车站

（笔者译）

（17）a. ジョンが学生時代を過ごした町（位置格「で」）

（井上，1976：170）

（17）b. 约翰度过学生时代的小镇

（笔者译）

（18）a. ジョンが庭を掃いた帚（助格「で」）

（井上，1976：170）

（18）b. 约翰清扫庭院的扫帚

（笔者译）

（19）a. 可否を判断した基準（基準格「で」）

（斎藤，2002：56）

（19）b. 判断好坏的标准

（笔者译）

（20）a. ジュンが金を盗んだ銀行（奪格）

（井上，1976：171）

（20）b. 约翰盗窃货币的银行

（笔者译）

（21）a. 奥さんが事故にあった人（所有格）

（斎藤，2002：56）

（21）b. ？ 妻子遭遇事故的人

（笔者译）

（22）a. ジュンがそこからヨーロッパへ旅立った空港（起点格）

（井上，1976:173）

（22）b. ？ 约翰从那里出发去欧洲旅行的机场

（笔者译）

（23）a. ジュンが結婚したメアリー（随格）

（井上，1976:171）

（23）b. ？ 约翰结婚的玛丽

（笔者译）

（24）a. ジュンが申しこみを取り消した理由（理由格）

（井上，1976:171）

（24）b. 约翰取消申请的理由

（笔者译）

（25）a. ？ この野菜がカロリーが高い果物（比較格）

（井上，1976:189）

（25）b. ？ 这个蔬菜比卡路里高的水果

（笔者译）

　　其中，与事格的情况与所有格、源点格、伴随格、比较格不同，当汉语修饰部分中属于被修饰语的与事格的空位被填位代词（resumptive pronoun）填补后，该句方可成立，如例句（13）b及例句（26）和例句（27）所示。

（26）a. 警察が事件の詳細を告げたあの記者は行方不明になった。

（作例）

（26）b. ？ 警察告诉了案件细节的那位记者失踪了。

（笔者译）

（26）c. 警察告诉了他案件细节的那位记者失踪了。

（笔者译）

（27）a. オードリーが最初に結婚を知らせた相手は、母親以外ではウィーンにいる祖母だった。

（BCCWJ:アレグザンダー・ウォーカー著,斎藤静代訳『オードリー』）

(27)b. ? <u>奥黛丽最先告知自己婚讯的人</u>,除母亲外,还有住在维也纳的祖母。

（笔者译）

(27)c. <u>奥黛丽最先告知对方自己婚讯的人</u>,除母亲外,还有住在维也纳的祖母。

（笔者译）

因此,在含有「伝達」类动词的日语连体修饰节中,当被修饰语在连体修饰节中的深层格为与事格时,如果按照直译的方法翻译成汉语的"修饰语+中心语"结构,需在汉语修饰语部分补出与中心语共指的填位代词;当日语的被修饰语在连体修饰节中的深层格为施事格或受事格时,则可以直译为汉语的"修饰语+中心语"结构。综上所述,含有「伝達」类动词的日语"连体修饰节+被修饰语"结构的翻译模式可归纳为如下3种:

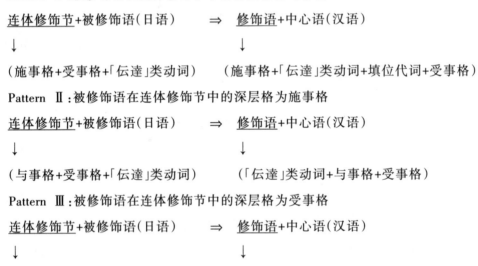

以上翻译模式可利用流程图验证其是否符合MECE法则①。谷文诗(2019:177-189)对日语连体修饰节与汉语连体修饰节各自的平均"长度"进行了考察,指出在其所调查的小说类日汉对译语料数据中,采用直译方法的日语"连体修饰节+被修饰语"结构,其对应的汉语译文的连体修饰节长度低于或等于"平均长度"的例句数量是高于"平均长度"的例句数量的3倍,证明连体修饰节平均长度对于直译或拆译的选择有一定的参考价值。因此,本文以连体修饰节的平均长度为流程图的最初的判断标准。

流程图如图2所示,可证明以上3种翻译模式符合MECE法则。

---

① MECE 为"Mutually Exclusive, Collectively Exhaustive"的缩写,指"相互独立,完全穷尽"。在针对某一整体进行类型划分时,如可保证划分后的各部分之间相互独立(Mutually Exclusive),并且所有部分完全穷尽(Collectively Exhaustive),则符合MECE法则。

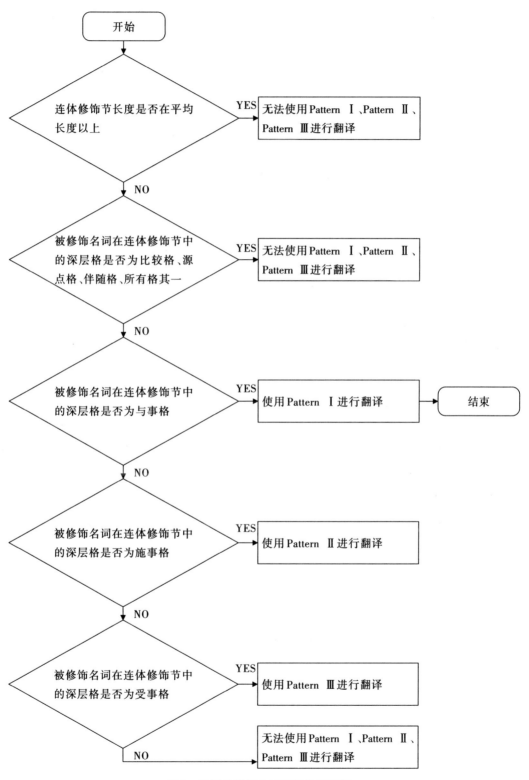

图2 验证是否符合MECE法则流程

3.2 含有三价动词的日语"连体修饰节+被修饰语"结构的翻译模式

第3.1节中得出的含有「伝達」类动词的日语"连体修饰节+被修饰名词"结构的翻译模式是否适用于其他三价名词呢？本小节将对此加以验证。

テニエール(1966:290)指出可支配施事格、受事格、与事格3项的三价动词基本上属于「伝達」动词或「授受」动词。这表示此类三价动词支配的3个人物语之间存在"传递方→信息或物品→接收方"的关系,其中施事格对应传递方,受事格对应信息,与事格对应接收方。

(28)a. 私が中国語を教えた学生は記者です。

（作例）

(28)b. ？ 我教过中文的那个学生是一位记者。

（笔者译）

(28)c. 我教过他中文的那个学生是一位记者。

（笔者译,依据Pattern I）

(29)a. 利休にとって、十歳年少の古渓は、禅の師であり、一方、また、長年、茶を教えた弟子でもある。

（城山三郎『黄金の日日』）

(29)b. ？ 于利休而言,年少十岁的古溪既是禅道之师,同时也是多年教授茶道知识的弟子。

（笔者译）

(29)c. ？ 于利休而言,年少十岁的古溪既是禅道之师,同时也是自己多年教授其茶道知识的弟子。

（笔者译,依据Pattern I）

(30)a. 山田さんが二百万円を貸した男は行方不明になった。

（谷文诗,2019:178）

(30)b. ？ 山田借了两百万日元的那个男人失踪了。

（笔者译）

(30)c. ？ 山田借了他两百万日元的那个男人失踪了。

（笔者译,依据Pattern I）

(30)d. 山田借给了他两百万日元的那个男人失踪了。

（笔者译）

在例句(28)a和例句(29)a中,被修饰语「学生」「弟子」与连体修饰节内的动词「教える」之间的深层格关系为与事格,按照「伝達」类动词翻译模式Pattern I进行翻译后,得到译文(28)c和译文(29)c,两者都属于自然的译文,由此证明「伝達」类动词的翻译模式可以推广到其他三价动词。

但在例句(30)a中,被修饰语「男」与连体修饰节内的动词「貸す」之间的深层格关系也为与事格,按照「伝達」类动词翻译模式Pattern I进行翻译后,得到译文(30)c。但译文(30)c存在明显歧义,无法判断日语句中的施事格「山田さん」为债务方还是债权方,因此不属于自然的译文。

为何「教える」与「貸す」同为三价动词,按照「伝達」类动词翻译模式Pattern I进行翻译后却得到两种截然不同的结果呢?

袁毓林(1998:327)指出当三价动词为"借、租、换"等"给予—取得双向性"动词时,需在与事格前添加"向"或"给"等表示动作方向的介词。

(31)a. ？老马借了小徐一百块钱。

(袁毓林,1998:327)

(31)b. 老马向小徐借了一百块钱。

(袁毓林,1998:327)

(32)a. ？老杨借了小李一支钢笔。

(袁毓林,1998:327)

(32)b. 老杨借给小李一支钢笔。

(袁毓林,1998:327)

例句(31)a中的三价动词"借"为"借得",例句(32)a中的三价动词"借"为"借给",但由于与事格前没有表明动作方向的介词,加之"借"本身所具有的"给予—取得双向性"的语义特征,使得例句(31)a与例句(32)a具有歧义,无法明确分辨出债务方与债权方。但在与事格前添加表明动作方向的介词后,如例句(31)b和例句(32)b,则可消除歧义。

汉语动词"借"的配位方式①如下所示。其中,A表示施事格,D表示与事格,P表示受事格,V表示动词。表示"给予"含义的"借",与事格前必须添加介词"给"表示动作方向;而表示"取得"含义的"借",与事格前则必须添加介词"从"或"向"表示动作方向。

"借(给予)":

句型1:A+V+"给"D+P

---

① 本文中讨论的三价动词配位方式不涉及"被"字句与"把"字句。

句型2:A+V+P+"给"D

(袁毓林,1998:329)

"借(取得)":

句型3:A+"向"D+V+P

句型4:A+"从"D+V+O

(袁毓林,1998:329)

因此,当日语连体修饰节内动词的对应汉语词为"借"等"给予—取得双向性"动词,并且被修饰语与该核心动词的深层格关系为与事格时,在翻译为汉语"修饰语+中心语"结构时,修饰语部分除需填补该与事格的填位代词外,还需在填位代词前添加表示"取得"方向的介词"从"或"向"[例句(31)e],或表示"给予"方向的介词"给"[例句(32)e]。不填补填位代词[例句(31)c和例句(32)c],或填补填位代词后未在其前添加表示方向的介词[例句(31)d和例句(32)d]都是不自然的汉语表达方式。

(31)c. ? <u>老马借了一百块钱的小徐</u>昨天失踪了。

[依据例句(31)a所作例句]

(31)d. ? <u>老马借了他一百块钱的小徐</u>昨天失踪了。

[依据例句(31)a所作例句]

(31)e. <u>老马向他借了一百块钱的小徐</u>昨天失踪了。

[依据例句(31)b所作例句]

(32)c. ? <u>老马借了一支钢笔的小李</u>昨天失踪了。

[依据例句(32)a所作例句]

(32)d. ? <u>老马借了他一支钢笔的小李</u>昨天失踪了。

[依据例句(32)a所作例句]

(32)e. <u>老马借给他一支钢笔的小李</u>昨天失踪了。

[依据例句(31)b所作例句]

而日语「伝達」类动词的对应汉语词,以及例句(28)a、例句(29)a中的「教える」所对应的汉语"教"则为单向的"给予义动词"。其中,「伝達」类动词"告诉""通知"等的与事格前不可以用介词"给"引导方向(袁毓林,1998:294),"教"的与事格前可以使用介词"给"引导方向,也可以不使用(袁毓林,1998:298)。

(33)a. 你赶快通知小李一件事。

(袁毓林,1998:295)

(33)b. ? 你赶快通知给小李一件事。

[依据例句(33)a所作例句]

(34)a. 师傅教了大师兄一套剑法。

(作例)

(34)b. 师傅教给了大师兄一套剑法。

(作例)

汉语动词"通知""告诉"的配位方式如下所示：

"通知""告诉"：

句型1：A+V+D+P

句型2：P+A+V+D

(袁毓林,1998:295)

汉语动词"教"的配位方式如下所示：

"教"：

句型1：A+V+D+P

句型2：A+V+"给"D+P

句型3：P+A+V+"给"D

句型4：A+V+P+"给"D

(袁毓林,1998:299-300)

因此,当日语连体修饰节内的动词为「伝達」类动词或其对应汉语词为"教"等"单向给予义"动词,并且被修饰语与该核心动词的深层格关系为与事格,直译为汉语"修饰语+中心语"结构时,修饰语部分内只需填补该与事格的填位代词,无须在填位代词前添加表示"给予"方向的介词"给"。

因此,例句(28)a和例句(29)a利用Pattern Ⅰ进行翻译可以得到自然的译文(28)c和译文(29)c,而例句(30)a利用Pattern Ⅰ进行翻译得出的译文(30)c并不是自然的汉语,需要如例句(30)d所示,在修饰语内的与事格的填位代词前添加指示方向的介词"给"。

由上述三价动词的配位方式可知,在探讨含有三价动词的日语"连体修饰节+被修饰语"结构的翻译模式时,需要分析汉语中对应的三价动词的配位方式。当汉语中对应的三价动词为"给予义单向性"动词,并且其配位方式包含"A+V+D+P"时,可以直接利用「伝達」类动词的3种翻译模式;当汉语中对应的三价动词为"给予—取得双向性"动词,并且其表示"给予义"的配位方式包含"A+V+'给'D+P"时,不可以直接利用「伝達」类动词的3种翻译模式,需在修饰语内的与事格或与事格的填位代词前添加指示动作方向的介

词"给"。

综上所述,包含三价动词的日语"内关系连体修饰节+被修饰语"结构的翻译模式及各模式的适用条件如下:

Pattern Ⅰ:

连体修饰节+被修饰语(日语)　　⇒　　修饰语+中心语(汉语)

↓　　　　　　　　　　　　　　↓

(施事格+受事格+动词)　　　　　(施事格+动词+填位代词+受事格)

使用条件:①被修饰语在连体修饰节中的深层格为与事格;

②连体修饰节内的动词为"给予义单向性"三价动词;

③连体修饰节内的动词的配位方式包含"A+V+D+P"。

Pattern Ⅱ:

连体修饰节+被修饰语(日语)　　⇒　　修饰语+中心语(汉语)

↓　　　　　　　　　　　　　　↓

(与事格+受事格+动词)　　　　　(动词+与事格+受事格)

使用条件:①被修饰语在连体修饰节中的深层格为施事格;

②连体修饰节内的动词为"给予义单向性"三价动词;

③连体修饰节内的动词的配位方式包含"A+V+D+P"。

Pattern Ⅲ:

连体修饰节+被修饰语(日语)　　⇒　　修饰语+中心语(汉语)

↓　　　　　　　　　　　　　　↓

(施事格+与事格+动词)　　　　　(施事格+动词+与事格)

使用条件:①被修饰语在连体修饰节中的深层格为受事格;

②连体修饰节内的动词为"给予义单向性"三价动词;

③连体修饰节内的动词的配位方式包含"A+V+D+P"。

Pattern Ⅳ:

连体修饰节+被修饰语(日语)　　⇒　　修饰语+中心语(汉语)

↓　　　　　　　　　　　　　　↓

(施事格+受事格+动词)　　　　　(施事格+动词+"给"+填位代词+受事格)

使用条件:①被修饰语在连体修饰节中的深层格为与事格;

②连体修饰节内的动词为表示给予义的"给予—取得双向性"三价动词;

③连体修饰节内的动词表示给予义的配位方式包含"A+V+'给'D+P"。

Pattern Ⅴ：

<u>连体修饰节</u>+被修饰语（日语）　⇒　<u>修饰语</u>+中心语（汉语）

↓　　　　　　　　　　　　　　　　　↓

（与事格+受事格+动词）　　　　　　（动词+"给"+与事格+受事格）

使用条件：①被修饰语在连体修饰节中的深层格为施事格；

　　　　　②连体修饰节内的动词为表示给予义的"给予—取得双向性"三价动词；

　　　　　③连体修饰节内的动词表示给予义的配位方式包含"A+V+'给'D+P"。

Pattern Ⅵ：

<u>连体修饰节</u>+被修饰语（日语）　⇒　<u>修饰语</u>+中心语（汉语）

↓　　　　　　　　　　　　　　　　　↓

（施事格+与事格+动词）　　　　　　（施事格+动词+"给"+与事格）

使用条件：①被修饰语在连体修饰节中的深层格为受事格；

　　　　　②连体修饰节内的动词为表示给予义的"给予—取得双向性"三价动词；

　　　　　③连体修饰节内的动词表示给予义的配位方式包含"A+V+'给'D+P"。

4　结语

本文以含有「伝達」类动词的日语"内关系连体修饰节+被修饰语"结构为研究对象，从被修饰语与连体修饰节内的动词的深层格关系入手，讨论了此类"连体修饰节+被修饰语"结构的翻译模式类型及各类型的使用条件，分析了翻译网站在翻译此类日语连体修饰节时译文质量较低的原因。此外，本文还将含有「伝達」类动词的日语"内关系连体修饰节+被修饰语"结构的翻译模式拓展至含有三价动词的日语"内关系连体修饰节+被修饰语"结构的翻译模式，并结合汉语三价动词的配位方式，分析了各翻译模式的使用条件。

参考文献

谷文诗,2018. 日语三价动词定语从句的机器翻译现状分析:以「教える」「知らせる」「告げる」「伝える」为例[C]//汉日对比语言学研究会. 汉日语言对比研究论丛:第9辑. 上海:华东理工大学出版社:165-178.

谷文诗,2019. 影响日语连体修饰节翻译方法选择的因素:以"长度"与"被修饰名词"语法功能为中心[J]. 外语学界,5(0):177-189.

袁毓林,1998. 汉语动词的配价研究[M]. 南昌:江西教育出版社.

井上和子,1976. 変形文法と日本語:統語構造を中心に 上[M]. 東京:大修館書店.

小泉保,2007. 日本語の格と文型:結合価理論にもとづく新提案[M]. 東京:大修館書店.

斎藤浩美,2002. 連体修飾節の習得に関する研究の動向[J]. 言語文化と日本語育(増刊特集号):45-69.

寺村秀夫,1992. 寺村秀夫論文集1[M]. 東京:くろしお出版.

ルシアンテニエール,2007. 構造統語論要説[M]. 小泉保,監訳. 東京:研究社.

KEENAN E L, COMRIE B, 1977. Noun phrase accessibility and universal grammar [J]. Linguistic inquiry(1):63-99.

作者简介

姓名:谷文诗

性别:女

单位:北京航空航天大学外国语学院

学历:博士研究生

职称:助理教授

研究方向:现代日语语法、汉日对比、汉日翻译

通信地址:北京市海淀区学院路37号北京航空航天大学8号楼807室

邮政编码:100191

电子邮箱:guwenshi@buaa.edu.cn

语言学研究

言語情報の連続性に現れる差異について
—中国語と日本語の比較—*

Differences of Continuity of Linguistic Information: Comparing Japanese with Chinese

鈴木ひろみ

　要　旨：本稿は、中国語母語話者と日本語母語話者への作文調査で得られたデータを研究材料として、調査協力者が産出した文を「言語情報の連続性」という観点から分析した。その結果、「場面外視点」を取る中国語母語話者は、言語情報に連続性を持たせた文を産出するため、絵本に書かれていない場面（情報）を前後の絵から推論・捕捉し、それらを明示的に言語化していく傾向がある。それに対し、「場面内視点」を取る日本語母語話者は、絵本に描かれている情報を「見えのまま」に言語化していくが、中国語母語話者よりも多くの「時間的な繋がり」の要素を取り入れることで、言語情報の連続性を確立させていたことがわかった。

　キーワード：言語情報の連続性；場面外視点；場面内視点

　摘　要：本文通过分析真实语料来观察汉语母语者和日语母语者在语言信息连续性方面体现出来的差异。通过对语料的分析，我们发现以"情景外视点"为认知模式的汉语母语者，为了使阐述的信息具有连续性，会在语言信息中添加一些图画中没有描述的情景；而以"情景内视点"为认知模式的日语母语者则倾向于只表述图画中所描述的情景。另外，相比于汉语母语者，日语母语者更加着重于从时间连续性的角度对动作的发生进行描述。

　关键词：语言信息连续性；情景外视点；情景内视点

---

*　本研究はJSPS科学研究費助成事業JP18K00845の助成を受けたものである。

1　はじめに

　　異なる言語間では、概念的・自律的と認識する情報量に違いがあり①、中国語と日本語を比較した場合は、中国語の方が時間・空間・様態を明示して叙述の具体性をあげる必要がある②ことは従来から指摘されている。筆者が実施した調査で得られた作文データ③からも、中国語母語話者は日本語母語話者に比べ、調査協力者に示した絵本に書かれていない場面(情報)を補う内容が多く書かれていることが観察された。中国語と日本語に現れるこのような違いは、言語化する際の事態把握と関連性があると考え、「場面外視点」と「場面内視点」の論点を援用しながら考察を進めていく。

2　「場面外視点」と「場面内視点」について

　　「場面外視点」と「場面内視点」に関連する議論に主として、Langacker(1985)、池上(2003、2004)、池上・守屋(2009:47)、中村(2004、2009)、濱田(2011、2012)がある。

　　Langacker(1985)が事態把握及び視点に関連し、標準的視点構図(optimal viewing arrangement)と自己中心的視点構図(egocentric viewing arrangement)を提示したのを契機に、人間の認知モードの違いは主観的事態把握と客観的事態把握に拠るところが大きいとする議論が盛んになった。中でも池上・守屋(2009:47)は「〈事態把握〉の仕方には、大きく分けて二つの方向性が認められる。すわなち、『事態』に対して主体の身体を残して『事態』に臨場し、『事態』を主客合一的な関係に身を置き〈主観的把握〉と、〈事態〉を主客対立的に捉え、客体化・抽象化して捉えようとする〈客観的把握〉であ

---

① Slobin(1996)は"thinking for speaking"認知論の「発話のための思考」の観点から、*FROG, WHERE ARE YOU?*という文字のない絵本における場面の描写において、英語、スペイン語などを対象に通言語的に比較した。その結果、付随要素枠づけ言語の話者は移動の様態を細かく表現する傾向があるのに対し、動詞枠づけ言語の話者はしばしば様態を省略する傾向にあるのは、言語で表現するための事象のどの部分に注目するかが言語毎で異なるためと主張した。

② 井上(2012:2)を参照されたい。

③ 中国語母語話者105名および日本語母語話者107名の調査協力者に対して絵本 *FROG, WHERE ARE YOU?*に関し、「絵から自由な発想で物語を作ってください」と指示した上で、それぞれの母語による作文をしてもらった。回収した212部の作文データから有効データ184部(中国語母語話者のデータ92部、日本語母語話者のデータ92部)を抽出した。詳細は鈴木(2020)を参照されたい。

る」と指摘したことで、のちの中国語母語話者と日本語母語話者の事態把握について比較研究が進められていく際の、重要な考え方を示した。

　さらに、中村（2004、2009）は、視点というとき「内」か「外」かが問題になるとし、対象や情況との身体的インタラクションがあるか否か、という観点を中心に据え、言語現象の説明力について、Iモード・Dモードの視点構図を用いて分析した。濱田（2011、2012）は、中村（2004、2009）の「Iモード」「Dモード」を「場面内視点」「場面外視点」と言い換え、英語話者は基本的に「場面外視点」で事態を認識することから、話者の「見え」の範囲としては事態全体がその認知フレーム内にあるため、視点の転換が比較的自由であることに対し、日本語話者の場合では「場面内視点」で事態を認識するため、当然ながらその認知フレームは概念主体（話者）からの「見え」の範囲が限定されることになるので、視点の転換ができ難いと述べた。また、鈴木（2020）では、「場面外視点」で事態把握する中国語は、「場面内視点」で事態把握する日本語より、視点の転換が比較的自由であることや、同じ状況を描写する際に、中国語の方は受動文で表現されるのに対し、日本語は能動文で表現される傾向があると論じた。本稿は上述した先行研究での成果を踏まえ、以下具体例を挙げながら中国語と日本語における言語情報の連続性に現れる差異について見ていく。

3　中国語と日本語に現れる言語情報の連続性の差異

　日本語では言語化せずとも表現できることを、中国語では言語化しなければならない、という現象について、井上（2012:2）は、「中国語と日本語に現れるこのような差異について、中国語は文法カテゴリーとしてのテンスを持たない言語であり、述語形式に時間の要素が内包[①]されていないため、時間以外の手段を用いてその支えを近似的に構築しながら、事象を構成的に叙述するというものである」と述べた。

　筆者の調査で得られたデータから、時間以外の事象を構成的に叙述する手段として、中国語では様態を明示的に表現するほかに、「言語化の焦点である物体が現在の位

---

① 井上・生越・木村（2002）ではa、b、cの例を挙げ、中国語の述語形式が表すのは、"力"によって形づくられる「事象の形」である（井上 2012:3）。
　a. 他去年在北京工作。（彼は去年北京で働いた。）
　b. 他現在在北京工作。（彼は現在北京で働いている。）
　c. 他明年到北京工作。（彼は来年北京で働く。）

置にいる原因」①についても詳細に書かれることが観察された。

24枚の絵から構成されている*FROG, WHERE ARE YOU?*の1枚目に「男の子がビンに入っているカエルを見つめている」場面(図1)が描かれている。

図1 FROG, WHERE ARE YOU?の1枚目

この場面について中国語母語話者が書いた作文を例(1)～(3)に、日本語母語話者が書いた作文を例(4)～(6)に例示する②。

(1)有一天,小男孩在家里发现了一只误闯进来的小青蛙,他兴奋得把小青蛙放在了玻璃罐里。他养的小狗狗也凑过来跟小男孩一起欢迎着这个新来的小伙伴。

(2)在一个月亮高高挂的晚上,一个小男孩在他自己的房间盯着一个玻璃罐看,里面是他叔叔送给他的小青蛙。他的狗狗也伸着头往里面瞧。

(3)小杰的窗前有一只空罐子,是为了留给圣诞老人装礼物的。圣诞夜,圣诞老人走后,小杰和小狗乐乐惊喜地发现空罐子里出现了一只青蛙。

(4)小さな男の子と、犬と瓶の中に入っているカエルと部屋で一緒に遊んでいました。

(5)男の子が部屋の中でペットの犬とビンの中に入っているカエルを見ている。

(6)夜、男の子が犬と一緒に、びんの中に入れたカエルをうれしそうに見ています。

---

① 鈴木(2006)は、「中国語を母語とする人は、ある情景を描写する際に、言語化の焦点である**物体が**なぜその空間に存在しているのかを描写するが、日本語ではそれを省略する傾向にある」と指摘した。

② 本稿に例示した調査協力者の作文例は、いずれも原文を忠実に写したものである。そのため、調査協力者が絵本に出現した人物などにつけた名称(例えば"男孩"、"小杰"、「男の子」、「太郎君」など)は統一されてない。

例（1）～（3）に例示した中国語を日本語に訳す^①と、例（1）’～（3）’のようになる。

（1）’ある日のことである。男の子は家に間違って入ってきたカエルを見つけた。たいそう喜んだ彼はカエルをガラスビンに入れることにした。彼が飼っていた犬も近づいてきて、男の子と一緒に新しい仲間を歓迎した。

（2）’月高く輝くある夜、男の子は彼の部屋でガラスビンを見つめていた。その中には、彼のおじさんが彼にくれたカエルがはいっていた。彼の犬も中を覗き込んでいる。

（3）’小杰の窓の前には空のビンが置いてある。それはサンタさんにプレゼントを入れてもらうために置いたのである。クリスマスの夜、サンタさんが行ってしまった後、小杰とワンちゃんは空だったビンにカエルが入っているのを見て、たいそう喜んだ。

中国語から訳された例（1）’～（3）’と日本語母語話者が書いた例（4）～（6）の文を比較すると、中国語で書かれた文章は、時間や様態を明示して叙述していること以外に、日本語で説明されていない「カエルがビンに入った原因」をも言語化していることがわかる。図1には、そのような情報が一切描かれていないにも関わらず、「カエルは間違って男の子の部屋に入ってしまった」「おじさんからのプレゼント」「サンタさんからのプレゼント」などのように、ビンにカエルが入っている理由が、文を構成する要素の一部として明示的かつ多種多様に書かれていた。

それに対し、日本語では、「男の子と犬が幸せに暮らしていました。ある日この2人は近所で蛙をつかまえました」のように「カエルがビンに入っている」ことの理由として「つかまえてきた」と述べた日本語母語話者は数名いるものの、大多数の人が絵に描かれている状況を例（4）～（6）に例示した文のように、「見えのまま」^②で言語化している。即ち、中国語母語話者は絵本に描かれていない「理由」の部分に各々付け加えることで、「理由」→「現在の状況」という事態把握をする傾向があるのに対し、日本語母語

---

① 本文中における「中国語」から「日本語」への訳、もしくは、「日本語」から「中国語」への訳はいずれも筆者によるものである。

② 池上・守屋（2009：60）、「何かを言語で表現しようとするとき、話し手は言語化しようとする事態を外側から眺めて記述するようなスタンスを取ることもできますし、また、事態の現場に自分が臨場しているというスタンスを取ることもできます。前者では、話し手自身がかかわる事態でも、その事態を外から観察する自分がもう一人いて、事態の中にいる自分自身を見るような構図になります。それに対して後者では、事態の外から眺める自分はおらず、話し手は現場で自分の目が捉えたことを見えたまま文にします」。

話者では、「見えのまま」の状況で言語化することが普通とされることがわかる。このような事態把握の仕方の違いは、「カエル」が「ビン」に入ったことは自然発生的に生じた自律的な変化ではなく、非自律的な変化であるため、中国語では「理由」を述べる必要性が生じたと考えられる①。

　一方で、日本語では「見えのまま」で表現するという特徴以外に、絵本に描かれている情報を繋げることで、言語情報に連続性を持たせた用例［絵本の11枚目の絵（図2）に関しての作文］が観察された。

　絵本の11枚目の絵には「木の穴をのぞいている男の子」が描かれている。まず、中国語母語話者が書いた文を見ていくと、例（7）に例示したように、「地面」から「木の上」に移動したという位置変化について描写する以外、例（8）～（10）のように、「現在の位置」にいる「理由」についても述べている。

図2　FROG, WHERE ARE YOU?の11枚目

（7）地上的洞穴里没有小青蛙。小男孩<u>爬上了树</u>，发现树上也有一个洞穴，想在里面找小青蛙。

（8）小男孩并未理会狗狗，<u>看到树上有一个小洞</u>，<u>又蹿上树</u>，对着树洞叫着小青蛙。

（9）小男孩<u>发现不远处的大树上也有一个洞</u>，<u>于是爬到树上</u>，对着树洞大喊。

（10）然后，小智<u>发现前面的大树上有一个洞</u>，<u>就赶紧跑过去</u>，小心翼翼地<u>爬上大树</u>对着洞口喊着二宝的名字。

---

① 変化には、自然発生的に生じる自律的な変化と、動作の結果として生じる非自律的な変化がある。日本語では両者ともに主体変化動詞で叙述することができる。自律的な変化か非自律的な変化に関係なく、結果のみに言及して「結果としてこうなった」という形で変化を叙述できるわけである。（一部省略）一方で、中国語では、結果のみに言及して「結果としてこうなった」という形で変化を叙述できるのは自律的な変化に限られる（木村 1997、井上 2012）。

例(8)では"看到树上有一个小洞，又蹿上树"、例(9)では"小男孩发现不远处的大树上也有一个洞，于是爬到树上"、例(10)では"小智发现前面的大树上有一个洞，就赶紧跑过去"とあるように、「男の子が木に穴があるのを発見する」⇒「木に登る」というように絵に描かれている情報から推論・捕捉し、動作発生となるきっかけ(理由)について明示的に書いた。

それに対し、日本語母語話者は例(11)～(13)に例示したように、「地面」から「木の上」に移動したという位置変化については言語化せず、ダイレクトに「穴をのぞき込む」といった表現を用いた人が多い。

(11)男の子は大きな木の幹にある穴をのぞき込む。

(12)男の子は木の穴をのぞいてみました。

(13)少年が見ていた穴からはふくろうが出て来て、蜂の巣を落としてしまった犬は、蜂に追われて逃げている。

このような表現は例(4)～(6)に提示した文と同じく、池上・守屋(2009:61)で指摘された、「事態の中にいて、臨場的・体験的に事態を把握する場合、現場にいる話し手の目に移った事態、つまり〈見え〉を言語化することになりますから、見えないものは認識されず、従って表現の対象になりません」という説に沿う形で、日本語母語話者は絵に描かれている情報を「見えのまま」に表現している。

さらに、日本語の方は例(14)～(17)に例示した文のように、絵本に描かれている共通性のある情報を「時間的な繋がり」で言語化する表現が観察された。

(14)今度は木に空いた穴を探してみます。

(15)今度は木の穴に向かって呼んでみる。

(16)次に太郎君は木の穴を見つけました。この木の穴の中にならケロがいるかもしれないかと思い、再びケロの名前を呼びました。

(17)男の子は次に木にあいている穴を探し、犬は木を揺らして蜂の巣を木から落とす。

例(14)～(17)ではいずれも「今度は」或いは「次に」が使われている。これは、絵本の9枚目に「モグラが出て来た穴」(図3)と「木の穴」という共通性を見出した表現である。

図3　FROG, WHERE ARE YOU?の9枚目

　一方で、同じ絵（情報）を見ていながら、中国語母語話者は日本語の「今度は」や「次に」を意味する"这回""这次""接着"といった表現を用い、「モグラが出て来た穴」という既知情報と連続性を持たせるような表現形式を取らない。

　日本語の「時間的な繋がり」で表現するという特徴は、絵本の6枚目に描かれている「ビンをあたまにかぶった犬が窓から落ちる」（図4）の場面からも観察された。日本語母語話者は例（18）～（21）に例示したように、続いて起こる事柄を表す「すると」や「次の瞬間」を文頭につけている。

図4　FROG, WHERE ARE YOU?の6枚目

(18)<u>すると</u>ビンの中に頭を突っ込んでいたポチが窓から落ちてしまいました。あぶない！

(19)<u>すると</u>犬が足を滑らせて窓から落ちてしまった。このままでは犬が大怪我してしまう。

(20)<u>次の瞬間</u>、トミは開いた部屋の窓に気がつかず外へ落ちてしまった。

（21）すると<u>次の瞬間</u>、犬が体を前に乗り出しすぎて窓の外に落ちてしまいました。

例（18）〜（21）を中国語に訳すと、それぞれ以下のようになる。

（18）'就这样（接下来），脑袋上套着瓶子的POCHI从窗户上掉了下来。好危险！

（19）'就这样（接下来）小狗的脚下一滑，从窗户上掉了下来。这样的话小狗会伤着的。

（20）'? 接下来的一瞬间（一刹那），TOMI因为没有发现窗户是开着的，所以掉到了窗户外面。

（21）'? 接下来的一瞬间（一刹那），小狗因为身体太往前靠了，所以掉到了窗户外面。

　　上訳の例において、例（18）'と例（19）'のように「すると」を"接下来"と訳しても容認されるであろうが①、例（20）'と例（21）'のように「次の瞬間」を"接下来的一瞬间"または"一刹那"と訳して表現すると、中国語としてかなり不自然な文になってしまうのである。中国語の場合は、例（22）〜（24）に例示したように"这时（候）"を用いている。これは、中国語の場合は既知情報と連続性を持たせるような事態把握をせずに、出来事の発生時点に焦点を当てた言い方を取っていることを示唆している。

　　（22）<u>这时</u>狗狗突然从窗户上掉了下去。

　　（23）<u>这时候</u>，小狗脚下一滑，从窗台上掉了下去，把小男孩吓了一跳。

　　（24）<u>这时</u>，顽皮的小狗头戴空瓶子，一不小心，从窗口掉了下去。

　　同じ絵（情報）を見ていながらも、中国語と日本語の言語形式上に差異が生じることについては、井上（2012）が「日本語と中国語の事象叙述様式が『事象を叙述する所与の枠組みに依拠して事象を叙述する』（日本語）、『事象を叙述する所与の枠組みなしに事象を構成的に叙述する』（中国語）という対照的な性格を有する」と述べた上で、日本語は「内骨格型」の言語、中国語は「外骨格型」の言語であると比喩的に表現した。日本語は「場面内視点」を取るがゆえに、時の進行に沿って展開することが前提となるため、おのずと既知の情報から情報の連続性を見出そうとする事態把握を行うと考えられる。それに対し、中国語は「場面外視点」を取っているため、所与の枠組に依拠することなく、例（22）〜（24）のように、時点毎に焦点を当てるような事態把握を行う。そのため、中国語では言語情報の連続性を保持するために、場所や様態を明示的に表現する以外に、言語化の焦点である物体が現在の位置にある原因を述べることも求められると考えられる。本稿で観察された中国語母語話者と日本語母語話者の事態把握

①「すると」は従来では"然后"と訳されることが多いが、例（18）と例（19）の場合は"就这样（接下来）"と訳するのも適切であると考えられる。

の仕方の違い①は、それぞれの言語を母語とする人の無意識の内に働いている認知的制約を反映していると言えよう。

4　おわりに

　中国語の授業で、学生に「夏休みの思い出」をテーマに作文をさせたところ、ある学生は"在静冈吃了鳗鱼盖饭，我太高兴了"のような文を書いた。文面から「静岡でウナギ丼を食べたので、嬉しかった」というのは理解できるのであるが、自然な中国語の文としては、いささか情報量が不足している。何故ならば、"在静冈吃了鳗鱼盖饭"と"我太高兴了"には必然的な関連性がないからである。中国語では"在静冈吃了鳗鱼盖饭，那个鳗鱼盖饭很好吃，我很高兴"または"我终于吃到了静冈地道的鳗鱼盖饭，真是太高兴了"のように文中に理由を表す情報を入れたほうが整合性の高い文となる。このように、文法的に間違いではないが、不自然な文となるのは、事態把握の違いが大きく関わっていると言えよう。

　今後、中国語母語話者と日本語母語話者の調査協力者から得られた*FROG, WHERE ARE YOU*？に関しての作文例の内、今回扱うことの出来なかった部分について更に考察を重ね、実証的研究を積み重ねていくことにより、複雑な様相を呈する中国語と日本語の事態把握の全体像に迫ってまいりたい。

参考文献

池上嘉彦,2003. 言語における〈主観性〉と〈主観性〉の言語的指標(1)[J]. 認知言語学論考(3):1-49.

池上嘉彦,2004. 言語における〈主観性〉と〈主観性〉の言語的指標(2)[J]. 認知言語学論考(4):1-60.

池上嘉彦,守屋三千代,2009. 自然な日本語を教えるために[M]. 東京:ひつじ書房.

---

① 濱田(2011)が「日本語話者が『場面外視点』を採れないということではありません。また、同様に英語話者も『場面内視点』を採れないということでもありません。この『場面内視点』『場面外視点』という出来事の把握の仕方というのは程度の問題であり、そのどちらが優勢となるかはそれぞれの言語環境の中で育まれたものだと言えます」と指摘したように、図2に関しては中国語母語話者で"小男孩又跑去树洞里找青蛙，这时马蜂窝掉在了地上"、日本語母語話者で「少年は、近くに大きな木を見つけた。そして木の中間にあいている穴に、カエルがいるのではと思った」といった文を作る人も見られた。

井上優,生越直樹,木村英樹,2002. テンス・アスペクトの比較対照:日本語・朝鮮語・中国語[M]//生越直樹. シリーズ言語科学4:対照言語学. 東京:東京大学出版会:125-159.

井上優,2012. テンスの有無と事象の叙述様式[M]//影山太郎,沈力. 日中理論言語学の新展望2:意味と構文. 東京:くろしお出版:1-26.

木村英樹,1997. "変化"和"動作"[C]//余靄芹,遠藤光暁. 橋本萬太郎紀念中国語学論集. 東京:内山書店:185-197.

鈴木ひろみ,2006. 浅論思維対語言表達的影響[J]. 中国言語文化論叢(8):85-99.

鈴木ひろみ,2020.「場面外視点」と「場面内視点」から見る中国語と日本語[C]//汉日对比语言学研究(协作)会,西安外国语大学日本文化经济学院. 汉日语言对比研究论丛:第11辑. 杭州:浙江工商大学出版社:275-286.

中村芳久,2004. 主観性の言語学:主観性と文法構造・構文[M]//中村芳久. 認知文法論2. 東京:大修館書店:3-51.

中村芳久,2009. 認知モードの射程[M]//坪本篤朗,早瀬尚子,和田尚明.「内」と「外」の言語学. 東京:開拓社:353-393.

濱田英人,2011. 言語と認知:日英語話者の出来事認識の違いと言語表現[J]. 函館英文学(50):65-99.

濱田英人,2012. 日英語話者の視点構図と言語表現[J]. 札幌大学外国語学部紀要:文化と言語(76):69-92.

LANGACKER R W, 1985. Observations and speculations on subjectivity[M]//HAIMAN J. Iconicity in syntax. Amsterdam:John Benjamins:109-150.

MAYER M, 2003. Frog, where are you?[M]. New York:Dial Books.

SLOBIN D I, 1996. From "thought and language" to "thinking for speaking"[M]//GUMPERZ J J, LEVINSON S C. Rethinking linguistic relativity. Cambridge: Cambridge University Press:70-96.

作者简介

氏名:鈴木ひろみ

性別:女

所属:日本中央大学

学歴:博士

職務：准教授

専攻分野：中国語学、中日対照言語学

住所：東京都八王子市東中野742-1　2号館11階21102号室

郵便番号：192-0393

メールアドレス：hiromi@tamacc.chuo-u.ac.jp

汉日共延路径型虚构位移表达中的图像和位移
The Figure and Motion of Coextension Paths Fictive Motion Expressions in Chinese and Japanese

石金花

摘　要:共延路径型虚构位移表达用虚构的位移表达形式来描述某个静态实体的形状、方向或位置。汉日共延路径型虚构位移表达中的图像除类别和所占比例相同外,都具有不可移动性和延展性。汉日共延路径型虚构位移表达中的位移主体都是假想的成分,位移都主要由路径动词或方式动词表达。此外,汉语共延路径型虚构位移表达中的位移还可以由介词短语表达,日语共延路径型虚构位移表达中的位移还可以由位移动词派生出的复合名词表达,但都不多见。

关键词:共延路径型虚构位移表达;图像;位移

Abstract: The coextension paths fictive motion expressions use the fictive motion expressions to describe the shape, direction or position of a static entity. In addition to the same category and proportion, the figures of the coextension paths fictive motion expressions in Chinese and Japanese have immobility and ductility. The motion subjects of the coextension paths fictive motion expressions in Chinese and Japanese are imaginary components, and the motion is mainly expressed by path verbs or mode verbs. In addition, the motion of the coextension paths fictive motion expressions in Chinese can also be expressed by prepositional phrases, and the motion of the coextension paths fictive motion expressions in Japanese can also be expressed by compound nouns derived from motion verbs, but they are rare.

Keywords: coextension paths fictive motion expressions; figure; motion

1　引言

　　汉语和日语中都存在着下述例句(1)中的表达,它们用虚构的位移表达形式来描述某个静态实体的形状、方向或位置,Talmy(2000a:138)将这种表达称为"共延路径型虚构位移表达"。

　　(1)a. 道路在它的阴影笼罩之下继续前进,绕过它之后又开始再度往上攀升。
　　　　　(CCL①)

　　　　b. 道は舞鶴市から湾の底部に沿って西へ向い、宮津線と直角に交わり、やがて滝尻峠をこえて、有良川へ出る。(BCCWJ②)

　　共延路径型虚构位移表达最突出的特点是"以静写动",这一点虽不同于真实位移表达的"以动写动",但两者同属运动事件表达,因此也都包含运动事件的构成要素。本文将从图像和位移这2个运动事件构成要素的角度对汉日共延路径型虚构位移表达进行探讨③。

2　运动事件及其构成要素

　　对运动事件进行研究的学者有很多,如 Fillmore(1968,1982,1985)、Lakoff(1987)、Langacker(1987,1991a)、Lakoff & Johnson(1999)、Talmy(2000b,2005)等,其中以 Talmy(2000b)的论述最为全面和系统。

　　Talmy(2000b:214-221)认为事件可以分为2类:一类是单一事件,通常用单句来表达;另一类是复杂事件,通常用复句来表达。但有时也会出现用单句来表达复杂事件的情况,Talmy认为此时的事件经历了重新融合,将其称为"宏事件"(macro-event)。一个宏事件通常由框架事件(framing event)、副事件(co-event),以及两者之间的连接关系(support relation)构成。在整个宏事件的构建中,框架事件起框架性作用,也称为"主事件";副事件则相对处于副属性地位。

---

① CCL在本文中指的是北京大学汉语语言学研究中心《现代汉语语料库》。
② BCCWJ(Balanced Corpus of Con-temporary Written Japanese)在本文中指的是《现代日语书面语均衡语料库》(『現代日本語書き言葉均衡コーパス』)。
③ 图像发生位移时的背景和原因充满不确定性,不具有讨论价值。有关位移路径的探讨详见石金花(2020),有关位移方式的探讨详见石金花(2022)。

　　运动事件的框架事件由 4 个要素构成,分别是图像(figure)、背景(ground)、位移(motion)或静止(stationariness)、路径(path)。图像是整个事件要陈述的对象,它与整个运动事件相关,陈述表达中要对它的路径或存在进行描述;背景是对图像进行陈述时的参照物,它也与整个运动事件相关,作用是为图像提供参照;位移描述的是图像以背景为参照发生的位置变化,静止指的是图像以背景为参照没有发生位置变化;路径则指的是图像以背景为参照发生的位移或存在的位置。其中,路径的地位非常重要,在整个运动事件中起核心图示和框架作用(范娜,2014:57)。除了框架事件外,运动事件的建构中也包括副事件。副事件最主要的作用是描述框架事件中图像发生位移时的方式和原因。

　　下面分别列举汉语和日语的例子,具体说明运动事件的构成要素。

　　(2)　我　　从　　上海　　经　　南京　　飞　　　到　　北京。(罗杏焕,2008:30)
　　　　(图像)(路径)(背景)(路径)(背景)(位移+方式)(路径)(背景)

　　例句(2)中的"我"为图像,"上海""南京""北京"为背景,"飞"为位移加方式,"从""经""到"为路径。

　　(3)自動車は　そこ　　を　　　抜け、　橋　　を　　渡った。(对译①,略有改动)
　　　　(图像)　(背景)　(路径)(位移+路径)(背景)(路径)(位移+路径)

　　例句(3)中的「自動車」为图像,「そこ」「橋」为背景,「抜け」「渡った」为位移加路径,两个「を」为路径。

　　虚构位移表达虽然是一类特殊的位移表达,但也属于运动事件,在形式上也具备运动事件的构成要素。例如:

　　(4)道路　　蜿蜒　穿　　过　一条宽阔的溪谷。(CCL)
　　　　(图像)(方式)(位移)(路径)　　(背景)

　　例句(4)中的"道路"为图像,"一条宽阔的溪谷"为背景,"穿"为位移,"过"为路径,"蜿蜒"为方式。

　　(5)　道は　森　　を　　　出て、　草原　を　　走っている。(BCCWJ)
　　　　(图像)(背景)(路径)(位移+路径)(背景)(路径)(位移+方式)

　　例句(5)中的"道"为图像,「森」「草原」为背景,「出て」为位移加路径,「走っている」为位移加方式,两个「を」均为路径。

---

① "对译"在本文中指的是北京日本学研究中心于2002年研发的《中日对译语料库》。

3 图像

3.1 虚构位移表达中的图像

在运动事件的构成要素中,图像扮演着重要角色。它与整个运动事件息息相关,其位移路径或位置存在需要在表达中得到描述。在真实位移表达中,图像与位移主体一致,是任何一个真正发生了移动的实体,既可以是人,又可以是物体,如例句(6)a中的"菲力比斯"、例句(6)b中的"飞机"、例句(6)c中的「搜一課長」、例句(6)d中的「車」等。它们都有一个共同特点,就是具有"可移动性"。也正是这些位移主体的移动行为,促成了运动事件的发生,进而引发人们对运动事件的认知和描述。而虚构位移表达的情况与真实位移表达恰好相反,虚构位移表达中图像的最主要特征就是"不可移动性"。以例句(7)中的共延路径型虚构位移表达为例,充当图像的物体均为静态实体,本身都不具有移动性,无法发生位移,如例句(7)a中的"公路"、例句(7)b中的"道路"、例句(7)c中的「尾根」、例句(7)d中的「道」等。因此,共延路径型虚构位移表达中的位移主体通常要由图像以外的其他假想成分充当,详见第4.1节。

(6)a. <u>菲力比斯</u>从马拉松一直跑到雅典城……(CCL)

    b. <u>飞机</u>在云层里穿行。(CCL)

    c. つかつかと<u>搜一課長</u>が入ってきた。(BCCWJ)

    d. <u>車</u>は、ひたすら海岸通りを走った。(BCCWJ)

(7)a. <u>公路</u>还在无尽无止地向前延伸。(对译)

    b. 蜿蜒的<u>道路</u>伸向远方,山上的小溪不停地欢唱。(CCL)

    c. そこは急傾斜で、二筋の<u>尾根</u>が並んで走り、その間は深い谷になっていた。(对译)

    d. <u>道</u>は、モトカシをなかば下り、さらに南に峠をこえて、ボルカシの谷にでる。(BCCWJ)

3.2 汉日共延路径型虚构位移表达中的图像

韩玮(2012:50-53)在对比英汉共延路径型虚构位移表达时曾指出,共延路径型虚构位移表达归根到底描述的是图像的形状特点或地理位置,因此她认为只有在明确了共延路径型虚构位移表达中的图像特点后才能进行后续的对比分析。在分析了大量英语共

延路径型虚构位移表达图像后,韩玮指出英语共延路径型虚构位移表达中的图像具有3个倾向性特点:一是大部分图像在形状上表现为长条线形;二是很多图像与"运动"理想化认知模型有着"部分—整体"的转喻关系;三是很多图像都有一个可延展的维度。进而,韩玮(2012:53-54)将英语共延路径型虚构位移表达中的图像分为3类:一类图像为与"运动"理想化认知模型有转喻关系的线状物体;二类图像为与"运动"理想化认知模型无转喻关系的线状物体;三类图像为具有延展性的"面"类体。

同时,韩玮(2012)还指出汉语共延路径型虚构位移表达中也包含这3类图像,并且在分布上与英语共延路径型虚构位移表达具有极大的相似性,即都是一类图像占绝大多数。但在二类图像和三类图像的分布上,英语和汉语的情况正好相反,表现为英语共延路径型虚构位移表达中的二类图像略少于三类图像,而汉语共延路径型虚构位移表达中的二类图像则多于三类图像。

那么,日语共延路径型虚构位移表达中是否也包含这3类图像?它们在分布上具有什么特点?汉日共延路径型虚构位移表达中的图像在分布上是否具有共性?

为解决这些问题,本文通过中日对译语料库搜集了汉日共延路径型虚构位移表达语料用于分析。在搜集汉语共延路径型虚构位移表达时,检索用词的确定主要综合了王义娜(2012)和范娜(2014),共有检索用词72个,分别是北去、奔、步行、出、出发、出来、穿过、穿越、到、到达、渡、拐、贯穿、过、横贯、环绕、进、进入、经、来、离、连绵、跨越、蔓延、绵延、爬、盘、盘旋、攀升、飘到、匍匐、铺到、铺展、起伏、前进、前行、去、去往、绕过、上、上升、伸、伸向、升、升展、通到、通过、通往、通向、弯、蜿蜒、宛转、往上、逶迤、下、下降、行、行驶、延伸、隐入、拥抱、越过、直插、直冲、直刺、直达、转、转弯、纵横、纵穿、纵贯、走。在检索时,为了覆盖更多的例子,尽可能使用单个字的动词。比如,对于"蔓延、绵延、延伸"这3个动词,选取"延"字作为检索词条,目的是避免漏检包含"延展、横延、延入"等词语的虚构位移表达。在此原则下,通过穷尽性的检索和筛选,共搜集到汉语共延路径型虚构位移表达237例。

在搜集日语共延路径型虚构位移表达时,检索用词的确定主要综合了松本(1997)、小原(2008)和李善姬(2009),共有检索用词44个,分别是上がる、歩く、行く、至る、迂回する、横断する、下りる、カーブする、下る、来る、経由する、越える、去る、蛇行する、過ぎる、進む、沿う、達する、辿る、通過する、着く、伝う、貫く、出る、到達する、通る、飛ぶ、南下する、抜ける、登る、入る、這う、走る、離れる、北上する、曲がる、回る、向かう、巡る、戻る、過る、横切る、分れる、渡る。在检索时,为了避免漏检,对其中每一个动词都采取汉字和假名均检索的办法。以「行く」为例,分别以「行く」「行き」「行っ」「いく」「いき」

「いっ」为词条逐一进行了检索。最终,经过穷尽性的检索和筛选,共搜集到日语共延路径型虚构位移表达168例。

通过对搜集到的语料进行分析,本文发现,日语共延路径型虚构位移表达中也存在上述3种类型的图像,具体如下。

一类图像:与"运动"理想化认知模型有转喻关系的线状物体,如例句(8)中的「道」「舗道」「橋」等。这类物体都与"运动"理想化认知模型有惯常联系,能够通过转喻激活"运动"理想化认知模型,从而与运动产生联系。

(8)a. 干いた土が露出した崖際を縫い、沢を越え、木立を廻って、道はどんどん降りて行った。(対訳)

   b. コンクリートの舗道はそのけやきの巨木を迂回するように曲り、それから再び長い直線となって中庭を横切っている。(対訳)

   c. ちょうど折悪しくその頃、市からこちらへ通じる橋は壊れていました。(対訳)

二类图像:与"运动"理想化认知模型无转喻关系的线状物体,如例句(9)中的「皺」「掘れ溝」「文様」等。这类物体虽然也呈线状,但与"运动"理想化认知模型没有惯常联系,不能通过转喻激活"运动"理想化认知模型。它们之所以能用在虚构位移表达中,主要依靠的是概念化者的认知能力,即概念化者假想某一位移主体沿着该类线状物体移动,从而与运动产生联系。

(9)a. 俯向いた彼の顔には、無数の皺が切り疵のように走っていた。(対訳)

   b. 降りると、漏斗状の斜面の収束するところに木が生え、狭い掘れ溝が、露出した木々の根の間を迂まわっていた。(対訳)

   c. 赤褐色にふくれ上った四肢に、淡緑の文様が刺青のように走り、皮膚は処々破裂して、汚緑色の実質を現わしていた。(対訳)

三类图像:具有延展性的"面"类物体,如例句(10)中的「平野」「坂」「甃」等。这类物体虽既不呈线状,又与"运动"理想化认知模型没有惯常联系,但具有延展性。它们之所以能用在虚构位移表达当中,更多的也是依靠概念化者的认知能力,即概念化假想某一位移主体沿着该类具有延展性的面类物体移动,从而与运动产生联系。

(10)a. 山の裾に向って、平野は枯野のように茶色がかった地面を平べったくみせてせり上っている。(対訳)

   b. 柏木や令嬢と別れた私は、下宿の娘とともに、東屋の丘から北へ降り、また東のほうへ迂回してゆく緩い坂を登った。(対訳)

　　　　c. これに向って平坦な甃がのびている。(对译)

　　按照上述标准,本文分别对通过中日对译语料库搜集到的汉日共延路径型虚构位移表达中的3类图像进行了统计分析,并对其差异的显著性进行了卡方检验①,结果如表1和表2所示。

表1　汉语语料中各类图像的数量和比例

	一类图像	二类图像	三类图像	合计
各类图像的数量/个	121	89	27	237
各类图像的比例/%	51.1	37.6	11.3	100
卡方检验结果	$\chi^2=57.823, df=2, p=0.000<0.05$			

表2　日语语料中各类图像的数量和比例

	一类图像	二类图像	三类图像	合计
各类图像的数量/个	98	48	22	168
各类图像的比例/%	58.3	28.6	13.1	100
卡方检验结果	$\chi^2=53.286, df=2, p=0.000<0.05$			

　　统计结果显示,汉日共延路径型虚构位移表达中的图像在分布上显示出一定的相似性,都是一类图像数量最多,并且所占的比例都在50%以上,二类图像次之,三类图像最少。卡方检验的结果也表明汉日共延路径型虚构位移表达中的3类图像在分布上的差异是具有显著意义的。

　　此外,Matsumoto(1996:183-226;1997:209)、松本(1997:219)在分析时指出,充当日语共延路径型虚构位移表达图像的物体有一定的限制,「(ベルリンの)壁」「城壁」「フェンス」等原本阻断人类通行的物体,不能出现在日语共延路径型虚构位移表达当中。而本文认为某一物体能否充当共延路径型虚构位移表达中的图像,主要取决于该物体是否具有延展性,与是否会阻断人类的通行无关。如第4.1节所述,共延路径型虚构位移表达中的假想位移主体可以是人的注意力焦点,此时便与是否阻断人类通行无关。如例句(11)a

---

① 卡方检验是统计学中一种常用的检验方法,包含适合性检验、正态性检验和独立性检验3个方法(李绍山,2001:153),本文所运用的是适合性检验。通过适合性检验,可以知道所比对象间的差异是否具有显著意义。此外,本文所使用的分析软件是中文版的SPSS22.0,其中:χ^2表示卡方值;df表示自由度,适合性检验中的自由度等于组数减1;p表示显著水平。

中的「湿原」、例句(11)b中的「塀」虽然属于阻断人类通行的物体,但依然可以出现在共延路径型虚构位移表达当中。

　(11)a. 湿原は左側に開け、孤立したアカシヤの大木を、島のように霞ませつつ、遠い林まで到っているが、右側は道の向うに木のよく繁った丘が岬のように出張り、さらに裾から低い林を、磯のように、湿原の上に延ばしていた。

　　　b. 門に近づくにつれ、ひろい寺内を縦横に走る甃やら、多くの塔頭の塀やら、限りないものがこれに加わった。(対訳)

汉语中也存在类似的例子,如例句(12)a中的"城墙"和例句(12)b中"水沟"。

　(12)a. 北側城墙沿山脊向北延伸,墙体以土夯成,城墙每段拐弯处,各有墩台一座,墙、墩台已残损,仅留部分基址。(CCL)

　　　b. 池塘前有一条涌满激流的水沟,一直向东,没进了葱绿的麦田。(対訳)

因此,本文认为除了不可移动性外,在某一维度上具有延展性也是充当共延路径型虚构位移表达中的图像的必要条件。

4　位移

真实位移表达中的位移指的是图像相对于背景的位置变化。由于在真实位移表达中图像与位移主体一致,因此此时的位移也可以说成是位移主体相对于背景的位置变化。而虚构位移表达是一类特殊的位移表达,它不同于真实位移表达。虚构位移表达中的图像是静止的,位移主体也是假想的。因此,虚构位移表达中的位移只能描述为假想位移主体相对于背景的位置变化。

4.1　位移主体

真实位移表达中的位移主体指的是相对于背景位置发生了变化的物体,而虚构位移表达中的位移主体则不真正出现在表达当中,为假想的成分。在汉日共延路径型虚构位移表达中,作为位移主体的假想成分既可以是某个假想的实体,又可以是说话人的注意力焦点,还可以是共延路径型虚构位移表达中的图像本身。

当位移主体为某个假想的实体时,该假想实体必须具备移动性,同时共延路径型虚构位移表达中的图像也必须可以为该实体提供路径。以例句(13)为例,例句(13)中的图像分别为"公路""小路"、「道」「石段」,例句(13)a和例句(13)c中的位移主体通常可以假想为行走在上面的人或行驶在上面的汽车,例句(13)b和例句(13)d中的位移主体则通常

可以假想为人。

（13）a. <u>公路</u>笔直地往南通去，愈远愈窄，最后被高粱淹没。（对译）

　　 b. 于是，那条鲜花锦簇的<u>小路</u>，在雾中向着明亮的教室延伸，无云的天空，那样蓝，那样蓝……（对译）

　　 c. その他五本の<u>道</u>は、同様に東西に走っていた。（BCCWJ）

　　 d. 建勲神社へ向う迂回した<u>石段</u>を駆け昇った。（对译）

当由说话人的注意力焦点充当假想位移主体时，对共延路径型虚构位移表达中的图像是否可为假想位移主体提供路径无关，此时图像既可以是上述例句（13）中的可供假想位移主体通过的物体，又可以是下述例句（14）中的"铁轨"和「境界線」等不可供假想位移主体通过的物体。

（14）a. 两道<u>铁轨</u>从东爬来，被太阳照得贼亮，刺目。（对译）

　　 b. <u>境界線</u>はフィリピン諸島の東端を走っているはずなのだが……（对译）

此外，假想的位移主体还可以理解为共延路径型虚构位移表达中的图像本身，如例句（15）中的"道路"和「道」。

（15）a. 蜿蜒的<u>道路</u>伸向远方，山上的小溪不停地欢唱。（CCL）

　　 b. <u>道路</u>通向一片宽阔的草地，房子就在我们的面前了。（CCL）

　　 c. ガスチェロを過ぎ、<u>道</u>はチェルペニア湾に沿って延々と伸びている。（BCCWJ）

　　 d. このスナック前の<u>道</u>は、室町中期上総武田氏の本拠地真理谷に通じている。（BCCWJ）

4.2　汉语共延路径型虚构位移表达中的位移

汉语共延路径型虚构位移表达中的位移主要由位移动词表达。根据Talmy（2000b）总结的位移动词词汇化模式可知，编码位移的动词既可以是路径动词，又可以是方式动词。例如：

路径动词：

（16）a. 等待过河的队伍在堤岸上<u>延伸</u>了几里路，这是由大批下放干部和几千名上山下乡知识青年汇成的浩荡洪流。（对译）

　　 b. 要修的道路在这里<u>拐</u>了个弯，团城被保护了下来。（CCL）

方式动词：

（17）a. 国王率领的部队来到了山谷东方的峭壁下，道路从这里突然开始往上<u>攀爬</u>，

梅里惊讶地抬起头来。(CCL)

    b. 在晨光下,他可以清楚地看见魔多之门前道路会合的地方,一条往北<u>走</u>,另外一条<u>钻</u>入缠绕在伊瑞德力苏山脚底下的浓雾中……(CCL)

除了位移动词外,汉语共延路径型虚构位移表达中的位移还可以由介词短语表达,如例句(18)中的"往前",但这种情况并不多见。介词短语多数情况下被用来表示位移的起点,如例句(19)a中的"从她的眼前";或者表示位移的经过点,如例句(19)b中的"从那里";或者表示位移的方向,如例句(19)c中的"向南";等等。

(18)他们就在这样万般无奈的状况下来到了那座白色的桥梁,在此,道路发着微弱的光芒,通过山谷中央的溪流继续<u>往前</u>,曲折地通往城门……(CCL)

(19)a. 这条路<u>从她的眼前</u>伸长出去,一直到无穷。(对译)

    b. 塞族控制区中心帕莱与塞控萨拉热窝市区之间的道路<u>从那里</u>通过。(CCL)

    c. 中途的道路自然地<u>向南</u>偏转。(CCL)

4.3　日语共延路径型虚构位移表达中的位移

日语共延路径型虚构位移表达中的位移也主要由位移动词表达,并且同样既可以是路径动词,又可以是方式动词。例如:

路径动词:

(20)a. 道は再び、急カーブの続く坂道に<u>入る</u>。(BCCWJ)

    b. 道は展望の開けた尾根を<u>下って</u>黒沢池ヒュッテに<u>出る</u>。(BCCWJ)

方式动词:

(21)a. 道は丘と丘の間を縫うようにして<u>走っている</u>。(BCCWJ)

    b. 波打つ丘々の上で道は上下に<u>うねり</u>、さながら"ジェットコースター"のよう。(BCCWJ)

除了位移动词外,日语共延路径型虚构位移表达中的位移还可以由位移动词派生出的复合名词表达,如例句(22)中的「郊外行き」等,但同样不多见。

(22)上へ下へ斜めへと道は複雑にまわり込んで、ぼおーっとしてると、瞬く間に<u>郊外行き</u>だ。(BCCWJ)

5　结语

本文以 Talmy(2000a,2000b)对运动事件的论述为基础,从运动事件构成要素中的图

像和位移的角度对汉日共延路径型虚构位移表达进行了对比分析。

从图像的角度来看,汉日共延路径型虚构位移表达中的图像都可以分为3个类别:第一类是与"运动"理想化认知模型有转喻关系的线状物体,第二类是与"运动"理想化认知模型无转喻关系的线状物体,第三类是具有延展性的面类物体。对语料的统计分析显示,汉日共延路径型虚构位移表达中的这3类图像在分布上显示出一定的相似性,都是一类图像最多,二类图像次之,三类图像最少,并且这种差异具有显著意义。另外,这3类图像还具有2个共同特征:一是不可移动性,二是延展性。

从位移的角度来看,汉日共延路径型虚构位移表达中的位移主体都是假想的成分,充当位移主体的都既可以是某个具体实体,又可以是观察者的注意力焦点,还可以是该物体本身。当位移主体被假想为某个具体实体时,表达中的图像必须可供该实体正常通过;当位移主体被假想为观察者的注意力焦点时,对表达中的图像是否可供某些具体实体通过无要求;当位移主体被假想为该物体本身时,该物体则被假想成一个自身具有延展性的物体。汉日共延路径型虚构位移表达中的位移都主要由路径动词或方式动词表达。此外,汉语共延路径型虚构位移表达中的位移还可以由介词短语表达,日语共延路径型虚构位移表达中的位移还可以由位移动词派生出的复合名词表达,但都不多见。

参考文献

范娜,2014. 运动事件模式下汉语虚构运动表达的认知研究[M]. 南京:南京大学出版社.

韩玮,2012. 英汉主观位移句的对比研究[D]. 杭州:浙江大学.

李绍山,2001. 语言研究中的统计学[M]. 西安:西安交通大学出版社.

罗杏焕,2008. 英汉运动事件词汇化模式的类型学研究[J]. 外语教学(3):29-33.

石金花,2020. 汉日共延路径型虚构位移表达中的路径对比研究[M]//刘晓芳. 日语教育与日本学2020:第16辑. 上海:华东理工大学出版社:12-22.

石金花,2022. 汉日共延路径型虚构位移表达中的方式[M]//欧文东. 日本学研究:第一辑. 北京:时事出版社:78-91.

王义娜,2012. 主观位移结构的位移表征:从英汉对比的角度[J]. 解放军外国语学院学报(2):1-5.

小原京子,2008. 日本語主観移動表現のコーパス分析:英語との比較から[J]. 慶応義塾大学日吉紀要:言語・文化・コミュニケーション(40):107-122.

松本曜,1997. 移動表現の拡張:主観的移動表現[M]//田中茂範,松本曜. 空間と移動の表現. 東京:研究社出版:207-228.

李善姫,2009. 日本語の移動動詞の研究[D]. 東京:東京外国語大学.

FILLMORE C J, 1968. The case for case [M]//BACH E, HARMS R. Universals in linguistic theory. New York: Holt, Rinehart & Winston: 1-88.

FILLMORE C J, 1982. Frame semantics[M]//The Linguistic Society of Korea. Linguistics in the morning calm. Seoul: Hanshin: 111-137.

FILLMORE C J, 1985. Frames and the semantics of understanding [J]. Quaderni di Semantica, 6(2): 222-254.

LAKOFF G, 1987. Women, fire, and dangerous things: what categories reveal about the mind[M]. Chicago: University of Chicago Press.

LAKOFF G, JOHNSON M, 1999. Philosophy in the flesh: the embodied mind and its challenge to western thought[M]. New York: Basic Books.

LANGACKER R W, 1987. Foundations of cognitive grammar, volume 1: theoretical prerequisites[M]. Stanford, CA: Stanford University Press.

LANGACKER R W, 1991. Concept, image, and symbol[M]. Berlin: Walter de Gruyter.

MATSUMOTO Y, 1996. Subjective motion and English and Japanese verbs[J]. Cognitive linguistics, 7(2): 183-226.

MATSUMOTO Y, 1997. Linguistic evidence for subjective (fictive) motion[M]//YAMANAKA K, OHORI T. The locus of meaning: papers in honor of Yoshihiko Ikegami. Tokyo: Kurosio Publishers: 209-220.

TALMY L, 2000a. Toward a cognitive semantics, vol. I : concept structuring systems[M]. Cambridge, MA: MIT press.

TALMY L, 2000b. Toward a cognitive semantics, vol. II : typology and process in concept structuring[M]. Cambridge, MA: MIT press.

TALMY L, 2005. The fundamental system of spatial schemas in language [M]//HAMP B. From perception to meaning: image schemas in cognitive linguistics. Berlin: Mouton de Gruyter: 199-234.

作者简介

姓名:石金花

性别:女

单位:信息工程大学洛阳校区

学历：博士研究生

职称：讲师

研究方向：汉日语言对比研究

通信地址：河南省洛阳市涧西区广文路2号院30号

邮政编码：471003

电子邮箱：kinkaseki@126.com

简论日语说话者明示问题
——从事态指向与意义性指向的角度看

On the Issue of Explicit Encoding of the Speaker in Japanese: From the Perspective of Event-Orientation and Meaningfulness-Orientation

摘　要：与英语不同，日语中无标的表达是不明示说话者。关于此问题，认知语言学中主流解释之一是基于主观性的解释。但笔者提出"事态指向"与"意义性指向"的分类概念，主张日英语言中关于说话者明示性的差异是日语偏好意义性指向，而英语偏好事态指向的结果。

关键词：日语；汉语；英语；说话者明示；事态指向；意义性指向

Abstract: The speaker is not encoded in the unmarked expressions in Japanese, unlike the case with English. While one of the mainstream approach concerning this issue is by the notion of subjectivity, I propose the typology of event-orientation vs meaningfulness-orientation, suggesting said difference between Japanese and English results from meaningfulness-orientation being preferred in Japanese and event-orientation being preferred in English.

Keywords: Japanese; Chinese; English; encoding of the speaker; event-orientation; meaningfulness-orientation

1 引言

众所周知，日语中无标的表达方式是不明示说话者自身①，这一点与英语形成鲜明对

---

① 本文中的"说话者明示"特指以主语出现的说话者，宾语等其他情况暂不做讨论。

比。对于包括这一点在内的日语的"精神"(genius[①])的解释的主流学说之一,是基于主观性的解释,认为日语与英语的显著区别源于两者识解事态的方式不同。日语说话者将自身置于事态之中,以当事人的立场体验性地识解事态,因而通常情况下语言表达中不需要明示说话者自身,即"主观识解"(又称"主客合一");而英语说话者自身超脱于事态之外,以旁观者的立场俯瞰性地识解事态,因而通常情况下语言表达中需要明示说话者自身,即"客观识解"(又称"主客对立")。然而,说话者明示与否的问题是否直接反映识解事态的方式是值得怀疑的。野村(2011)就对此提出了质疑。

(1)There's snow all aroundφ,as far as I can see,and no smog at all. I feel great! φWish you were here.

(cf.野村,2011)

野村(2011)以例句(1)为例提出疑问:「1人称明示/非明示型の相違が事態把握の違いを表しているなら、このような短い文章でも事態把握の仕方がくるくる変わることになるが、それでいいのだろうか?」

Ikegami(2016)认为只有在"与他者对比"(in contrast to others)的意义上日语才会明示说话者自身。这里存在一个应如何理解"与他者对比"的表述问题(下文还将提及),但不管怎样,既然说话者可以在判断当前语境下是否存在"与他者对比"这一语义特征的基础上自如决定是否明示自身,那也就说明了将说话者明示问题与主观、客观等事态识解方式直接联系起来的解释可能是有问题的。如果语言主体能够自如选择事态识解方式,那么事态识解方式这个概念的价值就要打上一个问号了。

鉴于以上问题意识,笔者将尝试使用"事态指向型表达"(event-oriented expressions)与"意义性指向型表达"(meaningfulness-oriented expressions)的类型划分,对日语说话者明示性问题进行解释。

2 事态指向型表达与意义性指向型表达

"事态"(event)是语言学的基本概念之一,事态由客体(事态主体、事态对象等,分别表现为主语、宾语等)、动作状态(表现为谓语)等基本要素构成,反映的是客体间的力的传导关系。定延(2010)总结的认知语言学一般使用的根据力的传导关系来分析语言的

---

① 萨丕尔(1921:120)将"精神"(genius)描述为语言的"基本设计图"(a basic plan),它不属于句法、词汇等某一具体的语言学范畴,但特定语言的"精神"可以赋予该语言一种结构上的一致性,这种一致性在句法、词汇等多个范畴中都可以观察到。本文中用双引号标示的"精神"均专指"genius"。

模型(例如认知语法的 billiard-ball model)便是分析事态的模型。

但是,仅仅表达客体或事态并不是语言的全部。笔者认为语言归根结底,表达、交流的依然是意义,而非客体或事态,客体及事态只是意义的基础而已。语言符号本身有意义,并不意味着某个语言符号总是具有符合一定的具体语境或语言使用的现场的意义。实际的语言使用不仅对语言符号的意义有要求,还要求其意义符合语言的具体语境及现场的需要。这便是本文所说的"意义性"(meaningfulness)的概念。换言之,"意义性"即指语言符号在具体语境及语言使用的现场具有合适的意义的属性。日常交流中所谓"这么做的意义何在"就是在确认意义性的问题。换言之,"意义"(meaning)是与"形式"(syntax)相对的意义上定义的语言学基本概念,而"意义性"则是语言学之外的一般场合所说的"意义",并非语言学专有概念,而是人类一切活动的基本关切。

虽然客体和事态是意义性的基础,但两者经常有不一致的情况。如果不考虑具体状况、场合,客体既可能成为事态的构成要素,又可能成为一定的意义性的基础。随着状况、场合的具体化,事态和意义性往往会发生分离。在此前提下,根据究竟是以事态的形式表达,还是表达有意义性的内容,就区分出了2种不同的表达策略,前者便是事态指向型表达,后者则是意义性指向型表达。

简单而言,事态指向型表达指的是相对严格地遵守事态结构(例如"主语+谓语"结构就是一种典型的事态结构)而不考虑该结构是否总是具有意义性的表达,而意义性指向型表达则是受事态结构约束较弱,着重说出有意义性的部分的表达。

从以上定义可以看出,意义性指向型表达具有当事态某要素在当前语境下不具有意义性时便将其省略或采用其他表达方式的性质。该性质恰好适用于说话者自身。不论是否明示,说话者都始终存在,然而正因如此,说话者的存在就不言而喻,因此明示说话者就不一定有意义性,甚或也会有谓语部分的意义性更大的情况。因而,事态指向型表达和意义性指向型表达之间便出现了表达策略上的重大差异:在事态指向看来,只要说话者是事态的主体就必须明示;与之相对,在意义性指向看来,只有当明示说话者具有足够的意义性时,才明示说话者。本文的基本主张是:在说话者明示问题上,日语倾向于意义性指向型表达,英语倾向于事态指向型表达。

事态指向和意义性指向的区别,是一个超越具体的语言范畴层面的策略问题,属于语言的"精神"层面的问题,与语言的视点问题密切相关,它会影响到涵盖句法、词汇等多个层面的诸多语言范畴,并以不同的方式被反映出来。在说话者明示问题上,它不仅表现为说话者的省略与否,还会成为完全不同的表达形式的动因。具体的反映方式需要具体分析。

3　日语说话者明示条件

本节将从意义性指向型表达的角度出发,分情况逐一讨论日语说话者明示的条件。

首先是日语中最普通的说话者不明示的例子。这些例子也分成2种情况。例句(2)属于事实上说话者没有明示但明示也并无不可的情况。

(2)君をいじめる馬鹿者はもう現れない。φ保証する。

(川原礫『アクセル・ワールド』)

例句(3)则属于说话者明示本身不自然的情况。

(3)(トントン)

　　A:どなたですか。

　　B:a. φ隣の者です。

(cf.張希朱,2010)

　　　b. ?私は隣の者です。

例句(2)和例句(3)的共性是说话者都是不言而喻的。不过,例句(2)的意义性在于告知听话者"欺负听话者的人不会再出现,此事可以保证",因此没有明示说话者,但说话者的明示与该意义性之间没有冲突。例句(3)的情况略有不同,例句(3)中的B是对问题A的答复,A已经将描述对象明确地限定在B的说话者身上了,因此B的场合明示说话者的意义性进一步减小,已经达到多余的地步,而又没有别的特殊的意义性能够抵消这种多余感。

关于日语的"精神",冈(2014,2017)提出了"场的理论"。"场"被定义为"个体①所在的场所",场的理论的基本范式是不从个体之间的因果关系出发,而是从"(以场)为基础的个体和场之间的相互作用"的角度论述语言(冈,2014,2017)。该理论实际上与意义性指向型表达的概念有良好的兼容性。意义性指向型表达的情形之一,就是意义性不是在于个体和个体间的力的传导关系,而是寓于场之中。换言之,特定的场,而不是特定的事态主体,规定了一定的意义性。在说话者明示的问题上,这表现为说话者刻意不明示施事,而是以无主语句表达在一定场合下有意义性的行为。如例句(4)就没有如此,正如町田(2012)所说,例句(4)很难加入主语。

(4)a. まず、野菜を炒めます。

---

① "场的理论"中所说的"个体"(「個物」)与本文所说的"客体"大致相当。

b. まず、{?私が/?あなたが/?私たちが}野菜を炒めます。

（cf. 町田，2012）

例句(4)介绍的是烹饪的步骤,这里重要的是在"烹饪"这个当前的场中有意义的事情,而不是谁来做,不加入主语的表达能够更加准确地表述出有意义性的内容。类似的例子还有例句(5)。

(5)a. 絶対笑う！ほんと、笑わないでください。絶対笑っちゃいます。

（https://www.youtube.com/watch?v=NpDuOwXkM24&t=518s）

b. ?私は絶対笑う！①

例句(5)a出自某搞笑短片的幕后录像,是工作人员被演员的表演逗笑后,演员也被工作人员引得笑出来后的发言。该语境中的意义性在于强调"在当前的场中换作谁都会笑",因此恰当的表达是无主语句。

由于场是当前会话参加者所共享的一个有意义的场所而不是个体,因此有时会以「これ」而不是行为主体来引出有意义的行为。

(6)これは失礼致しました。

例句(6)是一个表达场的意义性的例子,「これ」描述的是当前的场,该句的意思是"该行为在当前的场中是失礼的",行为主体是谁在这里是没有意义性的。

在第2节中,笔者主张事态指向和意义性指向是语言的"精神"问题,会在不同情况下以不同的方式被反映出来。主观性理论认为日语与英语在说话者明示上的问题并不总是省略与否的问题,有时是根本表达逻辑存在差异,在这一点上本文与主观性理论看法一致。例如,日语中存在如例句(7)和例句(8)等认知对象作「ガ」格的构式,与英语有巨大的差异。

(7)富士山が見える。

(8)音が聞こえる。

在英语中,对应例句(7)和例句(8)的表达形式为"I can see Mount Fuji""I can hear the sound",也就是认知主体即说话者作主语,认知对象作宾语。而日语中由于认知对象作「ガ」格,就不需要说话者。此类现象反映的不是简单的省略说话者与否的问题,而是根本表达逻辑的差异。笔者认为日语选择的是意义性指向型表达,表达"认知对象是可以认知到的"这一意义性。在例句(7)中,"看到富士山的是谁"并没有意义性。这句话的语境中的意义性在于"一般人都可以在这个位置看到富士山",即"富士山是可以被

---

① 本文中未标明出处的例句均为笔者自造。

看到的"。由于意义性以认知对象为基础和根源，因而日语选择从认知对象开始叙述，即意义性指向型表达。

而与之相对，英语选择的是事态指向型表达，即"认知主体能认知到认知对象"这样一种事态。当发生"可以看到富士山了"这一状况时，富士山本身并未发生改变。也就是说，"富士山是可以看到的"不是事态，事态是由于人的移动而非富士山的移动，人可以看到富士山了。因此，"I can see Mount Fuji"可视作事态指向型表达。

在这一问题上，耐人寻味的是汉语的情况。汉语中"我看到富士山了"的表达似乎与"I can see Mount Fuji"是一致的。但是，在语言表达的现场，期待富士山许久之后终于看到富士山的瞬间，省略说话者的"看到富士山了"没有任何问题。再来比较下面的句子。

（9）a. ここでは富士山が見える。

　　b. 这里可以看到富士山。

　　c. Here I can see Mount Fuji.

在描述可以看到富士山的位置时，汉语反而是省略说话者的表达更自然，而英语依然需要明示说话者。如此看来存在这样一种可能性，即"我看到富士山了"中的"我"可能与"I can see Mount Fuji"中的"I"本质并不相同，"我"并非主语，而是具有场所格的性质，与「私には富士山が見える」中的「私」类似。由于汉语中没有格标记，所以此类表达中的"我"究竟是主格还是场所格，是一个需要仔细考察的问题。如果此句中的"我"是与日语类似的场所格的话，那就有理由认为汉语的"看到富士山了"是与日语「富士山が見える」类似的意义性指向型表达。再看下面一个与此问题相关的例子。

（10）这微波炉好像故障了。之前热东西时<u>里面都看到火苗了</u>。

例句（10）的"里面都看到火苗了"的部分与日语「中に火も見えたんだ」非常相似，难以加入亦不需要加入"看"的主体，即说话者。例句（10）和「中に火も見えたんだ」均可以解释为直接描述"在微波炉中看到火苗了"这个重大意义性的意义性指向型表达。

（11）君が好きだ。

（12）あれがほしい。

与例句（7）和例句（8）类似，英语中与例句（11）和例句（12）对应的表达方式是"I love you""I want that"等主谓句。这同样可以解释为事态指向和意义性指向的区别。在例句（11）和例句（12）中，「君」「あれ」分别以寄托着「好き」「ほしい」等意义性的客体形式在说话者面前出现。这种意义性本质上是说话者的某种情感或愿望，是只属于说话者自身的意义性。汉语在这一问题上的表现又与例句（7）和例句（8）的情形类似。汉语的完整表达与英语相同，也是主谓句，如与例句（11）对应的表达为"我喜欢你"。但在主体和

客体都很明确的前提下,汉语可以将两者省略,如汉语可以直接说表达意义性的谓语部分"喜欢",英语却不能只说"love"。

由以上分析可以看出,日语和英语分别在意义性指向和事态指向上表现得更典型,而汉语似乎表现出2种表达混合的状态。

以上给出了明示或不明示均可的情况,以及不明示更自然的情况。但是,还有一种有必要明示说话者的情况。例句(13)B中的a是说话者明示表达,较为自然,而说话者不明示的b反而不自然。

(13)A：これは一体どういうことなんですか？手の込んだイタズラなんですか？

　　B：a.　ある意味ではそのとおりかもしれない。なぜなら、私はこれから、君の
　　　　　ニューロリンカーに、1つのアプリケーションを送信する。

　　　　b.　?［…］なぜなら、φこれから、君のニューロリンカーに、1つのアプリケー
　　　　　ションを送信する。

(川原礫『アクセル・ワールド』)

日语中无标情况下不用明示说话者,是因为施事或状态主体默认就是说话者,因此明示缺乏意义性。在例句(13)中,前文语境是对当前的状况进行确认与解释,此时施事、状态主体是否处于默认状态就变得不确定了。于是,例句(13)B的说话者明示起到的是将施事、状态主体重置到说话者本人的作用,这就是例句(13)的说话者明示的意义性。

这种意义性实际上是日语的说话者明示中比较常见的情形之一,如以下例句也是如此［例句(14)中A和B各有一处说话者明示属于这种情形］。在这种情形下,说话者通常需要明示。

(14)A：ならもう、証拠云々じゃないですよね。どう判断するかは、先輩が決めれ
　　　　ばいいことです。

　　B：本気でそんなこと言っているのか？

　　A：何なりとご自由に。僕はただの駒、ただの道具です。要らなくなったら、
　　　　捨てればいい。

　　B：君は、やはり怒っているのだな？確かに、私は至らなかった。それは謝る。

(川原礫『アクセル・ワールド』)

(15)ソロモンよ！私は帰ったのだ！

(矢立肇、富野由悠季『機動戦士ガンダム0083』)

再看例句(16)。注意例句(16)中,仅仅因为语体不同,说话者明示问题就产生了区别。

(16)a.　大丈夫です！φ頑張ります！

　　b.　？大丈夫！φ頑張る！

　　c.　大丈夫！<u>私</u>、頑張る！

　　例句(16)的现象与日语的话语模式有关。传统日语研究认为日语存在2种话语模式,分别是标记话语为对听话者发出的对白模式和标记话语为说话者的自言自语的独白模式。使用「です」「ます」等敬体语体或者是包含「よ」等明确的向听话者发话的标记的话语一定是对白性的,但不使用敬体语体且不包含明确的向听话者发话的标记的话语则不一定(長谷川,2017)。如此产生的区别是,使用敬体语体的对白模式由于存在明确的会话参加者(即说话者与听话者),因此不明示施事、状态主体时则自动处理为说话者。然而在不使用敬体语体的情况下,由于话语模式不确定,因而施事、状态主体是否处于默认位置也不确定。因此从例句(16)可以看出,在明确的对白模式下,说话者明示的义务性更低,而当话语模式不确定时则说话者明示的义务性有所增强。在本质上,例句(16)c与例句(14)、例句(15)是类似的,均是在施事、状态主体变得不确定的情况下,为了将其明确而明示说话者。

　　这里有一点容易引起误会,需要予以明确。说话者明示的义务性受话语模式影响,并不是说两者之间存在着某种直接的制约关系(如对白模式即对应说话者非明示、独白模式即对应说话者明示等制约关系)。说话者明示发生于明示说话者能具备足够的意义性时,而明示说话者所能够具备的意义性也就仅限定在明示与非明示两者所能产生的区别的范围内而已。话语模式和说话者明示的义务性之间并不存在直接的制约关系。话语模式之所以会影响到说话者明示的义务性,是因为当话语模式本身不明确时,可能发生叙述对象不明确的情况,此时说话者明示便有可能具有将叙述对象明确定位在说话者上的意义性。反过来说,只要有足够的信息能够帮助确定叙述对象,就不必明示说话者,话语模式只是影响到这一点的因素之一。再看例句(17)。

　　(17)a.　始めまして！初音ミクです！

　　　　　　（https://www.youtube.com/watch?v=TOO3tJBm7jA&t=43s）

　　b.　始めまして！初音ミクだよ！

　　c.　始めまして！初音ミクよ！

　　d.　？始めまして！初音ミク！

　　e.　始めまして！<u>私は</u>初音ミクです！

　　f.　始めまして！<u>私は</u>初音ミクだよ！

　　g.　始めまして！<u>私は</u>初音ミクよ！

　　h.　始めまして！<u>私は</u>初音ミク！

例句(17)各句中唯独 d 不自然,因为 d 既没有表示肯定判断的系词成分,又没有「よ」等明确的向听话者发话的标记,因此「初音ミク」的信息性质不确定,而又没有说话者明示来明确该信息为说话者名字。例句(17)的 e、f、g、h 中的说话者明示的意义性,在于明确标记「初音ミク」为说话者名字,例句(17)a 和例句(17)b 有系词成分,例句(17)b 和例句(17)c 则有「よ」,因此均无须特意标明「初音ミク」的性质。

在引言中,笔者曾提到 Ikegami(2016)所说的"与他者对比"存在一个如何理解的问题。笔者认为"与他者对比"可以有 3 种不同范围的理解。第一种是最为狭义的理解,即说话者明示意在强调"不是他者,而是说话者自身"。这种情况确实存在,如例句(18)和例句(19)的画线处。

(18)A:椋、あんたはどうする?

　　B:<u>わ、私は</u>応援するよ。スポーツは自信ないから。

(麻枝准 CLANNAD)

(19)A:仕方ありません。修理しますから、皆さんは少し休んでてください。

　　B:じゃ<u>あたし</u>、待ってる間に木の実を取ってきます。

(東まゆみ『エレメンタルジェレイド』)

但显然这种狭义理解不能涵盖所有说话者明示的情形,如例句(14)—(17)均无明显的强调"不是他者,而是说话者自身"的语义。

第二种是相对广义的理解,即同时包括"不是他者,而是说话者自身",以及需要明确施事、状态主体为说话者的情况的理解。换言之,只要有需要明确描述对象为说话者自身的场合均算在内,如此亦涵盖了例句(14)—(17)等。但即便如此,依然存在描述对象显然为说话者自身,却依然明示说话者的情况,如例句(20)。

(20)①<u>僕は</u>……本当は先輩とこうして話せるような人間じゃないです。②φかっこ悪いし、ぷよぷよだし、泣き虫だし、本当にだめな人間なんです、最低なんです。それなのに、声をかけてくれたり、直結したりしてくれて、それがただ僕がちょっとゲームがうまかっただけで、他の理由なんてないって③φ分かってますけど、④<u>ぼ、僕は</u>それだけじゃ嫌っていうか、その、だから、だから⑤<u>僕は</u>、先輩の期待に答えたい!⑥φあなたのかけてくれた慈悲にちゃんと報いたい!だから⑦<u>僕は</u>、戦います!

例句(20)在一段话语中反复出现了多次说话者明示及不明示,其中④⑤⑦等说话者明示既看不到与他者对比的意图,又没有描述对象不确定的问题。实际上,挑出④⑤⑦的任何一处看,和不明示说话者的⑥并没有根本区别。这几处说话者明示意在向听话者

表明说话者的某种强烈意志，其意义性在于「僕は嫌」「僕は期待に答えたい」「僕は戦う」这些事态整体，说话者仿佛登台演出的演员一样，是构成这个整体意义性的一个必要组成部分。因此，不妨称此类说话者明示为"纯粹意义性表达"，说话者想通过明示自身来演出其所表达事态的"重大性"，也就是意义性。我们可以把进入意义性的辖域之内的语言表达层面上的说话者（即第一人称）想象为作为进行语言表达的主体的说话者的指挥之下的一个"演员"。演员在一般状态下是在舞台后方待命的，只有自身的登台在剧情中具有合适的意义性时才会登台演出。与之类似，进行表达的说话者始终在内心中分析计算着意义性，并只在明示说话者自身具有合适的意义性时才明示说话者。

　　对"与他者对比"的第三种解释是在最为广义的意义上理解此说法，即明示说话者这一语言行为根本的存在理由便是表明描述对象为说话者自身。如此一来，这与本文所提出的只在明示说话者有意义性时才明示的主张就基本没有区别了。但这并不一定要解释为识解事态方式的差异，也可以解释为事态与意义性的策略选择上的差异。

　　为考察说话者的明示与说话者的意义性的关系，笔者随机选出了10个日语作品，析出其中与说话者明示性问题相关的例句。由于说话者明示性问题是日语句法中相当基础的问题，因此对数据出处的限定性较小。笔者从日本动画及电影中随机选出以下10个作品进行例句收集：『アクセル・ワールド』（第1、2、4、5集）、『エレメンタルジェレイド』（第20集）、『機動戦士ガンダムSEED』（第36集）、『クラナドアフターストーリー』（第1、2、3集）、『ぐらんぶる』（剧场版），共获得说话者非明示句305例，说话者明示句164例①。从比例上看省略句更多，这与人们关于日语说话者明示问题的一般印象一致。在164例说话者明示句中，排除掉因内容不完整无法判断的1例外，最为狭义的"与他者对比"有46例，相对广义的"与他者对比"有100例，"纯粹意义性表达"有63例，统计结果如表1所示。

表1　说话者明示情况统计

	狭义的"与他者对比"的情况	需要明确施事、状态主体为说话者的情况	相对广义的"与他者对比"（前两项相加）	纯粹意义性表达	无法判断	总计
例句数/例	46	54	100	63	1	164
比例/%	28.1	32.9	61.0	38.4	0.6	100

---

① 说话者明示的判定实际上也是一个较为复杂的问题。本文在这里只将第一人称作主格、以「は」或「が」或无标出现的例句纳入统计。说话者用名字自称，或是指称包括说话者在内的多人的情况（如「私たち」），只要符合上述条件也纳入统计，但说话者用「も」「だって」「って」「に」等标记的情况暂且除外。此外，根据作品情节可能有相同台词重复出现的情况，这种情况只视作1例。

4 第一人称受意义性制约问题的日英对比

接下来,我们再以与说话者明示相关的其他现象为例,比较意义性指向和事态指向的区别。

首先是第一人称的形态变化的问题。按照本文的观点,日语中多样的第一人称可解释为是表达以与特定意义性结合的形式出现的说话者。例如「俺」表示与"男性、非正式场合"等意义性结合的说话者,「わたくし」表示与"正式场合"等意义性结合的说话者,等等。与之不同,在英语等西方语言中,第一人称表达的是以客体形式作为事态参与者出现的说话者,与意义性无关,因此也与说话者的身份、属性和场合等无关,而使用泛用性的第一人称。第一人称的形态变化标记的是说话者在事态的力的传导关系中的定位,例如主格标记力的发生源、宾格标记力的接收者等。换言之,日语第一人称的形态可视作意义性指向型表达,而英语第一人称的形态可视作事态指向型表达。

然而在汉语中,不仅有"我"这种泛用性的第一人称,还有或至少曾经有过"鄙人""在下""本官"等诸多与特定意义性结合的第一人称。由此看来,汉语似乎表现出事态指向型表达和意义性指向型表达混合的状态。

接下来与第一人称形态相关的,我们知道日语中可以在说话者后加入一个发音上的停顿,如例句(21)和例句(22)。第一人称后的逗号(画线处)表示发音停顿。

(21)私は、休みを利用して彼に会いに行くことにしました。

(BCCWJ)

(22)ぼくが、あの向こうにいるのが見える?

(KID　*EVER*17)

在日语说话者看来,这种停顿似乎是理所当然的,然而这并非语言普遍的现象,汉语的"我"和英语的"I"后一般都不允许出现这种停顿,如例句(23)和例句(24)。

(23)? 我、看见了。

(24)? I、don't know.

然而值得注意的是,汉语中在使用其他表明特定身份的词作第一人称时,存在可以出现这种停顿的情况,如例句(25)和例句(26)。这两例如果把第一人称改成"我",则之后的停顿均不自然。

(25)a. 论你的功业和人品,朕、想赏你都不知道赏些什么。

(陈家林、刘大印《康熙王朝》2001年,第36集)

b. ？论你的功业和人品,我‸想赏你都不知道赏些什么。

(26)a. 听着,你们折损了主公七万精锐,日后定当斩杀七万蜀军,否则,本都督‸两罪并罚。

（高希希《三国》2010年,第80集）

b. ？听着,你们折损了主公七万精锐,日后定当斩杀七万蜀军,否则,我‸两罪并罚。

这种现象意味着什么呢?"朕""都督"都是具有特殊意义性的第一人称,在其后加入停顿,凸显了它们的意义性,在例句(25)和例句(26)中即凸显了这些身份有权决定听话者的奖赏生杀。也就是说,当说话者本身的存在具有特殊的意义性时,就像为地位特殊的人设置与其他人隔开的"专座"一样,说话者从句子中被特别分割出来,在语音上即表现为停顿。反过来说,当说话者的存在本身没有特殊意义性时,就不允许这种特别分割。英语中的"I"通常不允许这种停顿,就是因为"I"只是事态的一个组成部分,没有被特别分割的特权。而日语对这种停顿的容许度比汉语和英语都高,就说明日语始终在考虑说话者自身存在是否具有意义性。当说话者的存在没有意义性时,说话者压根就不出现。一般而言,出现就意味着说话者具有意义性,因此也较容易加入发音停顿。

事实上,当说话者想要凸显自身存在具有特殊意义性时,即便在英语中也可以加入停顿,如例句(27)和例句(28)。

(27)I‸ am Hifumi Yamada. But if you want to call me by my nickname, "The Alpha and the Omega", I don't mind.

（小高和刚 *Danganronpa*）

(28)A:I am inevitable.

B:And I‸ am, Iron Man!

（Anthony Russo & Joe Russo *Avengers Endgame*）

在例句(27)中,说话者具有一种自命不凡的自大语气,在"I"后加入停顿的动因是说话者意在让听话者注意到此处的"I"并非简单的事态的一部分,而是具有独特的意义性。在例句(28)中,B向A宣布即将做出重大的行为,并回击A的发言。在此语境下,B通过在"I"后加入停顿的方式来强调自身的存在。

由此可见,在加入停顿的条件的理解上,日语、汉语和英语之间并没有根本的分歧,根本的分歧在于选择事态指向型表达和意义性指向型表达中的哪一种作为默认策略的区别。

5 结语

本文在指出基于主观性解释的问题点的基础上,提出了事态指向与意义性指向的分类,并用其分析了日语的说话者明示问题,得出了以下结论。

第一,英语倾向于事态指向,因而默认策略是明示说话者,而日语在说话者明示问题上的默认策略是意义性指向,因而只有当明示说话者能够具有足够且恰当的意义性时才明示说话者,当说话者不言而喻且明示说话者不能产生足够的意义性时便不予明示。

第二,在明示的场合,当说话者具有特殊的意义性时,日语、汉语、英语均会出现类似的现象。也就是说,导致日语、汉语、英语在实际语言使用上存在差异的动因,是选择事态指向还是意义性指向的策略上的区别。

引言部分提到说话者明示与否的问题是否直接反映识解事态的方式值得怀疑,而事态指向与意义性指向完全是表达策略层面的范畴,不涉及识解事态方式的概念,因而可以回避这一问题。

从本文分析来看,英语和日语分别在事态指向和意义性指向上表现较为典型,而汉语似乎呈现出两种表达混合的倾向。对此问题,今后需要进一步考察分析。

参考文献

池上嘉彦,2008.〈主観的把握〉:認知言語学から見た日本語話者の一側面[J]. 昭和女子大学大学院言語教育コミュニケーション研究(3):1–6.

岡智之,2014. 場の理論と日本語の文法現象[J]. 日本認知言語学会論文集(14):632–636.

岡智之,2017. 場の観点から言語の主観性を再考する[J]. 日本認知言語学会論文集(17):582–587.

定延利之,2010.「体験」型デキゴト表現研究の経緯と新展開[M]//影山太郎,沈力. 事象タイプの記述研究. 東京:くろしお出版:1–16.

張希朱,2010. 話者を表す「私は」の用法について:日本語母語話者と日本語学習者の意見文を比較して[J]. 東京学芸大学学校教育学研究論集(22):23–35.

長谷川葉子,2017. 三層モデルによる独り言の分析[M]//廣瀬幸生,島田雅晴,和田尚明,他. 三層モデルでみえてくる言語の機能としくみ. 東京:開拓社:26–43.

野村益寛,2011. 認知文法における主観性構図の検討[J]. Conference handbook(29):

229-234.

町田章,2012. 主観性と見えない参与者の可視化:客体化の認知プロセス[J]. 日本認
　　知言語学会論文集(12):246-257.

IKEGAMI Y, 2016. Subject-object contrast (shukaku-tairitsu) and subject-object merger
　　(shukaku-gouitsu) in "thinking for speaking": a typology of the speaker's preferred
　　stances of construal across languages and its implications for language teaching[M]//
　　KABATA K, TORATANI K. Cognitive-functional approaches to the study of Japanese as
　　a second language. Berlin: Walter de Gruyter: 301-318.

SAPIR E, 1921. Language: an introduction to the study of speech[M]. New York: Harcourt,
　　Brace.

作者简介

姓名:佟一

性别:男

单位:广岛大学

学历:博士研究生

研究方向:汉日英语言对比、日本语言文化

通信地址:辽宁省大连市中山区葵丰路29号3-1-2

邮政编码:116001

电子邮箱:yiyize@126.com

基于扩展意义单位的日本报纸对华批评话语分析

——以2020年新冠肺炎疫情相关新闻报道为例

Discourse Analysis of Japan Mainstream Newspaper Based on Model of Extended Units of Meaning: Illustrated by China-Related Reports During the Outbreak of COVID-19 in 2020

孔明月　　徐微洁

摘　要:本文以扩展意义单位模型为分析框架,利用日本三大报纸中中国新冠肺炎疫情相关新闻语料自建新闻语料库,根据中日新冠肺炎疫情发展时间线将语料分为3个阶段,利用统计学工具KH Coder对3个阶段节点词的共现关系进行统计,并对统计结果进行深入分析。我们发现,日本主流报纸主要从现状、措施、影响等方面展开论述,3个阶段对中国新冠肺炎疫情的相关报道经历了"中性偏积极—中性偏消极—两极分化的复杂倾向"的语义韵变化。

关键词:扩展意义单位;批评话语分析;新冠肺炎疫情;KH Coder

Abstract: Using the model of extended units of meaning as the analytical framework, this study constructed a self-built news corpus based on China-related reports during the outbreak of COVID-19 in 2020 from three Japan mainstream newspapers. The corpus was divided into three stages according to the time line of the development of COVID-19 in China and Japan. KH Coder was used to analyze the co-occurrence relationship of node words in three stages. The statistical results show that these mainstream newspapers mainly focused on the current situation, measures and impacts. Also their reports on COVID-19 in China featured a semantic change of "neutral to positive—neutral to negative—complex tendency of polarization".

Keywords: model of extended units of meaning; discourse analysis; the outbreak of

COVID-19; KH Coder

1　引言

2020年春节前后,新型冠状病毒感染肺炎(以下简称"新冠肺炎")疫情在中国悄然出现并迅速蔓延开来,传播速度之快,范围扩散之广,中国社会所面临的挑战和压力之大,堪称前所未有。这场来势汹汹的疫情不仅得到党中央的高度重视,同时也受到世界各国主流媒体的广泛关注。自新冠肺炎疫情暴发之初起,各大媒体便对疫情发展现状、疫情防控策略、疫苗研发情况进行了追踪报道。

正如语言学家诺曼·费尔克劳(Norman Fairclough)所言:"新闻媒体作为信息的发布者,具有单向产出性,在构建公众信念、传播国家或国际议程中的社会知识及表征事件方面均发挥着核心作用。"(Fairclough,1985:50)一国的新闻报道不仅会关注本国民生发展、传递国际实时信息,同时也会通过社会舆论表征社会现实,影响受众对某一事件的态度与认知。因此,对国外媒体有关新冠肺炎疫情的新闻报道进行深入研究,不仅能够对各国的政治倾向有更清晰的认知,而且也能为我国国家形象的构建提供相应理论指导。

1996年,约翰·辛克莱(John Simclair)在 *The Search for Units of Meaning*(《找寻意义单位》)一书中首次提出了扩展意义单位模型(model of extended units of meaning)。该模型是研究短语趋势的工作模型,完整体现和揭示了词汇与语法、词汇与词汇、型式与意义,以及型式与功能等各种共选关系(卫乃兴,2012:3)。扩展意义单位主要由意核(core)、搭配(collocation)、类联接(colligation)、语义倾向(semantic preference)和语义韵(semantic prosody)5个部分组成。其中,语义韵是扩展意义单位的核心要素,它与其他要素相辅相成,相互影响。一方面,扩展意义单位中的其他要素共同促成了语义韵的形成;另一方面,语义韵也直接影响了其他因素。

在辛克莱看来,我们在交际过程中所使用的意义单位并非一个单词,而是大于单词的多词序列,即词组。由此可见,扩展意义单位模型从传统词汇学研究的路径中脱离出来,将研究关注的范围扩大到节点词前后的共现关系上,并利用语义韵的评价功能合理解释了共现关系,在核心研究词汇不变的基础上,为词汇研究提供了更多的可能,也为语篇分析提供了新思路。因此,本文拟利用扩展意义单位模型分析日本三大报纸(《朝日新闻》《读卖新闻》《每日新闻》①)中有关中国新冠肺炎疫情的报道,并借助语义韵的评价功

---

① 以下分别简称为《朝日》《读卖》《每日》。

能探讨此类新闻语篇的语义倾向。

2　文献综述

扩展意义单位模型以其独特的研究视角为国内外研究者提供了新思路。从已有研究来看,学者们主要利用扩展意义单位模型围绕中日(中英)翻译问题、词汇的语义韵及批评话语分析等进行了探究。

在翻译研究方面,Tognini-Bonelli(2001)指出扩展意义单位模型为探索不同语言之间的翻译对等提供了一种行之有效的理论和方法。陆军、卫乃兴(2012)从双语角度论证了语义韵在词汇、语法项目选择中起统领作用,并从共选角度揭示了翻译对等之间的对应关系。

在词汇研究方面,大石(2011)使用《现代日语书面语均衡语料库》研究了几组表达抽象意义的近义名词的语义韵。王均松、田建国(2016)运用扩展意义单位模型深入研究了量词的语义韵。童富智、修刚(2020)同样使用语料库对政治文献中「堅持(する)」的日译问题进行了探讨。

在批评话语分析方面,胡江(2016:80)指出:"意义单位是话语意识形态意义的重要承载手段和具体实现方式,西方媒体涉华军事报道对中国的主流态度是消极和否定的,主要体现了西方社会实力优越感、人道主义干涉、遏制中国等意识形态因素,但近年来也开始出现积极和肯定的声音。"同年,支永碧、王永祥、李梦洁(2016:84)指出:"在语义韵中,搭配词所构成的语义环境能够影响到整个语境,而这些词所蕴含的真正意义就在语境之中。无论积极语义韵还是消极语义韵都能反映说话者本身具有的情感色彩和意识形态特点。"此外,宋璐(2018)、张丹(2020)、赵琼(2021)等也利用扩展意义单位对国际热点话题进行了批评话语分析。

综上所述,国内外学者对扩展意义单位的运用大多集中在具体词汇或翻译研究方面,运用扩展意义单位理论进行批评话语分析研究的相对较少。但是,近年来学者们开始认识到语义韵的评价性功能也同样适用于批评话语分析研究,相关研究正逐步增多。就我们掌握的文献来看,利用扩展意义单位理论进行批评话语分析的研究多探讨中外国家热点话题的新闻语篇,探讨日本相关新闻语篇的文献数量并不多。

在信息网络如此发达的今天,报纸在日本仍有很大的影响力,发行量更是居高不下。日本三大报纸汇聚世界各地发生的重要事件,深受日本各阶层的欢迎。再加上日本与中国互为邻国,因此我们认为对日本三大报纸相关语篇的探究,有利于我们借助日本新闻

媒体对我国的观察,了解日本对中国的真实态度,从而为我国国家形象的构建提供更多启示。

3　研究设计

3.1　语料选择

我们于2021年4月以词组「中国　新型コロナウイルス(新型肺炎)」①为关键词在三大报纸官网检索中国新冠肺炎疫情相关的报道(2020年1月1日至12月31日)。剔除地方刊报道、重复报道,以及400字以下通知类报道②,共检索到符合要求的新闻报道275篇,其中《朝日》100篇、《读卖》90篇、《每日》85篇,共256978个字符。我们以检索搜集到的275篇新闻报道为语料,自建"日本对华新冠肺炎疫情新闻报道"语料库。

根据报道频率及中日新冠肺炎疫情发展的时间轴,我们将搜集到的新闻语篇分为3个阶段。

第一阶段,2020年1月1日至2月6日,中国新冠肺炎疫情暴发期。截至2020年2月5日,中国抗击疫情取得明显成效,全国新增病例连续几日明显下降,全国各地接连出现疫情"拐点";而该时期日本虽出现确诊病例但数量不多,尚处在疫情萌芽期。

第二阶段,2020年2月7日至5月25日,日本新冠肺炎疫情暴发期。2020年2月7日,日本厚生劳动省发布"钻石公主号"邮轮上的新冠肺炎疫情确诊病例,自此新冠肺炎疫情在日本蔓延开来;而截至同年3月底,中国已连续多日无新增确诊病例,并且全国各地逐步复工复产。

第三阶段,2020年5月26日至12月31日,中日两国新冠肺炎疫情平稳期。2020年5月25日为日本厚生劳动省发布的紧急事态宣言结束时间,之后虽然各地仍不时出现群体感染,但疫情的暴发高峰基本结束;而此时中国虽有新增确诊病例,但基本为境外输入病例,各行各业已基本恢复正常的生产生活状态。

---

① 在世界卫生组织没有确定新冠肺炎疫情的国际通用叫法之前,日本新闻媒体对新冠肺炎疫情的称呼大多为「不明肺炎」「中国肺炎」「新型肺炎」等,因此在关键词检索时,为了语篇搜集更加全面,我们也使用了「新型肺炎」这一关键词。

② 在我们检索的报道中,包含日本媒体对中国新冠肺炎疫情感染死亡病例的实时报道和中日交流活动的推迟、取消等通知类报道等语篇,这些语篇简明扼要,内容客观,字数一般在400字以下。因此,为了确保新闻语篇的可研究性,自建语料库只收录字数在400字以上的新闻语篇。

3.2　研究步骤

首先,我们将「新型コロナウイルス」「新型肺炎」「新型コロナウイルスによる肺炎」「新型コロナ」[①]等词选作节点词,并以节点词为搜索词在自建的语料库里进行关键词检索,得到若干索引行。其次,将所得索引行按照时间段进行划分,使用统计学工具KH Coder对与节点词共现的搭配词进行统计,得出显著搭配词若干。最后,选取共现频次大于等于10的显著搭配词,利用KH Coder形成搭配词共现网络,结合共现网络具体分析各阶段语义特征及语义韵倾向。

通过上述研究语料和研究方法,本文拟探讨以下问题:

① 日本三大报纸对中国新冠肺炎疫情的报道呈现出怎样的语义特征?

② 日本三大报纸对中国新冠肺炎疫情的报道在语义韵倾向上是否发生了变化? 发生变化的原因是什么?

4　研究结果

4.1　第一阶段

我们在自建的语料库中以所选节点词为搜索词进行搭配词检索,将第一阶段的检索结果作为统计对象导入KH Coder中,按照跨距−8/+8[②]进行高频搭配词统计,按照共现频次由高到低进行排列形成词频表。限于篇幅,本文仅列出共现频次前十的搭配词,如表1所示。

表1　第一阶段与节点词共现的搭配词(共现频次前十)

搭配词	词性	共现频次
中国	名词	58
武漢市	名词	59

---

① 在世界卫生组织没有确定新冠肺炎疫情的国际通用叫法之前,日本新闻媒体对新冠肺炎疫情的称呼大多为「不明肺炎」「中国肺炎」「新型肺炎」等,因此与关键词选取相同,在节点词确定时,为了使研究结果更具有代表性,我们将以上搜索到的名称均选取为节点词进行分析,但「中国肺炎」等带有歧视性质的称呼不在本研究的考察范围之内。

② 在以往的扩展意义单位模型理论的相关研究中,大多数研究均以+4/−4的跨距展开数据的搜集与整理工作,但考虑到日语修饰词较长的特点,我们将跨距调整为+8/−8,以求得到更加准确、客观的研究结果。

续　表

搭配词	词性	共现频次
感染	サ变动词	29
患者	名词	21
拡大	サ变动词	17
広がる	动词	17
確認	サ变动词	16
感染拡大	サ变动词	16
受ける	动词	13
政府	名词	11
当局	名词	11

　　上述搭配词可分为描述性搭配词与组织性搭配词2种。描述性搭配词主要为包括地名在内的名词搭配词(如「中国」「政府」「患者」等),该类搭配词与节点词共现频次较高,围绕在节点词前后,说明了新冠肺炎疫情的发生地点与作用对象。但就搭配词本身而言,这类搭配词描述性较强,而评述性较弱,并且不包含任何感情色彩,也没有明显的态度意义。而组织性搭配词则以动词和サ变动词为主(如「拡大」「広がる」「感染」等),集中出现在节点词的右侧,拥有具体的动作意义,借助助词与节点词形成搭配,形成了对新冠肺炎疫情发展速度和疫情波及范围的描述。这一类搭配词在与节点词共现时虽然在含义上并不积极,但由于其所处的第一阶段正是新冠肺炎疫情出现及迅速扩散的紧急时期,属于对中国新冠肺炎疫情的客观报道,呈现出中性语义韵倾向。

　　然而共现搭配词所呈现的语义韵只是语篇意义中的一部分,若想获得更加精准的语义倾向,则需要系统地考察其类联接及语义特征。因此,我们再次提取第一阶段共现的搭配词,选取共现频次大于等于10的显著搭配词,利用KH Coder中的random walks算法形成搭配词共现网络(见图1)。

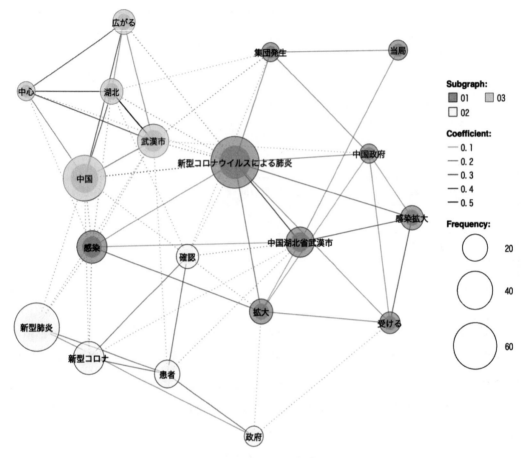

图1　第一阶段与节点词共现的搭配词网络图

　　图1中圆形的大小代表了该词在这一阶段的共现频次,圆的面积越大,表示其共现频次越高。词与词之间以线段的粗细、虚实来表示共现系数。由图1可知,高频搭配词围绕「新型コロナウイルスによる肺炎」「新型肺炎」「中国」等节点词形成了3个不同的子群。

　　第一子群通过「中国湖北省武漢市」「集団発生」「感染拡大」等与节点词构成共现网络,重点描述新冠肺炎疫情发生的地点、方式、现状及中国政府所采取的措施。在类联接上主要有「Vする/している/したN」(约占30%)和「NのN」(约占41.4%)2种。其中,类联接「Vする/している/したN」的语义特征集中在节点词的左侧[如例句(1)],并且作为定语对节点词进行修饰,后项则与「中国政府」等词共现,「中国政府」作为动作的发出者,联合「専門家が協議する緊急委員会を開いた」「ヒトからヒトに感染すると初めて認めた」「最大級の防疫対策をとると発表した」等表达,呈现出"中国政府积极对待,重视此

次疫情"的语义倾向,在语境中营造了一种积极的语义氛围。类联接「NのN」的语义特征则正好与之相反,集中在节点词的右侧[如例句(2)],通过助词「の」与节点词构成从属关系,从而在语篇中形成更为具体的描述主题。在「マスク不足が深刻になっている」「受診者が増えた」「ウイルスのゲノムを世界保健機関(WHO)に提供」等扩展语境中描述了新冠肺炎疫情当下中国面临的困难及相关应对之策,虽然在态度意义上62%的表达呈现出非积极的语义态度,但所描述的内容均为当时中国所面临的现状,属于客观语义描述,因此呈现出一种中性语义氛围。

(1)中国中部の湖北省*武漢市*で*集団発生している***新型**コロナウイルスによる**肺炎**をめぐり、*中国政府*の専門家グループ長は20日、ヒトからヒトへの感染が認められると明らかにした。①

(《朝日》2020年1月21日)

(2)**新型**コロナウイルスによる**肺炎***の感染*が全土に広がる中国で、マスク不足が深刻になっている。

(《朝日》2020年2月1日)

在第二子群中,与节点词共现的搭配词主要有「患者」「確認」等,且无论是搭配词共现频次还是子群内部的共现系数都低于第一子群,重点描述新冠肺炎病毒感染情况及患者情况。其语法层面的共现主要有「N+(の)+N」「N+は/が+V」等形式,其语义特征均出现在节点词的右侧。类联接「N+(の)+N」中共现频次最高的为「患者」一词[如例句(3)],将语篇论述的焦点集中在新冠肺炎病毒感染者身上,该词本身又属于描述性搭配词,评述性较弱。因此,84%的表达都没有明显的态度倾向。而类联接「N+は/が+V」是通过助词「が」「は」使节点词与共现的动词搭配词形成主谓关系,共现频次最高的是「確認」[如例句(4)],并且多以其被动形式「確認される」出现,搭配助词「は」「が」形成无主被动句(自然表明句),用以客观陈述新冠肺炎疫情细节。但就其扩展语境而言,30%的表达提及了中国新冠肺炎疫情所带来的负面影响,包括经济、政治、社会、网络舆论等多个方面,隐喻中国经济发展遭受打击、政治领导不力、人民失望的社会氛围,传递出一种消极的意义态度,如「生活を制限する動きが各地に広がっている」、「カップルらの失望が広がっている」②、「経済への悪影響も拡大している」等表达。

(3)香港では16日現在、今回の**新型肺炎***患者は確認され*ていないが、感染の疑いが

---

① 例句中斜体、下画线、粗体等特殊字体均为笔者所加。

② 为配合国家新冠肺炎疫情管控工作的有效开展,2020年2月2日无法进行婚姻登记。

ある患者を隔離して検査するなど、厳重な対策が取られている。

（《读卖》2020 年 1 月 17 日）

（4）**新型肺炎**が*最初*に*確認された*のは、中国中部の湖北省武漢市だ。

（《读卖》2020 年 1 月 22 日）

　　第三子群的类联接相对直观，「中国」「湖北」「武漢市」「中心」「広がる」等高频搭配词之间的共现呈现出"新冠肺炎疫情以湖北省武汉市为中心向外扩散"的语义特征。90%的搭配行在扩展语境中都涉及抽象名词「問題」与具体动作主体「中国国家衛生健康委員会」「中国」等词。新冠肺炎疫情作为当前亟待解决的问题，动作主体采取了某种具体解决措施，这也形成了一种积极的态度意义，即虽然当下困难重重，但中国政府依旧积极采取应对措施，如「実質的な封鎖状態のなかで春節を迎える」「市内全域の交通機関に加え、同市を出発する航空便や鉄道の運行を停止した」等。

（5）*中国中部の湖北省武漢市を中心に***新型**コロナウイルスによる**肺炎**が集団発生している問題で、武漢市は 23 日未明、公共交通の遮断に乗り出し、武漢から市外に向かう鉄道や航空便の路線を一時、閉鎖すると発表した。

（《朝日》2020 年 1 月 23 日）

（6）*中国を中心に***新型**コロナウイルスによる**肺炎**が*広がっている*問題で、中国国家衛生健康委員会は 2 日、感染による死者が 45 人増え 304 人に達したと発表した。

（《朝日》2020 年 2 月 3 日）

　　综上所述，第一阶段正处在中国新冠肺炎疫情暴发期，疫情发展速度之快、传播范围之广引起了全世界关注。因此，本阶段语篇论述的焦点是新冠肺炎疫情本身，包括病毒的特性、疫情发展的现状、感染死亡病例、紧急应对措施等。尽管不同的索引行均呈现不同的态度意义，但就不同态度意义的分布比例来看，第一阶段日本三大报纸对中国新冠肺炎疫情的报道无论是从搭配词还是从语义倾向上来看，都呈现出中性偏积极的语义韵。

4.2　第二阶段搭配词与类联接

　　我们以同样的方法，按照-8/+8 的跨距对第二阶段的搭配词进行统计并形成词频表，列出以下高频搭配词（见表 2）。

表2　第二阶段与节点词共现的搭配词(共现频次前十)

搭配词	词性	共现频次
中国	名词	46
感染	サ变动词	27
武漢市	名词	37
感染拡大	サ变动词	15
医師	名词	11
拡大	サ变动词	11
感染者	名词	11
患者	名词	10
広がる	动词	10
経済	名词	9
死者	名词	9
深刻	形容动词	9

　　由表2可知,与第一阶段相比,高频搭配词在词类分布上发生了变化,名词的共现频次有所上升,动词与サ变动词的共现频次有所下降。在搜索跨距内,与节点词共现的搭配词同样分为描述性搭配词(「中国」「感染者」「経済」)与组织性搭配词(「感染」「拡大」「広がる」)。描述性搭配词作为动作作用的对象均未表现出明显的语义趋向。组织性搭配词依旧集中出现在节点词的右侧借助助词与节点词形成搭配,与第一阶段相比在内容上虽无明显变化,但共现频次明显下降。

　　我们再次提取第二阶段共现的搭配词,选取共现频次大于等于9的显著搭配词[①],利用KH Coder中的random walks算法形成搭配词共现网络(见图2)。

---

① 第二阶段中前十位高频搭配词中有部分搭配词共现频次低于10次,为使共现网络能够囊括前十个显著搭配词,故在形成共现网络时将词汇共现频次调整为大于等于9次。

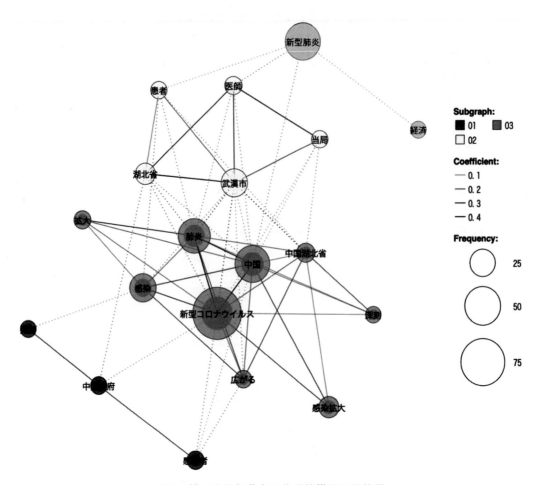

图2　第二阶段与节点词共现的搭配词网络图

　　如图2所示，高频搭配词围绕「新型コロナウイルス」「武漢市」「中国政府」等节点词形成了3个子群，其中第二子群中搭配词「経済」与节点词「新型肺炎」形成了单一共现关系①，重点描述新冠肺炎疫情对中国经济产生的影响，表明日本三大报纸在关注点上发生了一定变化。

　　具体而言，第一子群的搭配词要素较少，主要依靠「中国政府」「感染者」「死者」等描述性搭配词与节点词之间形成一个完整的语义特征，指官方发布的新冠肺炎感染死亡数据。描述性搭配词本身并无明显态度意义，但在该子群中，「中国政府」作为动作主体，实时发布新冠肺炎疫情感染死亡人数，隐含了中国政府对外实施数据公开透明的积极语义氛围。

　　（7）*中国政府*は7日、**新型**コロナウイルスによる**肺炎**の*死者*が湖北省武漢市などで

────────────────

① 单一共现关系，即在研究跨距内不与其他各高频搭配词产生共现。

73人増えて636人、感染者は3143人増えて3万1161人になったと発表した。

（《每日》2020年2月7日）

　　第二子群的形成主要围绕「医師」「当局」等搭配词展开，扩展语境中40%的索引行明确提及「李文亮さん」[如例句(8)]，另有30%虽未明确提及，但结合前后语境也可知与该词存在一定关联[如例句(9)]。该情况的出现是由于新冠肺炎最早由几名医生发现，而「湖北省」「武漢市」作为事件发生地，其共现频次较高，国家及武汉市政府部门作为话题的评价对象，在该子群中未使用「政府」，而是使用了「当局」一词。在语义范围上，「当局」一词的表达更加具体，主要指某一事件的当值部门或责任承担部门。在扩展语境的描述中，更是使用「批判」「波紋が広がる」等表达，呈现出一种消极的语义倾向。

　　（8）**新型**コロナウイルスによる**肺炎**で*湖北省武漢市の医師*、李文亮さんが7日未明に亡くなり、国内に大きな波紋が広がっている。

（《每日》2020年2月8日）

　　（9）*医師*は今月、**新型肺炎**で死亡し、*市当局*の対応に中国国内で批判が高まっていた。

（《读卖》2020年2月14日）

　　相较于第一子群、第二子群，第三子群语义庞杂，共现密度较大，并且高频搭配词相对集中。

　　「感染」「拡大」「感染拡大」等词以类联接「NのN」与节点词共现，描述性搭配词与节点词的共现所构成的名词组合[如例句(10)]本身并不具有明显的语义倾向，但其作为宾语所搭配的动词（如「続く」「拡大する」「止まる」「抑止する」等）在不同程度上分别呈现出"疫情持续发展"与"采取措施抑制疫情发展"的语义特征，传达了一种非消极的态度意义。「広がる」则通过类联接「NがV」与节点词共现[如例句(11)]，同时在检索跨距内「深刻」一词的共现频次明显升高，用以表示新冠肺炎疫情的发展程度，显然与该阶段中国新冠肺炎疫情发展情况不符，体现了日本新闻报道的滞后性，为整个索引行增加消极的语义倾向。

　　（10）**新型**コロナウイルスによる**肺炎**の感染拡大が続く中国では10日、湖北省を除く主要都市で企業の臨時休業措置が終わり、経済活動が半月ぶりに再開した。

（《读卖》2020年2月11日）

　　（11）**新型**コロナウイルス*が広がる深刻な*事態を受けて、監視と取り締まりをさらにエスカレートさせている。

（《朝日》2020年2月21日）

这一阶段,三大报纸的报道数量明显增加,此时正处于日本新冠肺炎疫情出现并暴发的关键时期,而中国的新冠肺炎疫情基本得到控制,新增病例不断下降。从疫情的"旁观者"到疫情的"亲历者",日本主流媒体对中国新冠肺炎疫情进行报道的着眼点也发生了变化,从第一阶段关注新冠肺炎疫情本身转变为第二阶段关注新冠肺炎疫情影响下中国社会及相应的疫情防控政策。整个阶段所呈现的态度意义较为复杂,但就积极态度意义与消极态度意义的比例而言,整个阶段呈现出一种中性偏消极的语义韵。

4.3 第三阶段搭配词与类联接

第三阶段,我们同样在自建的日本三大报纸有关中国新冠肺炎疫情的报道语料库中利用所选节点词为搜索词进行搭配词检索,按照−8/+8的跨距对第三阶段的搭配词进行统计并形成词频表,列出以下高频搭配词(见表3)。

表3 第三阶段与节点词共现的搭配词(共现频次前十)

搭配词	词性	共现频次
中国	名词	55
感染	サ变动词	50
最初	名词	29
感染拡大	サ变动词	23
世界	名词	22
対策	サ变动词	19
武漢市	名词	17
経済	名词	14
拡大	サ变动词	13
影響	サ变动词	12
対応	サ变动词	12
流行	サ变动词	12

在第三阶段,高频搭配词在词类分布上同样发生了变化,描述性搭配词减少,组织性搭配词明显增多。在描述性搭配词方面,除了「中国」「感染」等常见高频搭配词,「最初」「世界」的出现格外引人注目,两者多以修饰「中国」的定语形式出现。这样的表达直接将中国定论为世界新冠肺炎疫情的源头,这无疑是一种错误的认知,传递了消极的语义态度。在组织性搭配词方面,「対策」「対応」等词的高频共现,表明日本报纸对中国新冠肺

炎疫情的关注点又发生了新的变化。然而,具体传达了怎样的意义态度还需继续对类联接与语义特征进行详细分析。

我们再次提取第三阶段共现的搭配词,选取共现频次大于等于10的显著搭配词,利用KH Coder中的random walks算法形成搭配词共现网络(见图3)。

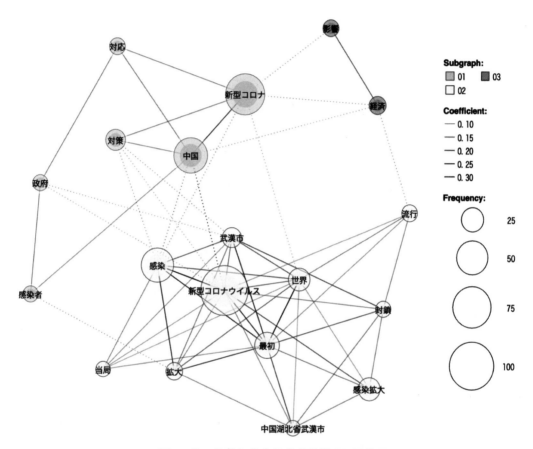

图3　第三阶段与节点词共现的搭配词网络图

如图3所示,第三阶段的共现网络图所形成的3个子群在语义特征上区别明显:第一子群的高频搭配词围绕节点词与「中国」「政府」形成了对中国新冠肺炎疫情防控策略的描述与报道;第二子群围绕新冠肺炎疫情所产生的影响,特别是经济方面的影响展开;第三子群也是包含搭配元素最多的一个子群,其语义特征较为复杂。

具体而言,第一子群中「对策」「对应」「感染者」等描述性搭配词通过类联接「N(の)N」与节点词产生共现关系,主要呈现2种语义特征:针对新冠肺炎疫情的防控措施的阐述,以及新冠肺炎疫情感染者和感染情况的通报。通过对索引行的分析,我们发现87%的表达都不同程度地肯定了中国新冠肺炎疫情应对措施[如例句(12)],如「工場の操業

や人の移動に制限を課す非常に強力な感染防止策をとり、経済活動を犠牲にしたこと」「中央政府に直接報告する権利を与える」等，传递出积极的态度意义，即中国政府秉持着"人民至上、生命之上"的原则，牺牲一切只为守护人民生命财产安全的决心。

(12)**新型**コロナ*対策*を「全員を守った驚くべき勝利」と位置づけたうえで「残るのは我が人民が苦労なく豊かな暮らしを享受できるようにすることだけだ」と語り、今後は経済に注力する姿勢を示した。

（《毎日》2020年10月15日）

(13)中国では統計上、**新型**コロナ*の新たな感染者*はほとんど出なくなっており、国内の移動制限が解除されて経済の復興が進んでいる。

（《朝日》2020年5月8日）

在第二子群中，抛却第一阶段、第二阶段均有出现的常见搭配词（如「感染」「拡大」「感染拡大」「中国」等），从词汇与词汇的共现系数（线段的粗细）来看，「世界」「最初」与节点词同处于第二子群的中心位置，与其余搭配词均存在一定的共现关系，是该阶段最显著的共现特征。该阶段呈现的语义特征主要分为2种：一是新冠肺炎疫情在全世界范围内的扩散所带来的系列问题[如例句(14)]；二是使用「最初」「世界」构成中国或者武汉市的定语[如例句(15)]，意指中国湖北省武汉市是世界新冠肺炎疫情的源头。2015年，世界卫生组织就曾发布 *World Health Organization Best Practices for the Naming of New Human Infectious Diseases*（《新型人类传染病命名最佳实践》），该文件特别强调应在疾病名称中避免使用包含地理方位的术语，并且此时尚处于新冠病毒溯源时期，何为源头尚无定论。在这种情况下，无论该搭配所在索引行的扩展语境中是否呈现出对中国方面的积极评价，三大报纸的措辞无疑都隐喻了中国为世界新冠肺炎疫情的源头，传达了刻板、偏见的消极态度。

(14)**新型**コロナ*が世界に拡散した*ことによる外需の低迷が挙げられる。

（《読売》2020年5月15日）

(15)中国・湖北省政府の衛生当局は2日、*世界で最初に***新型**コロナウイルス*の感染が広がった*武漢市で5月半ばから全住民に実施した「全員検査」の結果を発表した。

（《朝日》2020年6月3日）

相较第一子群、第二子群，第三子群的词汇要素相对简单，并且「経済」一词不再作为边缘化搭配词与节点词共现，而是与「影響」构成独立子群，重点描述新冠肺炎疫情给经济带来的影响。

（16）**新型**コロナウイルス*の影響*で1か月延期されていた中国の大学統一入試「高考」が7日、全国で一斉に始まり、約1071万人が受験した。

（《读卖》2020年7月8日）

（17）李氏は目標を設定しない理由を「**新型**コロナ*と経済・貿易の情勢*で不確実性が高く、発展が予測困難な要因に直面しているため」と説明した。

（《朝日》2020年5月22日）

综上所述，经过前两个阶段，中日两国都对新冠肺炎疫情形成了一定认知并积累了相关抗疫经验，第三阶段进入两国新冠肺炎疫情的平稳期，三大报纸也从关注疫情本身转变为反观新冠肺炎疫情所带来的系列影响。从语义倾向上来看，三大报纸的报道既在某些层面上肯定了中国在抗击新冠肺炎疫情上所做的努力，又在一些表达上呈现出刻板、偏见的态度。无论是从搭配词的共现、类联接还是从语义特征上来看，该阶段的报道语篇均呈现出一种积极态度与消极态度两极分化的复杂语义韵倾向。

5　结语

本文以扩展意义单位模型为分析框架，利用日本三大报纸中有关中国新冠肺炎疫情的新闻报道自建语料库，根据中日新冠肺炎疫情发展时间线将语料划分为3个阶段，并分别考察3个阶段围绕在节点词前后的各种共现关系、语义特征与语义韵。经过研究，我们发现日本三大报纸对中国新冠肺炎疫情的相关报道主要描述了3种语义特征：新冠肺炎疫情的发展现状，包括感染死亡病例、数据公开等；中国政府及党中央为控制新冠肺炎疫情发展采取的措施，如限制出行、扩建医院、研发疫苗等；中国所经历的新冠肺炎疫情对中国本身，以及对日本乃至世界带来的负面影响。虽然关于影响方面的语篇报道涉及生活、政治、教育等多个方面，但经济方面的影响占据了大量篇幅。从本国经济利益方面考量，日本在经济方面对中国的依赖程度较高，而新冠肺炎疫情的特殊感染性质必然会给经济带来一定影响，因此经济层面上的讨论占据大量篇幅。此外，语义韵也经历了"中性偏积极—中性偏消极—两极分化的复杂倾向"的变化。

就产生变化的原因而言，首先，在政治上，社会主义国家与资本主义国家在组织形式上存在差别，而不同的组织形式则会导致日本报纸对中国的相关举措及政策存在认识偏差，新闻报道作为反映政府意志、传递意识形态的工具，会将这样种意识形态的认识偏差间接反映在对中国新冠肺炎疫情报道的某一阶段，或是不断放大为对中国疫情防控的质疑，或是聚焦对疫情下种种负面社会问题的报道上。其次，在文化上，日本与中国虽同处

东亚文化圈,但随着全球化的发展,日本积极向西方资本主义社会靠拢,在思想与文化上难免受其影响,特别是涉及自由主义、个人主义等问题,在看待中国的部分防疫措施时也会有错误的评价。而中国所倡导的家国情怀,是一种强调"万众一心""舍小家为大家"的无私奉献精神,突出强调人对社会和国家的使命担当。此外,就新冠肺炎疫情本身而言,中日两国的新冠肺炎疫情发展在时间上并不完全重合,第一阶段中国疫情的暴发期正值日本疫情的潜伏期,而第二阶段中国疫情得到有效控制则正值日本疫情的暴发期,疫情的"旁观者"与疫情的"亲历者"这两种不同视角也会在一定程度上影响新闻报道语篇的态度意义。

限于篇幅,本文仅分析、考察了2020年日本三大报纸的相关数据,对此后不断出现的相关新闻语篇的考察等将留作今后课题。

参考文献

胡江,2016. 意义单位与批评话语分析:基于语料库的西方媒体涉华军事报道意识形态分析[J]. 解放军外国语学院学报(5):73-81.

陆军,卫乃兴,2012. 扩展意义单位模型下的英汉翻译对等型式构成研究[J]. 外语教学与研究(3):424-436,480-481.

宋璐,2018. 扩展意义单位模型下的批评话语分析:以印度英文大报关于2017年金砖国家峰会的报道为例[J]. 安阳工学院学报(3):90-94.

童富智,修刚,2020. 基于语料库的中日对应词语义韵对比研究:以中央文献日译「堅持(する)」为例[J]. 日语学习与研究(2):1-8.

王均松,田建国,2016. 基于扩展意义单位模型的量词语义韵研究[J]. 外语教学(4):39-43.

卫乃兴,2012. 共选理论与语料库驱动的短语单位研究[J]. 解放军外国语学院学报(1):1-6,74,125.

张丹,2020. 基于扩展意义单位的批评话语分析:以美国媒体南海问题新闻报道为例[J]. 牡丹江教育学院学报(4):4-27,126.

赵琼,2021. 扩展意义单位模型下的中国外交话语分析及意向性阐释[J]. 西安建筑科技大学学报(社会科学版)(1):86-92.

支永碧,王永祥,李梦洁,2016. 基于语料库的美国对华经济政策话语批评性研究[J]. 上海对外经贸大学学报(4):83-95.

大石亨,2011. 抽象概念を表す漢語名詞に付随する意味の韻律[J]. 日本認知言語学会

論文集(11):245-255.

FAIRCLOUGH N，1989. Language and power[M]. New York：Longman Press.

SINCLAIR J，1996. The search for units of meaning[J]. Textus(9)：75-106.

SINCLAIR J，2004. Trust the text：language，corpus and discourse[M]. London：Routledge.

TOGNINI-BONELLI E，2001. Corpus linguistics at work[M]. Philadelphia：John Benjamins
   Publishing.

语料来源

朝日新闻:https://www.asahi.com/

读卖新闻:http://www.yomiuri.co.jp/

每日新闻:https://www.mainichi.co.jp/

作者简介

姓名:孔明月

性别:女

单位:浙江师范大学

学历:硕士研究生在读

研究方向:日语语言学

通信地址:浙江省金华市婺城区迎宾大道688号

邮政编码:321004

电子邮箱:m17857181977@163.com

姓名:徐微洁

性别:女

单位:浙江师范大学

学历:博士研究生

职称:教授

研究方向:语言与性别、日语语言学、汉日语言文化对比

通信地址:浙江省金华市婺城区迎宾大道688号

邮政编码:321004

电子邮箱:xwj26@zjnu.cn

日语教育的多模态话语研究现状分析
——兼与英语比较*

An Analysis of the Present Situation of Multimodal Discourse Study in Japanese Education: A Comparison with English

徐秀娇　　张丽虹

摘　要:多模态话语研究在近二三十年兴起,并成为英语界的研究热点之一。本文基于中国知网数据库的收录文献,从发表数量趋势、研究主题、理论基础及研究方法、课程分类研究现状、基金项目支持情况、论文发表来源等方面,对日语教育多模态研究状况进行了梳理,结果发现日语教育多模态研究总体上仍处于初步发展阶段,进而通过与英语多模态研究的对比,对今后的日语教育多模态研究提出了方向和建议。

关键词:多模态;日语教育;英语;现状分析

Abstract: Multimodal discourse studies have been developed in the last 20 or 30 years and became one of research hot spots in English world. Based on the findings of the CNKI database, this paper sorts out multimodal studies of Japanese education, from the aspects of quantitative changing trend, research topics, theoretical bases and methods, curriculum relevance, project background and publication sources. The result shows that the multimodal study of Japanese education is still in the preliminary stage of development. Then, by comparing with English multimodal studies, some suggestions and directions for future multimodal research in Japanese education are put forward.

---

* 本文系云南师范大学 2018 年度本科教育教学改革研究项目"基于学习风格的多模态日语口译教学模式研究"(项目编号:YNJG201818)的阶段性研究成果,主持人:张丽虹。

Keywords: multimodality; Japanese education; English; current situation analysis

1 引言

生物学家发现,在物竞天择面前,生命体的生存与繁衍离不开5种感知渠道,即视觉、听觉、触觉、嗅觉、味觉。5种感知渠道分别产生了5种交际模态,即视觉模态、听觉模态、触觉模态、嗅觉模态和味觉模态(朱永生,2007)。语言学界对各类模态的研究也经历了不同的发展阶段,20世纪50年代,美国语言学家Harris提出了话语分析理论,其后的研究基本都以语言为研究对象,剖析话语活动的内在规律及话语与意识形态、认知模式之间的关系。20世纪90年代西方话语分析的对象逐渐跨越语言范畴,拓展至声音、图像、文字、动画等符号,产生了多模态话语分析。对于何为多模态话语,朱永生(2007)给出2种标准:一种是使用2种或2种以上模态的话语为多模态话语,如同时使用视觉与听觉;另一种是根据涉及的符号系统是否在2个或2个以上,如广播小说既有文字又有音乐,连环画既有文字又有图画,因此两者属于多模态范畴。目前在多模态话语分析领域较活跃的主要有社会符号学、互动社会语言学和认知语言学等3个流派。社会符号学代表如Kress & van Leeuwen(1996)基于Halliday(1985)的3个语言元功能提出的图像的再现、互动和构成功能,成为图像分析的总体原则;互动社会语言学代表如Scollon(1998)认为话语分析要考虑语言在互动过程中的作用及其他因素;以认知语言学为基础的流派则多运用图像隐喻理论研究多模态话语。

我国的多模态话语研究在近二三十年兴起,多集中在英语学界。为了获得日语学界多模态研究发展的启示,本文将对英语多模态的研究现状做整体回顾,并以日语多模态教育研究为中心,展开英语与日语多模态相关研究的比较。对英语多模态研究的分析,具体而言,本文将基于中国知网数据库,以核心期刊和CSSCI期刊的论文为对象,以"多模态"为关键词进行主题检索,检索时间不限,检索类型为论文。从检索结果中,筛选出英语多模态综述类研究,共获得20篇英语多模态话语研究综述类文献,以下将从发展阶段、研究主题、研究理论、研究路径和发展热点等角度对英语多模态研究进行梳理分析。

2 英语多模态研究综述

罗永胜(2012)和潘艳艳、李战子(2017)都对CSSCI期刊中多模态的研究发展现状进行过分析。从发展阶段来看,我国外语界从2003年开始出现多模态相关研究,2005—

2008年之间处于缓慢发展阶段,2008年开始快速发展,之后基本保持平稳增长的趋势。

在研究主题方面,多模态理论应用于外语教学和教材的研究最热门(罗永胜,2012;冯德正、Low,2015),已有多模态外语教学的研究内容涉及多元读写能力培养研究、多模态听力教学研究、多模态教材研究、多模态PPT演示教学研究、多模态课堂话语研究等。其中,多元读写能力培养研究最受关注,既有对国外多元读写能力内容的引介,又有与我国教学结合的探讨(耿敬北、徐以中、陈子娟,2014)。另外,近年来随着新媒体的兴起,新媒体语篇的多模态研究也在不断增加,成为多模态研究的重要内容。其中,网络语言教学、网络语篇与语用分析和网络批评话语分析是最受关注的研究主题(史兴松、徐文娟,2020)。

在理论方面,多模态的研究基于社会符号学的理论,借鉴系统功能语言学的理论框架和研究方法,形成了Kress & van Leeuwen的"视觉语法",van Leeuwen的"听觉语法"和Martinec & Salway的"图文关系"等多种分析理论(李战子、陆丹云,2012)。同时,由于多模态话语分析与批评话语分析有着对话基础(林晶,2019),因此出现了两者相互融合的趋势,形成了多模态批评话语分析的新视角,然而目前仍处于起步阶段。同时,张坤坤(2020)指出了多模态话语研究与批评话语研究在研究目标、范围和重点等方面存在的差异。另一方面,多模态话语分析理论也经常与认知语言学隐喻和转喻理论相融合。潘艳艳(2020)认为从认知、批评和多模态3个维度综合考量,构建多模态认知批评分析这一综合视角是话语分析发展的必然趋势。此外,部分研究还涉及了教育学理论、传播学理论等。随着多模态理论的发展,其应用研究范围也在不断拓展。李战子、陆丹云(2012)指出多模态理论被应用于不同语类特征研究,如科学语篇多模态特点、数学语篇的多模态性、多模态小品语类特征等。同时,研究特定场所符号模式意义系统的"再符号化研究",内容涉及医院、课堂、教学效果和学生素质培养等领域。据张坤坤(2020)所述,多模态话语分析与批评话语分析的理论融合,集中在流行话语、符号软件技术、政治话语、暴力和恐怖话语、性别话语、读写素养教育等方面。总体而言,多模态的理论研究呈现出明显的跨学科特点,而且无论是理论探讨,还是基于理论的实证分析,都呈现出广阔的研究视野。

在研究路径方面,初期以多模态话语理论探索类的研究为主,实证性研究不足(罗永胜,2012;耿敬北、徐以中、陈子娟,2014),而且实证研究所采用的方法主要为问卷和测试等基础方法(耿敬北、徐以中、陈子娟,2014)。据史兴松、徐文娟(2020)对近15年SSCI期刊中网络多模态话语研究领域的统计,该领域实证研究的研究方法呈现多样化趋势,采用语料库、眼动实验、知识测试和访谈等方法展开的心理实证研究也开始出现。

国防(2016)和康佳萍、姜占好(2020)分别以SSCI和A&HCI数据库为对象,通过高频关键词分析,提到了以下领域属于多模态研究的热点:社会符号学、手势语、视觉、多模态互动分析及身份建构、多模态隐喻研究、教学等。在发展趋势方面,多模态符号的语法研究依然是重点,多模态隐喻研究前景可期。然而,多模态研究依然存在许多不足,与国际上对网络多模态话语研究的蓬勃发展相比,国内相关研究的数量和深度都比较滞后,依托于语料库和实证手法的研究还明显不足(史兴松、徐文娟,2020)。同时,由于多模态研究具有跨学科属性,与其他学科理论视角的相互借鉴和融合将会成为多模态研究的创新之源。

综上所述,英语学界的多模态相关成果,研究主题多样化,侧重外语教学和多元读写能力培养研究,具有丰富的理论融合背景,应用范围广阔且实证研究方法多样化。代树兰(2011:50)指出多模态话语研究的深入将为多模态话语教学等应用领域提供理论和实践支持。截至2021年底,多模态话语分析扩展到了符号学、哲学、社会学、人类学、政治、新闻、美学、医学等众多领域。在英语学界,多模态的教育研究已经得到一定的发展。由于在多模态的研究中,外语教学和教材的研究最受关注,因此本文将围绕教育主题对日语多模态研究进行现状分析。

3 日语多模态教育研究综述

3.1 方法与步骤

笔者首先基于中国知网数据库,输入关键词"多模态""日语"进行全文检索,检索时间不限,共得到原始数据总计1501篇论文。进而,笔者以是否将多模态运用到日语教育并进行相关分析和讨论为标准,筛选出多模态日语教育相关文献39篇。

本文对39篇样本文献的分析,将结合质性分析和量化分析,从发表数量、研究主题、理论基础及研究方法、课程分类研究现状、基金项目支持情况、论文发表来源等方面统计数量,同时对其整体情况、发展趋势、研究内容等进行质性分析。最后,对比英语和日语多模态教育研究成果,反思日语教育多模态研究的现状和不足,以期对今后的研究提供一些线索和建议。

3.2 发表数量及研究主题

以下统计39篇日语教育多模态研究论文在各年度的发表数量(见图1)。

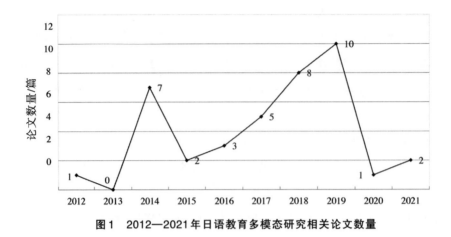

图1　2012—2021年日语教育多模态研究相关论文数量

　　如图1所示,日语教育的多模态研究起始于2012年,截至2021年,这10年中,共发表了39篇,平均每年3.9篇,发表数量最多的是2019年10篇,最少的是2013年0篇,中间曲折增减。可见,日语教育多模态研究仍处于起步阶段,整体数量波动明显,呈现不稳定趋势。

　　根据论文内容,研究主题可划分为3类:教学模式、教材及其他。研究主题及发表时间如表1所示。

表1　日语教育多模态研究主题及发表时间

单位:篇

	2012	2014	2015	2016	2017	2018	2019	2020	2021	合计
教学模式	0	6	2	2	4	8	8	1	0	31
教材	1	0	0	1	1	0	1	0	2	6
其他	0	1	0	0	0	0	1	0	0	2
合计	1	7	2	3	5	8	10	1	2	39

　　教学模式研究指的是多模态应用于教学方面的探讨,如教学手段与方法、教学方式、教学理论与实践的探讨等;教材研究指对日语教材的多模态分析研究;其他研究包括语料库与App研究,主要内容是多模态视频语料库的研究设计、多模态软件App的设计对教学作用的研究。

　　由表1可知,教学模式研究最多,在2014年突然出现6篇,后于2018年、2019年都有8篇,其他时间基本各有一两篇,合计31篇,约占总量的79.5%。教材研究只在2012年、2016年、2017年、2019年各出现1篇,2021年有2篇,约占总量的15.4%,整体数量较少且

不连续。其他研究偶有出现,在10年中仅有2篇,分别涉及语料库与App研究,约占总量的5.1%。

　　在日语教育多模态的教学模式方面,如《多模态教学模式在日本文学课程中的运用》(彭吉,2019)、《多模态日语听力教学模式探索》(李晓霞,2014)等所示,教师在课程教学中顺应多模态发展趋势并意识到改善教学模式的必要性,利用网络资源、多媒体、手机Aoo、音视频等丰富课堂教学,提升课堂效率和学生学习兴趣。教材研究如《哈理工荣成学院日语专业听力教材评估与建议》(王校伟,2012)、《多模态话语分析视角下高职日语教材编写探究》(马亚琴,2019)等,对日语精读、日语听力等不同科目的教材从多模态的角度进行了探究,并尝试提出多模态教材编写原则。多模态理论应用于语料库,并与学习外语的App相结合的2篇研究论文分别为《在线日语智能视频语料库JV-Finder的设计与实现——语境视域下跨文化交际能力培养》(刘玉琴、江波、姜国海,2014)、《情景语境下的外语学习App界面设计研究》(陈少凡,2019),是语料库、外语学习工具与多模态理论相结合的应用研究。

　　总体而言,日语教育多模态的研究数量不稳定,研究主题局限,整体发展趋势不平衡,其中教学模式研究是主流,受关注程度最高并保持持续增长趋势,但教材研究和其他研究发展明显滞后。

3.3　理论基础及研究方法

　　本节主要分析相关研究使用的理论及研究方法。39篇中有29篇涉及了理论探讨,其中提到最多的是多模态话语分析理论和多模态教学理论,还有2篇提及多模态与语境相结合的理论,但对于具体理论框架都未详细说明。其余10篇为实证研究,其中7篇针对课堂教学与实践展开,如《基于moodle平台多模态日语听力教学行动研究》(朱秀丽,2017)等。另有2篇《中日两国日语教材的多模态话语分析研究》(张雪,2016)、《多模态日语教学应用研究》(徐秀娇,2021)为教材研究,再有1篇《汉日口译语料库的构建及其在翻译教学研究中的应用》(路邈,2018)为语料库应用研究,即目前实证研究主要被运用在课堂教学、教材分析论证、语料库应用研究方面。

　　在实证研究方法方面,教学研究如《多模态日语视听说课程评价体系构建的教学改革》(董杰,2018)采用了问卷调查法、教学改革实验的手法;《信息论视角下日语精读课多模态教学研究》(李晓霞,2015)实施了实际课堂实践,包括角色扮演、录像、小组讨论写作、观察反思等多种手段;教材研究如《中日两国日语教材的多模态话语分析研究》(张雪,2016)采用了小组讨论、实验论证的方法。总体而言,每篇中至少采用一种研究方法,

使用2种以上较多。其他研究还使用了课堂实验与反馈、问卷调查、实际观察与反思、翻译教学实践、录像、访谈等多种实证研究手法。

可见,日语教育的多模态研究在理论方面基本还停留在概念借鉴层面,并且多以多模态话语分析理论为基础,鲜见具有融合性理论基础的研究。但与理论基础单一不同,实证研究方法呈现多样化特征。

3.4 课程分类研究现状

为了明确多模态在各类课程中的应用研究情况,以下分课程类别对文献进行梳理。除语料库和App的2篇研究之外,其他研究共计37篇都涉及了日语课程。多模态应用于日语课程的分类统计如图2所示。

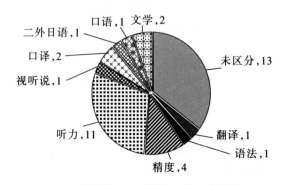

图2 多模态日语课程类研究分类统计

图2中未区分的课程,指的是没有明确应用于哪一类课程的研究,此类研究着重从整体上论述多模态导入日语课程的必要性,合计13篇,其他具体课程类研究共22篇。具体课程的研究以听力课程居首,共计11篇,其次为精读课4篇,文学、口译课各2篇,口语、视听说、翻译等其他课程仅各占1篇。从与外语听、说、读、写、译5个技能的课程相关性来看,听力、口译、口语、视听说几类听说技能类课程合计15篇。此研究趋势反映出听说类课程与多模态理论关联较强,有望最先应用多模态理论进行深入研究,同时反映出研究者对理论的积极运用的态势。读写译技能类的课程数量不足,还有待与多模态理论的进一步融合与应用,这或许能成为今后研究的增长点。

以上分析说明,日语教育的多模态课程应用研究总体上已开始寻求多模态理论在各类日语课程中的应用,但整体上数量较少,研究内容亟待进一步挖掘。在与外语技能类课程的融合方面,侧重听说类课程,与读写译课程的融合与应用还缺乏重视。

3.5　基金项目支持情况

在39篇研究论文中,总计有25篇获得基金项目支持,其中明确基金项目名称的合计19篇,有项目编号但未标明项目名称的共6篇。在明确基金项目名称的19篇论文中,有3篇立项名称属于外语学习自主模式探究,还有2篇属于语料库研究,其中1篇为教学应用服务研究,另1篇为日语学习平台建设研究。其余14篇的基金项目均为多模态教学模式研究。从课程来看,听力或视听教学研究占8项,语法教学研究占1项,其余未明确课程或与课程研究无关。

以下对25篇获得基金项目支持的研究论文,从基金项目获批时间、数量和基金项目级别方面进行统计分析,统计结果如图3所示。从图3中可以看出,首个项目在2010年出现,2014年和2017年的立项课题数量相对较多,在5项以上,其他年度虽持续有相关课题获批,但总体数量较少,呈现不稳定的波动趋势。

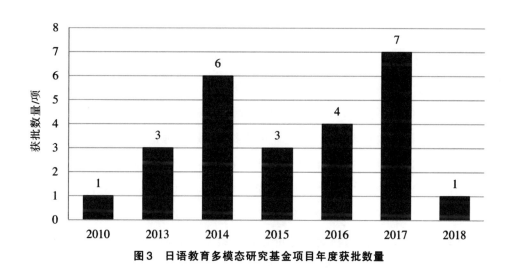

图3　日语教育多模态研究基金项目年度获批数量

图4为相关成果所依托的项目级别情况统计。个别研究有2个以上的基金支持,笔者选取其基金项目中级别较高的一个进行统计。

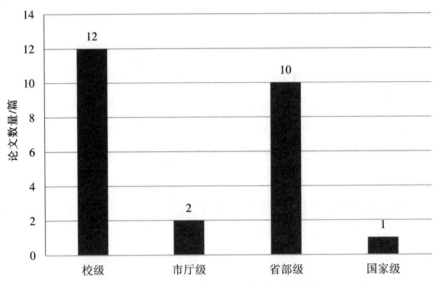

图4　论文所依托的基金项目级别及数量

在25篇获得基金项目支持的研究论文中,校级数量最多,有12篇,省部级次之,有10篇,市厅级有2篇,国家级仅1篇。如《多模态语境的外语教学——以日本文学史及作品导读为例》(韦渊,2014)为校级课题的阶段性研究成果,该研究总结了多模态语境下的日本文学教学经验。《多模态日语视听说课程评价体系构建的教学改革》(董杰,2018)属于2016年度浙江省高等教育改革项目,该研究以多模态理论为指导,提出日语视听说课的多模态的评价方式和评价内容。《POA视阈下以Can-do为产出导向的日语听说课教学实践》(刘艳伟等,2019)是2017年国家社会科学基金项目"面向言语行为分析的日语多模态语料库建设及其应用研究"的阶段性研究成果,该研究主要基于"产品导向法"进行日语听说课的教学实践。《多模态档案袋评价在日语教学中的应用研究》(王君,2018)属于2016年浙江省宁波市教育科学规划课题,该研究以多模态档案袋评价的教育功能为着力点,以日语精读课程的教学实践为例,通过多种实证研究,考察多模态档案袋评价对学习者的学习积极性、监控能力、自律意识和自主学习能力方面发挥的作用。

总体来看,日语教育多模态研究的基金项目数量较少,呈现不稳定的波动趋势,相关研究积累还不成熟,多数项目处于培育阶段,还未能在关键项目领域崭露头角,省部级、国家级课题亟待取得突破。

3.6　论文发表来源统计

为了了解现有成果的影响力情况,以下对39篇论文的发表来源进行统计分析。根据

期刊的等级和类别分为普通期刊和核心期刊,核心期刊主要包含北京大学中文核心期刊、中国人文社会科学核心期刊、中国科学院文献情报中心(CSCD)来源期刊,另有2篇硕士论文单独列出。结果如图5所示。

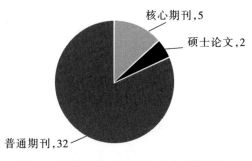

图5 日语教育多模态研究发表来源统计

日语教育多模态研究多来源于各类普通期刊,合计32篇。核心期刊仅有5篇,分别为《日语口译教学中的多模态运用》(彭新勇,2014)、《在线日语智能视频语料库JV-Finder的设计与实现——语境视域下跨文化交际能力培养》(刘玉琴、江波、姜国海,2014)、《析多模态教学互动在高职外语教学当中的运用》(徐兴华,2015)、《汉日口译语料库的构建及其在翻译教学研究中的应用》(路邈,2018)、《日语翻译教学的影视字幕翻译实践》(孟冬永、齐继元,2019),这些论文分别从多模态理论语料库设计、教学、翻译等方面展开研究。在硕士论文方面,《中日两国日语教材的多模态话语分析研究》(张雪,2016)主要运用多模态话语分析理论对中日两国日语基础阶段教材进行对比,研究结果表明2种教材都使用语言模态较多,但中国的日语教材同时还注重视觉模态的使用。《多模态日语教学应用研究》(徐秀娇,2021)通过问卷调查的形式分析高校日语专业学生的模态意识、多元识读的意识和能力状况,对国内高校广泛使用的2种精读教材进行多模态话语分析,发现后期出版的教材更注重多种模态的组合使用,并从多模态的视角对教材、教学、学习者提出了建议。

综上所述,目前日语教育多模态研究虽然受到一定关注,但高质量研究缺乏,总体上还处于初步发展阶段,代表性成果较少,多模态应用于日语教育方面的研究任重道远,发展潜力巨大。

4 英日语多模态研究比较

以上分别对英语和日语教育的多模态相关研究进行了概述,本节试图从研究主题、

研究理论和应用方面,比较英语和日语多模态研究成果,为促进日语多模态教育研究提供一些思路。

与英语相比,从研究主题来看,英语的教育教学多模态研究起步早,研究数量也较多。由于新媒体的兴起,英语界对网络多模态话语研究备受关注,尤其是网络语言教学的研究受到了重点关注。相比之下,日语教育的多模态研究视野狭窄且研究内容单一,对课堂的多媒体工具应用关注较多,对多模态语篇的分析多停留于表面上的教学模式探讨,具体的研究主题不够深入明确,网络教学语篇和多模态批评话语分析、多元读写能力的培养等内容尚未引起关注。

从研究理论和应用来看,首先在理论依据方面,31篇日语教育的多模态研究并没有对多模态理论框架及内容做出详细解释,仅仅笼统地将其称呼为多模态教学模式,如其中有的研究提出多模态教学模式应与有效教学模式相结合,或直接提出多模态资源需应用于教学研究,然而这些研究大多未触及多模态的具体理论,多数研究者对多模态理论的理解相对模糊和宽泛,仍停留在理念认可层面。相应地,基于理论的应用研究,与英语方面教学类研究关注课堂语类研究或读写素养教育相比,日语方面倾向于关注传统的视听应用能力,研究内容亟待开拓。

从实证研究方法来看,日语方面研究方法种类多样,有基础实证法,如问卷、测试,也有较系统的实证方法,如观察、反思、录像、课堂实践、教学反馈评价等。在这些实证研究的论文中会同时使用多种实证方法,例如课堂教学研究论文中会同时运用问卷调查、课堂测验、课堂实践等,也有单篇论文中同时使用5种实证方法,但整体上英语研究的实证方法更加多样化,如眼动实验等心理实证研究方法值得借鉴。

5　总结

本文首先阐述了英语的多模态研究现状,然后重点对日语教育的多模态研究从发表数量趋势、研究主题、理论基础及研究方法、课程分类研究现状、基金项目支持情况、论文发表来源等方面进行了整理,最后比较了英日语多模态研究的总体情况。本文认为多模态应用于日语教育方面的研究目前已有一定的开展和进步,但仍需要对以下几个方面进行改善:①加强多模态理论与应用研究的引进、理解和吸收,拓展研究视野,主动展开理论探讨,促进多模态跨学科的理论融合;②拓宽研究主题,增强对多元读写能力、课堂话语研究及网络语言教学等内容的关注;③借鉴心理实证等研究手段,丰富实证研究手法;④在课程研究方面,除听说类课程的多模态研究之外,还应加强读写译类课程与多模

态理论的融合。

　　《普通高等学校本科日语专业教学指南》(教育部高等学校外国语言文学类专业教学指导委员会等,2020)提出,"智能化时代,日语教育教学必须跟上科技创新步伐,深度融合现代信息技术,促进人才培养的理念、内容、模式和方法的改革",同时对学习者的信息技术应用能力提出了要求。可以说,对学习者多模态识读能力的培养,是新媒体技术发展的必然要求,也是人才培养的题中之义。多模态话语分析及其应用研究具有较强的现实意义,日语教育的多模态研究尚有较大的研究空间和研究价值,亟待同行的探索和挖掘。

参考文献

陈少凡,2019. 情景语境下的外语学习 App 界面设计研究[J]. 设计(21):30-32.

代树兰,2011. 关注多模态话语教学 提高学生交际能力[J]. 山东外语教学(3):48-53.

董杰,2018. 多模态日语视听说课程评价体系构建的教学改革[J]. 现代职业教育(25): 80-81.

冯德正,LOW F,2015. 多模态研究的现状与未来:第七届国际多模态会议评述[J]. 外国语(上海外国语大学学报)(4):106-111.

耿敬北,徐以中,陈子娟,2014. 我国多模态外语教学研究综述:基于国内外语类核心期刊载文的统计分析[J]. 山东外语教学(6):68-73.

国防,2016. 多模态话语分析研究热点及趋势分析:基于文献计量学方法[J]. 外语与外语教学(3):58-66,146.

教育部高等学校外国语言文学类专业教学指导委员会,俄语专业教学指导分委员会,德语专业教学指导分委员会,等,2020. 普通高等学校本科外国语言文学类专业教学指南:下[M]. 北京:外语教学与研究出版社.

康佳萍,姜占好,2020. 国外多模态研究热点与趋势(1999—2018):基于 Bibliometrix 的可视化分析[J]. 外语教学(3):29-35.

李晓霞,2014. 多模态日语听力教学模式探索[J]. 黑龙江生态工程职业学院学报(1): 118-119.

李晓霞,2015. 信息论视角下日语精读课多模态教学研究[J]. 黄冈师范学院学报(2): 113-116.

李战子,陆丹云,2012. 多模态符号学:理论基础,研究途径与发展前景[J]. 外语研究(2):1-8.

林晶,2019. 多模态批评话语分析:理论探索、方法思考与前景展望[J]. 解放军外国语学院学报(5):31-39.

刘艳伟,韩兰灵,于亮,等,2019. POA视阈下以Can-do为产出导向的日语听说课教学实践[J]. 日语教育与日本学研究(0):50-56.

刘玉琴,江波,姜国海,2014. 在线日语智能视频语料库JV-Finder的设计与实现:语境视域下跨文化交际能力培养[J]. 现代教育技术(9):72-78.

路邈,2018. 汉日口译语料库的构建及其在翻译教学研究中的应用[J]. 日语学习与研究(6):52-58.

罗永胜,2012. 近十年来中国多模态话语及其应用研究述评[J]. 现代教育技术(4):62-67.

马亚琴,2019. 多模态话语分析视角下高职日语教材编写探究[J]. 佳木斯职业学院学报(8):262,265.

孟冬永,齐继元,2019. 日语翻译教学的影视字幕翻译实践[J]. 沈阳农业大学学报(社会科学版)(2):233-237.

潘艳艳,2020. 多模态话语分析到多模态认知批评分析的发展综述[J]. 外国语文(1):35-42.

潘艳艳,李战子,2017. 国内多模态话语分析综论(2003—2017):以CSSCI来源期刊发表成果为考察对象[J]. 福建师范大学学报(哲学社会科学版)(5):49-59.

彭吉,2019. 多模态教学模式在日本文学课程中的运用[J]. 内江科技(8):31-32.

彭新勇,2014. 日语口译教学中的多模态运用[J]. 日语学习与研究(4):56-62.

史兴松,徐文娟,2020. 近十五年SSCI期刊网络多模态话语研究现状及发展趋势分析[J]. 外国语(上海外国语大学学报)(3):55-66.

王君,2018. 多模态档案袋评价在日语教学中的应用研究[J]. 浙江万里学院学报(4):102-106.

王校伟,2012. 哈理工荣成学院日语专业听力教材评估与建议[J]. 佳木斯职业学院学报(1):244-245.

韦渊,2014. 多模态语境的外语教学:以日本文学史及作品导读为例[J]. 长春教育学院学报(1):78-79.

徐兴华,2015. 析多模态教学互动在高职外语教学当中的运用[J]. 语文学刊(外语教育教学)(9):113-114.

徐秀娇,2021. 多模态日语教学应用研究[D]. 昆明:云南师范大学.

张坤坤,2020. 西方多模态话语研究与批评话语研究的融合趋势[J]. 现代外语(2):282-293.

张雪,2016. 中日两国日语教材的多模态话语分析研究[D]. 北京:北京外国语大学.

朱秀丽,2017. 基于moodle平台多模态日语听力教学行动研究[J]. 浙江万里学院学报(3):102-107,112.

朱永生,2007. 多模态话语分析的理论基础与研究方法[J]. 外语学刊(5):82-86.

HALLIDAY M A K, 1985. An introduction to functional grammar[M]. London: Edward Arnold.

KRESS G, VAN LEEUWEN T, 1996. Reading images: the grammar of visual design[M]. London: Routledge.

SCOLLON R, 1998. Mediated discourse as social interaction[M]. London: Longman.

作者简介

姓名:徐秀娇

性别:女

单位:云南师范大学外国语学院

学历:硕士研究生

研究方向:日语语言、日语教育

通信地址:山东省威海市环翠区顺河街 188-3-505

邮政编码:264200

电子邮箱:857776824@qq.com

姓名:张丽虹

性别:女

单位:云南师范大学外国语学院

学历:博士研究生

职称:讲师

研究方向:日语语言、日语教育

通信地址:云南省昆明市呈贡区雨花片区 1 号

邮政编码:650500

电子邮箱:leco916@163.com